POLLY YOUNG-EISENDRATH

Frauen und Verlangen

Buch

Erst wenn Frauen nicht mehr anstreben, perfekte Geliebte, un-
fehlbare Mütter und Hausfrauen zu sein, erst wenn sie nicht immer
nett, lieb und aufopferungsvoll erscheinen wollen, können Respekt
und Toleranz in ihre Beziehungen einkehren. Auf der Basis dieser
Erkenntnis zeigt die renommierte Therapeutin, wie sich Frauen
von dem zwanghaften Wunsch, begehrt zu werden, lösen, mutig
dem angewöhnten Wohlverhalten und Nettsein adieu sagen und
die Rolle, die sie im Leben spielen wollen, selbst festlegen.

Autorin

Polly Young-Eisendraht, geboren 1947 in Kanada, lehrt Psychiatrie
an der Universität Vermont und führt eine therapeutische Praxis.
Mit Büchern wie »Der Kuß der Froschkönigin« und »Die starke
Persönlichkeit« feierte sie auch in Deutschland große Erfolge.

Polly
Young-Eisendrath

Frauen
und Verlangen

Warum Frauen
mehr als nur begehrt
sein wollen

Aus dem amerikanischen Englisch
von Maren Klostermann

GOLDMANN

Die Originalausgabe erschien
unter dem Titel »Woman and Desire«
bei Harmony Books, New York.

Der Goldmann Verlag ist ein Unternehmen
der Verlagsgruppe Random House.

Vollständige Taschenbuchausgabe März 2003
Wilhelm Goldmann Verlag, München,
in der Verlagsgruppe Random House GmbH
© 2001 der deutschsprachigen Ausgabe by Orac, Wien,
einem Unternehmen der Verlagsgruppe Random House GmbH
© 1999 by Polly Young-Eisendrath
This translation published by arrangement with Harmony Books,
a division of Random House, Inc., New York
Umschlaggestaltung: Design Team München
Umschlagfoto: Christine Rodin
Druck: Elsnerdruck, Berlin
Verlagsnummer: 15120
KF · Herstellung: Sebastian Strohmaier
Made in Germany
ISBN 3-442-15120-1
www.goldmann-verlag.de

1 3 5 7 9 10 8 6 4 2

Amber Rickert und Heidi Yockey
in Liebe gewidmet

Inhalt

Einleitung

In meiner zwanzigjährigen Tätigkeit als Psychoanalytikerin und Psychotherapeutin habe ich festgestellt, dass die meisten Frauen verwirrt reagieren, wenn ich sie frage, was sie für sich selbst wollen. Frauen wissen häufig nicht oder können nicht sagen, was sie wünschen oder begehren. Als Psychoanalytikerin und Buddhistin habe ich viele Theorien und Erklärungen des Begehrens kennen gelernt. Doch auf die Frage, warum Frauen ratlos im Hinblick auf ihr eigenes Wünschen und Wollen sind, habe ich nie eine befriedigende Antwort gefunden. Dieses Buch ist der Versuch, dem Problem auf den Grund zu gehen und Orientierungshilfe zu leisten.

Das menschliche Begehren hat zwei Gesichter. Die hässlichere Seite des Begehrens wird in heftigem Verlangen, Impulsivität, Sucht oder Machtgier sichtbar. Die liebenswertere Seite zeigt sich in Form von Selbstbestimmung und Selbstverantwortung. Wir Frauen haben gelernt, die unangenehme Seite sogar vor uns selbst zu verbergen. Da wir unsere hässlicheren Wünsche häufig ignorieren oder leugnen, wissen wir auch nicht, wie wir unser Leben selbst gestalten können, indem wir Verantwortung für unsere eigenen Wünsche und Absichten übernehmen.

Was es bedeutet, ein selbstbestimmtes Leben zu führen, ist Frauen immer noch bemerkenswert unklar, sogar in einer Zeit, in der Frauen durch den Feminismus viele neue Möglichkeiten und Entwicklungswege eröffnet wurden. Wenn es darum geht, die Auswirkungen unserer eigenen Entscheidungen und Wahlmöglichkeiten zu erkennen, dann scheinen wir heute mit noch größerer Blindheit geschlagen als je zuvor.

Während wir früher eifrig bemüht waren, die Grenzen unserer persönlichen Autonomie zu erweitern, so haben wir heute offenbar Angst vor der errungenen Freiheit. Wir suchen nach Garantien dafür, dass unsere Entscheidungen von anderen gebilligt werden und dass wir die »richtige« Wahl treffen, bevor wir überhaupt verstanden haben, was sie für uns bedeutet.

In unserer Gesellschaft liegt die Betonung bei der Frage nach dem Begehren häufig auf dem Subjekt des Satzes: »Was willst *du*?« Nachdem ich die Frage viele Jahre lang in meiner Arbeit als Psychotherapeutin und Analytikerin auf diese Weise gestellt hatte, bin ich dazu übergegangen, die Betonung zu verändern. Jetzt frage ich: »Was *willst* du?«, denn ich will etwas über die Intentionen erfahren. Erst wenn wir die Intentionen, auch die unbewussten, kennen, können wir Verantwortung für uns selbst und für die Auswirkungen unserer Entscheidungen auf andere übernehmen. In allen Bereichen des Lebens – Aussehen, Sex, Mutterschaft, Beruf, Geld, Spiritualität – zögern Frauen, die Regeln zu brechen, sich über die Grenzen hinwegzusetzen, die männliche Normen und Wünsche jahrhundertelang für sie gezogen haben. Das hindert Frauen daran zu erkennen, was sie wirklich wollen, und entsprechend ihrer eigenen Absichten und Vorstellungen zu leben.

Auf den folgenden Seiten werde ich darlegen, warum es notwendig ist, dass Frauen Regeln brechen und Grenzen überschreiten, wenn sie selbst über ihr Leben bestimmen wollen. Wir müssen uns die Tatsache bewusst machen, dass es uns im Patriarchat nie wirklich bestimmt war, als freie und vollwertige Menschen mit gleichen Rechten und Wahlmöglichkeiten zu leben. Folglich können wir uns nicht an die alten Regeln halten, wenn wir unser Potential voll entfalten wollen.

Das Lebensrad ist ein zentrales Symbol des Buddhismus. Es wird als großer Kreis dargestellt, der sechs Lebensbereiche umfasst, die im Buddhismus zugleich als psychische Zustände und als konkrete Örtlichkeiten aufgefasst werden. Einfach ausgedrückt sind dies die Bereiche der niedersten Hölle, der

»hungrigen Geister«, der Machtgötter, der Tiere, der Menschen und der Götter. Jede dieser Lebensformen steht exemplarisch für bestimmte Formen des Leidens und für bestimmte Möglichkeiten der Befreiung von diesem Leiden. Kein lebendes Wesen ist völlig frei von Schmerz und Angst, aber der Mensch hat von allen die besten Aussichten, sich selbst zu befreien. Der Mensch ist das einzige Geschöpf, das sein Leben ändern kann, indem er Einfluss auf seine Absichten und auf sein Handeln nimmt. Was uns im tiefsten Wesen zu Menschen macht, ist also die Freiheit zur Veränderung. Doch diese Freiheit können wir nur nutzen, wenn wir unsere Absichten kennen, wenn wir wissen, was wir wollen.

ERSTES KAPITEL

Der Wunsch, begehrt zu werden

Als ich vor etwa zehn Jahren eine Biografie über den französischen Psychoanalytiker Jacques Lacan* las, stieß ich auf eine Äußerung, die er über Frauen gemacht hatte und die eine unangenehme Wahrheit zu enthalten schien: Frauen wollen *begehrt*, nicht geliebt werden. Er meinte damit, dass Frauen sich zwar danach sehnen, begehrenswert zu erscheinen und gebraucht zu werden, doch wirklich erkannt werden wollen sie nicht. Lacan kam zu diesem Schluss, nachdem er viele Jahre lang einige Frauen psychoanalysiert und andere verführt hatte. So brillant Lacan als Theoretiker sein konnte, war er doch auch ein Sexist und schrecklich arrogant, deshalb fragte ich mich, ob ich seine Behauptung ernst nehmen konnte. Doch trotz meiner Zweifel, ließ der Gedanke mich nicht wieder los.

Im Laufe der folgenden Jahre las ich viele feministische Beschreibungen des weiblichen Begehrens, aber nichts erschien mir ganz so dreist und einprägsam wie Lacans These. Ich bin selbst Psychoanalytikerin, außerdem Feministin, Mutter und Ehefrau, Autorin, Psychotherapiedozentin und Buddhistin. In all diesen Rollen finde ich es nützlich, meine Augen und Ohren für das Unausgesprochene, das Ungeschriebene und das Unbewusste offen zu halten. Während ich also weiterhin meiner Tätigkeit als Einzeltherapeutin, jungianischer Analytikerin und Paartherapeutin nachging, merkte ich, wie der Gedanke, dass Frauen begehrt und gebraucht, nicht aber geliebt werden wollen, in mir weiterarbeitete. In den nächsten Jahren wurde er zu einer Art Hintergrundmusik, die fast immer mit-

---

* Die Anmerkungen finden Sie auf den Seiten 219 bis 234.

lief, wenn ich mich innerhalb und außerhalb meiner Therapiearbeit über das weibliche Begehren unterhielt.

Heute glaube ich, dass Lacan mit seiner Behauptung grundsätzlich Recht hatte, doch im Gegensatz zu ihm bin ich nicht der Überzeugung, dass diese Art weiblichen Begehrens ein normaler Aspekt des weiblichen Charakters ist. Ich halte sie vielmehr für eine zerstörerische *Beeinträchtigung* der weiblichen Entwicklung, die typisch für Gesellschaften ist, in denen man von Frauen erwartet, dass sie Männern gefallen. Der zwanghafte Wunsch, begehrt zu werden und begehrenswert zu sein, untergräbt die Selbstverantwortung, das Selbstvertrauen und die Selbstbestimmung der Frau von der Adoleszenz bis ins hohe Alter in all unseren Rollen – ob als Tochter oder Mutter, als Geliebte oder Ehefrau, ob als Studentin, Arbeiterin oder Topmanagerin – und ganz gleich, ob uns diese Beeinträchtigung bewusst ist oder nicht.

Der Wunsch, begehrt zu werden, bedeutet, dass wir unsere Macht aus einem Bild anstatt aus unserem eigenen Handeln ableiten. Wir versuchen, für andere attraktiv, nett, gut, zuverlässig, richtig oder wertvoll zu sein, anstatt zu erforschen, was wir tatsächlich empfinden und für uns selbst erstreben. Bei dieser Art von bewusstem oder unbewusstem Arrangement erwarten wir, dass andere Menschen uns ein Gefühl von Macht, Wert oder Vitalität vermitteln und bezahlen dafür mit der Authentizität unserer Entwicklung. Weil wir unsere wahren Wünsche und Bedürfnisse für diese Arrangements opfern, entstehen Gefühle von Verbitterung, Enttäuschung und Machtlosigkeit in uns. Wir stellen fest, dass wir immer in einem positiven Licht gesehen werden wollen – perfekte Mutter, ideale Freundin, verführerische Geliebte, schlanke oder sportliche Schönheit, freundliche Nachbarin, kompetente Chefin. Anstatt die Wahrheit darüber herauszufinden, wer wir sind und was wir von unserem Leben erwarten, verfangen wir uns in vorgefertigten Bildern.

Der Wunsch, gebraucht und begehrt zu werden, ist keine

Ko-Abhängigkeit. Er erwächst nicht aus den Bedürfnissen oder Forderungen einer anderen Person. Vielmehr ist er ein abgewandeltes und verborgenes Macht- und Kontrollbedürfnis. Anstatt zu lernen, wie wir dieses Bedürfnis erfüllen können, lernen wir langsam, aber gründlich, wie wir die Wünsche anderer erfüllen. Diese Dynamik wurzelt in den weit verbreiteten psychologischen und sozialen Beschränkungen weiblicher Macht. Denn trotz Feminismus können Frauen ihre Macht (ihre Entschlossenheit, ihren Status, ihr Wissen oder ihren Einfluss) weder zu Hause noch am Arbeitsplatz offen und direkt ausdrücken, ohne Misstrauen, Verwirrung, Angst oder Entsetzen zu wecken. Sowohl Frauen als auch Männer neigen immer noch dazu, weibliche Macht bestenfalls als etwas Exotisches und schlimmstenfalls als etwas Gefährliches und Verächtliches zu betrachten. Da Frauen keine erkennbaren Möglichkeiten für eine offene Entfaltung ihrer Macht haben, lernen sie, indirekt vorzugehen, indem sie emotionale Arrangements eingehen, die auf den Wünschen und Bedürfnissen anderer beruhen und auf dem Bild, das wir von uns selbst vermitteln möchten.

Der Wunsch, gebraucht und begehrt zu werden, ist auch nicht Ausdruck der Sehnsucht nach Intimität oder Nähe. Er gibt uns vielmehr das Gefühl, als hätten wir gar keine klaren, eigenen Wünsche. Unsere ganze Aufmerksamkeit ist darauf gerichtet, wie wir alles unter Kontrolle bringen können, indem wir auf eine bestimmte Weise wirken, auf eine bestimmte Weise sprechen und unsere Wünsche bestenfalls indirekt zum Ausdruck bringen. In unserer Kultur sind Frauen so umfassend darauf programmiert worden, auf die subtilen Signale zu achten, die ihnen sagen, ob sie die »gewünschte Wirkung« erzielen oder nicht, dass sie kein Gespür für ihre authentischen Bedürfnisse entwickeln und gar nicht merken, wie stark der Wunsch, begehrt zu werden, ihr Verhalten steuert.

In Einzel- und Paartherapien habe ich viele Male vor einer Frau gesessen und sie gefragt: »Warum sind Sie hier? Was wün-

schen Sie sich für sich selbst?« Und die Frau hat geantwortet:
»Ich weiß nicht« oder »Es ist wichtig für meinen Mann und
meine Kinder« oder »Was denken *Sie?*« Wenn ich nachbohre
und die Frau freundlich bitte, mir eine Antwort auf die Frage
nach ihren eigenen Wünschen zu geben, dann reagiert sie
meistens verwirrt und mit Entschuldigungen. Sie weiß entweder nicht, was sie will, oder sie hat zu große Angst, es auszusprechen.

Weibliche Macht

1987 habe ich gemeinsam mit Florence Wiedemann ein Buch
mit dem Titel *Female Authority: Empowering Women Through Psychotherapy* herausgebracht, in dem wir einen Zustand beschrieben, den wir als »Double Bind der weiblichen Autorität« be-
zeichneten: Frauen stoßen auf Ablehnung, wenn sie auf ihre
Autorität pochen (dann werden sie als herrschsüchtig, domi-
nierend, Zicken oder Emanze beschimpft), und sie stoßen auf
Ablehnung, wenn sie es *nicht* tun (dann bezeichnet man sie
manipulierend, abhängig, depressiv oder, schlimmer noch,
unreif und selbstzerstörerisch). Wir haben in unserem Buch
das Problem aufgegriffen, das entsteht, wenn Mädchen und
Frauen glauben, Autorität und Wissen befände sich gänzlich
außerhalb ihrer selbst – bei Männern, Göttern oder Institutionen wie Schulen oder Kirchen. Seitdem habe ich vielen
Frauen im Rahmen meiner psychotherapeutischen Arbeit geholfen, ihre persönliche Autorität zurückzugewinnen, ihre
Kompetenz und ihre Stimme durchzusetzen und den Grad
ihrer allgemeinen Zufriedenheit zu erhöhen.

Doch so erfolgreich viele dieser Frauen ihr Leben inzwischen meistern, im persönlichen Bereich haben sie häufig
noch immer ein Gefühl mangelnder Kontrolle. Obwohl sie offen und leidenschaftlich für ihre Werte und Prinzipien eintreten und sich für die Rechte anderer einsetzen, widerstrebt es

ihnen nach wie vor, persönliche Bedürfnisse und Wünsche anzumelden und einzufordern, vor allem, wenn diese in Konflikt mit den Bedürfnissen anderer geraten. Sie haben Angst, als zu herrschsüchtig oder als zu egozentrisch zu gelten.

Anne, die ich im Laufe der letzten zwei Jahre durch wöchentliche Therapiesitzungen kennen gelernt habe, ist eine solche Frau. Sie ist Mitte vierzig und arbeitet als Professorin und Dekanin an einem örtlichen College. Redegewandt, gewissenhaft, selbstbewusst und immer sehr gut auf ihre Therapiesitzungen vorbereitet, macht Anne nach außen hin den Eindruck, als hätte sie ihr Leben vollkommen im Griff. Sie hat drei temperamentvolle Kinder, einen Sohn und zwei Töchter, von denen die Älteste zu Hause ausgezogen ist und ein College besucht. Ihre Kinder sind gute Schüler und beliebt bei ihren Freunden. Annes Ehemann ist ein rundherum »netter Typ« – ein aufgeschlossener Akademiker, der einen Großteil seiner Freizeit mit den Kindern in der Natur verbringt und häufig mit ihnen zum Zelten, auf Radtouren und zum Skilaufen fährt. Als Partner achtet er auf Gleichberechtigung, kümmert sich um den Haushalt und chauffiert die Kinder. Anne schätzt all diese Tugenden an John, vor allem seine väterlichen Qualitäten.

Als erklärte Feministin genießt Anne sowohl ihre Karriere als auch ihre Familie. Sie trifft Entscheidungen, wird im Beruf allseits als kompetente Führungskraft anerkannt und von ihren zahlreichen Freunden bewundert. Niemand würde auf die Idee kommen, sie als unglückliche Frau oder als Opfer zu bezeichnen. Oberflächlich betrachtet scheint Anne allen Grund zu haben, völlig glücklich und zufrieden mit ihrem Leben zu sein.

Vielleicht kennen Sie selbst eine Frau wie Anne, die irgendwie alles zu haben scheint; vielleicht beneiden Sie sie sogar. Aber jede Woche, wenn ich mich mit Anne treffe, erzählt sie mir, wie unzufrieden sie ist. Sie spricht hauptsächlich davon, dass sie das Gefühl hat, keine Kontrolle über ihr Leben zu haben: Nie hat sie eine Minute für sich, fühlt sich ständig irgendwie überfordert und überarbeitet. Sie hat keine Zeit für ihr eigenes kreatives Betätigungsfeld, eine Mischung aus Bildhauerei und Malen, und sie fühlt sich von den Bedürfnissen und Forderungen anderer erdrückt. Die Diskrepanz zwischen dem Eindruck, den Anne nach außen vermittelt, und ihren eigenen Gefühlen, ist symptomatisch bei Frauen, die gebraucht und begehrt werden möchten.

Annes zwanghaftes Bedürfnis, anderen zu gefallen, beginnt mit der fundamentalen Überzeugung, dass die Macht – das Recht, die Fähigkeit oder die Autorität, im eigenen Interesse zu handeln oder andere im eigenen Sinne zu beeinflussen – nicht bei ihr selbst, sondern beim anderen liegt. Anne schlägt sich ständig mit der Frage herum, wie sie von anderen gesehen wird, und will nicht als fordernd oder aufdringlich gelten. Sie erzählt mir, dass sie unter einem Gefühl von innerer Leere leidet, sich orientierungslos, betrogen oder im Stich gelassen fühlt.

Anne ärgert sich oft über Dinge, zu denen sie sich zu Hause und im Beruf bereit erklärt hat. Kürzlich nahm sie eine Einladung zu einer Freundin an, die sich stundenlang über die Einzelheiten einer Trekkingtour durch irgendwelche Berge in Südamerika ausbreitete. Äußerlich machte Anne den Eindruck, als höre sie interessiert zu, aber in Wahrheit war sie gelangweilt und sogar wütend. Ich fragte sie, warum sie die Einladung überhaupt angenommen habe, wenn ihr nicht nach Reiseschilderungen zu Mute gewesen sei. »Ich weiß es nicht«, antwortete sie. »Es ist mir gar nicht in den Sinn gekommen, die Einladung abzulehnen. Immerhin hat diese Freundin schon oft genug geduldig zugehört, wenn ich über meine Arbeit geschimpft und gestöhnt habe.«

»Und deshalb haben Sie Ihren Wunsch, einen ruhigen Abend zu Hause zu verbringen, beiseite geschoben?«, fragte ich nach.

»Eigentlich nicht«, sagte Anne. »Wissen Sie, ich habe gar nicht gewusst, wie genervt ich war, bis ich dort saß und das Gefühl hatte, ihr ausgeliefert zu sein und mich der Situation nicht entziehen zu können. Natürlich konnte ich ihr nicht sagen, wie ich mich fühlte.«

Die Freundin musste glauben, Anne habe sich aus sich heraus dafür entschieden, den Abend gemeinsam mit ihr zu verbringen. In Wahrheit aber hatte sich Anne von ihrem zwanghaften Bedürfnis, gemocht zu werden, dazu gezwungen gefühlt. Eine Entscheidung setzt die Wahl zwischen mindestens zwei Optionen voraus. Um zu einem aufrichtigen Ja zu gelangen, hätte Anne also das Gefühl haben müssen, genauso gut Nein sagen zu dürfen. Unbewusst aber hat Anne die Wahl zwischen den beiden Möglichkeiten abgelehnt und fühlt sich deshalb der Macht einer anderen Person ausgeliefert.

Annes zwanghaftes Geltungsbedürfnis bringt sie ungewollt dazu, ihre Freundin zu täuschen. Wie die meisten von uns möchte Anne den Eindruck vermitteln, dass sie Rücksicht auf andere und ihre Bedürfnisse nimmt. Doch nicht einmal für diesen Wunsch kann sie die volle Verantwortung übernehmen. Wenn Anne wirklich *den Wunsch* hätte, auf die Bedürfnisse ihrer Freundin einzugehen, dann würde sie die Einladung annehmen, ohne sich im Nachhinein darüber zu ärgern. Aber weil der zwanghafte Wunsch, gebraucht und begehrt zu werden, sogar ihr selbst verborgen bleibt, fühlt sie sich in Gegenwart der Freundin ihrer Macht und Kontrolle beraubt. Unbewusste Gefallsucht zieht uns in einen Bann, der unser Verhalten verwirrend für andere und sogar für uns selbst macht. Wir haben uns scheinbar aus freien Stücken dafür *entschieden*, uns in eine bestimmte Situation zu begeben – sei es eine Dinnerparty, eine Ausschusssitzung oder sogar eine Ehe. Aber wir haben das Gefühl, keine andere Wahl gehabt zu haben, und deshalb nehmen wir die Situation insgeheim übel, verbergen unseren Groll hinter verschränkten Armen und versiegeln unsere Lippen mit einem gefrorenen Lächeln.

Was wollen Frauen wirklich?

Die Frage, was Frauen wirklich wollen, wird oft Sigmund Freud zugeschrieben, aber soweit ich weiß, hatte sie ihren ersten offiziellen Auftritt in einer mittelalterlichen Volkssage mit dem Titel *The Marriage of Sir Gawain and the Lady Ragnell*, deren früheste schriftliche Version aus dem 13. Jahrhundert stammt. Ihre Ursprünge reichen wahrscheinlich noch wesentlich weiter zurück, denn Elemente der Handlung und der Thematik finden sich auch in anderen Volksmärchen und Erzählungen nicht nur in England, sondern in ganz Europa wieder, was darauf hindeutet, dass die Geschichte im 13. oder 14. Jahrhundert bereits allgemein bekannt war. Seitdem ist sie auf der ganzen Welt in vielen Varianten erzählt und nacherzählt worden.

Die folgende Version weist viele Gemeinsamkeiten mit einer modernen Nacherzählung auf, die in der von Ethel Johnston Phelps herausgegebenen Sammlung *The Maid of the North: Feminist Folk Tales from around the World* erschien. Phelps wählte Geschichten aus, in denen die weiblichen Figuren, vor allem die Heldinnen, im Widerspruch zu den Frauengestalten stehen, die wir aus den traditionellen Märchen und Erzählungen unserer Kindheit kennen. So machen die Heldinnen unserer populärsten Kindermärchen wie Aschenputtel oder Schneewittchen vor allem durch ihre Schönheit, Anmut oder Großzügigkeit auf sich aufmerksam – und durch ihre Unterwürfigkeit gegenüber Prince Charming. Dagegen werden in den von Phelps ausgewählten Märchen hart arbeitende, selbstbestimmte Frauen beschrieben, die sich durch ihre Stärke, Kompetenz und Fantasie auszeichnen.

Gawain und Lady Ragnell

Eines Tages befand sich König Arthur auf der Jagd nach einem großen weißen Hirsch und geriet dabei an den Rand eines Eichenwaldes. Plötzlich sah er sich einem großen, kraftstrotzenden Stammeshäuptling gegenüber, der sein Schwert schwang und aussah, als wollte er den König unverzüglich niederstrecken. Dieser Mann war Sir Gromer, der erklärte, er wolle Rache dafür nehmen, dass er einen Teil seiner nördlichen Ländereien an König Arthur verloren hatte. Da Arthur unbewaffnet war, ließ Gromer Gnade walten und gab ihm eine Möglichkeit, sein Leben zu retten.

Gromer stellte dem König ein Rätsel: Arthur hatte ein Jahr Zeit, um wiederum unbewaffnet zu diesem Ort zurückzukehren und die Antwort auf eine Frage abzuliefern, nämlich: Was ist es, das Frauen mehr als alles andere auf der Welt begehren? Falls Arthur die Frage richtig beantwortete, sollte sein Leben verschont bleiben; wenn nicht, würde er seinen Kopf verlieren.

Arthur willigte ein, war jedoch sehr mutlos. Das ist doch bestimmt eine Fangfrage, dachte er. Er war sich sicher, dass niemand die Antwort wusste. Zurück auf seinem Schloss erzählte Arthur die ganze Geschichte seinem Neffen, Sir Gawain, der als der klügste, tapferste, mitfühlendste und höflichste Ritter der Tafelrunde bekannt war. Der junge Ritter war im Gegensatz zum König guten Mutes. Er und Arthur hatten ein Jahr Zeit, um im ganzen Königreich nach der richtigen Antwort zu suchen, und er war sicher, dass sie sie finden würden.

Fast ein Jahr verging, und Arthur und Gawain sammelten viele Antworten, aber keine klang richtig. Der verabredete Termin stand kurz bevor, als Arthur eines Tages allein durch purpurnes Heidekraut und goldenen Stechginster ritt, tief in Gedanken an seine missliche Lage versunken. Am Rand des Eichenwaldes stand plötzlich eine große, grotesk aussehende

Frau vor ihm, die mit Warzen übersät und fast genauso breit wie groß war.

Sie blickte ihm furchtlos ins Auge und erklärte: »Du bist Arthur, der König, und in zwei Tagen musst du Sir Gromer die Antwort auf seine Frage bringen.«

»Ja«, erwiderte Arthur zögernd, »aber woher weißt du das?«

»Ich bin Lady Ragnell, und Sir Gromer ist mein Stiefbruder. Du hast die richtige Antwort nicht gefunden, stimmt's?«

»Ich habe viele Antworten gesammelt, und außerdem weiß ich nicht, was dich das angeht«, entgegnete Arthur und nahm die Zügel auf, um sein Pferd zu wenden und nach Hause zu reiten.

»Du hast die richtige Antwort nicht gefunden«, sagte Ragnell mit einer Bestimmtheit, die Arthur mit kalter Hoffnungslosigkeit erfüllte. »Ich kenne die Antwort.«

Arthur wandte sich um und sprang von seinem Pferd. »Verrat mir die Antwort, und ich gebe dir einen großen Sack voll Gold.«

»Ich brauche kein Gold«, erklärte Ragnell ruhig.

»Unsinn, Frau, du kannst dir damit alles kaufen, was dein Herz begehrt! Was willst du dann? Schmuck? Land? Was immer du verlangst, ich werde es dir geben – das heißt, wenn du tatsächlich die richtige Antwort kennst.«

»Ich versichere dir, dass ich die Antwort kenne«, antwortete Ragnell. Nach einer kurzen Pause fügte sie hinzu: »Ich verlange dafür, dass Sir Gawain mein Ehemann wird.«

Arthur schnappte nach Luft. »Ausgeschlossen!«, rief er. »Du verlangst Unmögliches, Frau! Ich kann dir meinen Neffen nicht geben. Er ist ein freier Mann, es steht mir nicht zu, über ihn zu verfügen.«

»Ich habe dich nicht gebeten, mir Ritter Gawain zu geben. Wenn Gawain aus freien Stücken einwilligt, mich zu heiraten, dann werde ich dir die Antwort nennen. Das sind meine Bedingungen.«

»Bedingungen! Welches Recht hast du, mir Bedingungen

zu stellen? Es ist unmöglich. Ich könnte ihm nie einen solchen Vorschlag unterbreiten.«

Ragnell blickte dem König gelassen ins Gesicht und sagte einfach: »Falls du deine Meinung ändern solltest, kannst du mich morgen wieder an dieser Stelle treffen.« Mit diesen Worten verschwand sie im Wald.

Verstört von dieser merkwürdigen Begegnung ritt Arthur langsam nach Hause und dachte bei sich, dass er Gawain unmöglich von diesem Vorschlag berichten könnte. Diese ekelhafte Frau! Wie konnte sie es wagen, den edelsten Ritter als Ehemann zu verlangen! Aber die nachmittägliche Luft war mild und das verhängnisvolle Treffen mit Gromer lastete schwer auf Arthur. Als er im Schloss eintraf, erzählte er Gawain von seinem Abenteuer und schloss mit den Worten: »Sie kennt die Antwort, da bin ich sicher – aber ich wollte dir eigentlich gar nichts davon erzählen.«

Gawain, der noch nichts von Ragnells speziellem Vorschlag ahnte, strahlte übers ganze Gesicht: »Aber das sind doch wundervolle Neuigkeiten, Onkel! Warum klingst du so niedergeschlagen?«

Mit abgewandtem Blick berichtete der König von Ragnells Forderung und beschrieb dann ausführlich ihr groteskes Gesicht, ihre warzige Haut und ihre überdimensionalen Ausmaße.

»Was für ein Glück, dass ich in der Lage bin, dein Leben zu retten«, sagte Gawain ohne zu zögern. Die Proteste seines Onkels ignorierend erklärte er: »Es ist meine Wahl und meine Entscheidung. Ich werde morgen mit dir zu dem Treffpunkt reiten und in die Ehe einwilligen, unter der Bedingung, dass ihre Antwort dein Leben rettet.«

Früh am nächsten Morgen ritt Gawain gemeinsam mit Arthur zu Lady Ragnell. Auch als der Ritter ihr von Angesicht zu Angesicht gegenüberstand, änderte er seine Meinung nicht. Er nahm ihr Angebot an und erklärte mit einer höflichen Verbeugung: »Wenn deine Antwort dem König morgen das Leben rettet, werden wir heiraten.«

An dem schicksalhaften Morgen begleitete Gawain den König ein Stück des Weges, und Arthur versicherte ihm, dass er zunächst alle anderen Antworten ausprobieren würde.

Der große, kräftige Stammeshäuptling wartete schon auf Arthur, sein breites Schwert glitzerte in der Sonne. Arthur las eine Antwort nach der anderen vor, aber Gromer brüllte immer wieder »Nein!« und hob schließlich sein Schwert hoch über den Kopf. »Warte!«, rief der König. »Ich habe noch eine Antwort. Was eine Frau mehr als alles andere begehrt, ist die Macht der Souveränität, das Recht, ihren eigenen freien Willen auszuüben.«

Mit einem lauten Fluch ließ Gromer das Schwert sinken.

»Diese Antwort hast du nicht allein gefunden! Meine verdammte Stiefschwester Ragnell hat sie dir gegeben. Ich werde ihr den Kopf abschlagen. Ich werde sie mit meinem Schwert durchbohren.« Er drehte sich um und verschwand im Wald. Die Verwünschungen, die er brüllte, konnte man noch lange hören.

Arthur kehrte an den Ort zurück, an dem Gawain mit Lady Ragnell wartete. Alle drei ritten schweigend zum Schloss zurück. Nur Ragnell schien guter Stimmung zu sein.

Die Neuigkeit, dass der wundervolle Gawain eine hässliche Hexe heiraten wollte, verbreitete sich wie ein Lauffeuer im ganzen Schloss. Niemand konnte sich vorstellen, was Gawain dazu bewogen hatte, in die Heirat mit dieser Kreatur einzuwilligen. Einige dachten, sie müsse große Güter und Ländereien besitzen; andere dachten, sie müsse über einen geheimen Zauber verfügen. Die meisten waren bestürzt über das traurige Los des armen Gawain.

König Arthur nahm seinen Neffen beiseite: »Ein kleiner Aufschub wäre vielleicht in Ordnung«, meinte er.

»Ich habe mein Wort gegeben, Onkel«, entgegnete Gawain. »Willst du, dass ich wortbrüchig werde?«

Die Hochzeit fand also wie geplant in der Abtei statt, und der gesamte Hofstaat nahm an der sonderbaren Hochzeitsfeier teil. Während des langen Tages und Abends blieb Gawain gleich bleibend höflich und freundlich. In keiner Weise ließ er sich anmerken, dass er sich unbehaglich fühlte, und behandelte seine Braut ausnehmend liebenswürdig und zuvorkommend.

Schließlich zog sich das Brautpaar in seine Kammer zurück. »Du hast dein Versprechen treu und gewissenhaft gehalten«, bemerkte Ragnell. »Du hast mir gegenüber weder Mitleid noch Abscheu gezeigt. Komm, küss mich, jetzt wo wir verheiratet sind.«

Gawain ging zu ihr und küsste sie. Als er zurücktrat, stand eine wunderschöne Frau mit grauen Augen und einem heiteren, lächelnden Gesicht vor ihm. Seine Kopfhaut zog sich vor Schreck zusammen, und er sprang zurück. »Was für eine Hexerei ist das?«

»Bin ich dir in dieser Gestalt lieber?«, fragte Ragnell und drehte sich langsam einmal um sich selbst.

»Ja, gewiss, aber ich verstehe nicht…«, stammelte Gawain verwirrt und ängstlich.

»Mein Stiefbruder Gromer hat mich immer gehasst. Seine Mutter hat ihn in die Geheimnisse der Hexerei eingeweiht, und er hat dieses Wissen genutzt, um mich in ein hässliches Ungeheuer zu verwandeln. Er bestimmte, dass ich in dieser Gestalt leben sollte, bis der edelste Ritter in ganz Britannien mich aus freien Stücken zu seiner Frau wählen würde.«

»Aber warum hat er dich so furchtbar gehasst?«, fragte Gawain.

Ragnells Lippen kräuselten sich zu einem amüsierten Lächeln: »Er hielt mich für anmaßend und unweiblich, weil ich mich weigerte, seinen Befehlen zu gehorchen, sowohl was meinen Besitz als auch meine Person betraf.«

Mit großer Bewunderung entgegnete Gawain: »Dann hast du die unmögliche Bedingung erfüllt, und sein böser Fluch ist gebrochen.«

»Nur zum Teil, mein lieber Gawain.« Sie sah ihm mit festem

Blick in die Augen. »Du kannst entscheiden, wie ich sein soll. Möchtest du mich in dieser, meiner eigenen Gestalt, bei Nacht in unserer Kammer? Oder möchtest du, dass ich nachts in unserer Kammer die groteske Gestalt annehme und dafür tagsüber im Schloss in meiner eigenen Gestalt auftrete? Schön bei Nacht oder schön bei Tage – denke gut nach, bevor du eine Wahl triffst.«

Gawain kniete vor ihr nieder und antwortete ohne zu zögern: »Das ist eine Wahl, die ich nicht treffen kann. Es geht um dich, Ragnell, und nur du kannst die Entscheidung treffen. Wie immer du dich entscheidest, ich werde mich bereitwillig fügen.«

Ragnell stieß einen tiefen, erleichterten Seufzer aus. Das Strahlen auf ihrem Gesicht überwältigte ihn.

»Du hast klug geantwortet, liebster Gawain. Deine Antwort hat Gromers Fluch endgültig gebrochen. Die letzte Bedingung, die er mir auferlegte, war, dass der edelste Ritter Britanniens, mein Ehemann, mir die Macht der Souveränität verleihen müsste, das Recht, nach meinem eigenen freien Willen zu handeln. Nur dann würde der böse Zauber für immer gebrochen sein.«

Und so begann die Ehe von Sir Gawain und Lady Ragnell mit Wunder und Freude.

Hexenpsychologie und die mythischen Gefahren des weiblichen Begehrens

Unter der unterhaltsamen Oberfläche dieser alten Sage verbergen sich viele tiefere Bedeutungsschichten. Die Geschichte handelt nicht nur von weiblicher Selbstbestimmung und weiblichem Selbstvertrauen, sondern auch von der Einschränkung durch eine traditionelle patriarchale Ehe, die, als die Sage schriftlich niedergelegt wurde, gesetzlich vorschrieb, dass eine

Frau ihre Freiheit und ihren Besitz an ihren Mann abtreten muss. Tatsächlich bin ich überzeugt, dass diese Volkssage Frauen und Männer vor den psychologischen und zwischenmenschlichen Gefahren eines Zustands warnen sollte, der einer Frau persönliche Souveränität abspricht.

Im Mittelalter, als die Erzählung entstand, war das Publikum bestens vertraut mit dem Thema der mythischen Hexe, die über die Macht verfügte, den Menschen ihre Lebenskraft zu rauben. Hexen wurde nachgesagt, dass sie nachts in die Körper von schlafenden Männern und Kindern fuhren, um deren Kraft in sich »aufzusaugen«. Wenn ihre Opfer dann am nächsten Morgen erwachten, hatten sie jegliche Willenskraft verloren und litten unter apathischer Schwermut. Der Kuss war die machtvollste Waffe der Hexe. Wer ihren Lippen zu nahe kam, riskierte, dass seine Seele aus ihm herausgesogen wurde. Ein mittelalterliches Publikum wäre sehr beeindruckt von dem Mut gewesen, den Gawain aufbrachte, als er seine Braut direkt auf den Mund küsste. Es hätte angenommen, dass er Ragnells wahres Wesen erkannt haben musste und sich nicht von ihrer äußeren Erscheinung täuschen ließ.

Geschichten über die dunkle Macht der Hexe waren ein Mittel, mit dem frühere Gesellschaften die Macht von Frauen abwerteten und dämonisierten. Die Darstellung weiblicher Macht als etwas, das für andere – vor allem für arglose Männer und Kinder – devitalisierend, übermächtig und verderblich war, förderte den Glauben an eine böse emotionale Kraft, die ausschließlich fordernden, anspruchsvollen Frauen eigen war.

Wenn heutige Frauen ihrer Gefallsucht nachgeben, bestärken sie unbeabsichtigt die frauenfeindliche Überzeugung, dass eine Frau, die Forderungen stellt, gefürchtet und in ihre Schranken gewiesen werden muss. Wenn wir unseren Wünschen den Anschein von etwas Übermächtigem geben, das den freien Willen oder gesunden Menschenverstand anderer außer Kraft setzt, bestätigen wir aufs Neue die negative Psychologie der hässlichen, heimtückischen Hexe.

Wenn Anne zum Beispiel ihre eigenen Bedürfnisse oder Wünsche mit Formulierungen einleitet wie: »Würde es dir etwas ausmachen, wenn…« oder »Es wäre wirklich unheimlich nett, wenn…« impliziert sie, dass sie etwas besonders Schwerwiegendes verlangt, das nicht direkt angesprochen werden kann. Wenn wir unsere Wünsche auf diese Weise verschleiern, machen wir uns selbst unsichtbar. Diese Art unbestimmter weiblicher Willensbildung legt nahe, dass Frauen ihre Bedürfnisse verbergen müssen, weil sie gefährlich und unzumutbar sind.

In Therapiesitzungen rate ich dazu, direkt um Bestätigung, Anerkennung und sogar um Komplimente zu bitten. Frauen halten dem entgegen: »Das macht die ganze Wirkung kaputt. Der andere muss es spontan und von sich aus tun!« Doch der Versuch, Reaktionen hervorzukitzeln, ohne die eigenen Bedürfnisse beim Namen zu nennen, ist für den anderen nicht nur verwirrend, sondern übermittelt auch die Botschaft einer lauernden Gefahr – offenbar geht es um etwas so Schreckliches, dass wir es nicht in Worte fassen dürfen.

Nur wenn wir unsere Wünsche offen und mit gesundem Selbstvertrauen aussprechen, können wir diese negative Bedeutung des weiblichen Begehrens durchbrechen. Erst müssen Frauen selbst anerkennen, dass ihre Bedürfnisse etwas völlig Normales und Menschliches (und nichts »Ungeheuerliches«) sind, dann können sie sie ruhig und klar zum Ausdruck bringen. Obwohl Ragnell zu einem Leben als abstoßende Frau verdammt ist, weiß sie, dass ihre Wünsche und Bedürfnisse annehmbar sind. Die Art, wie sie König Arthur ihre Forderungen stellt, zeigt, dass sie auf sich selbst vertraut und auf das Wissen, dass Gawain frei wählen kann. Sie entschuldigt sich nicht, und sie klagt nicht an. Sie spricht mutig aus, was ihr am Herzen liegt.

Die Geschichte von Ragnell symbolisiert die Entwicklung weiblicher Selbstbestimmung innerhalb der Grenzen einer patriarchalen Tradition, die fordert, dass eine Frau nach der Eheschließung ihre Rechte und ihren Besitz aufgeben muss. Ragnell ist darauf angewiesen, dass Männer in Machtpositionen ihr bei der Erringung ihrer Freiheit helfen. Damit unterscheidet sich ihre Situation nicht grundlegend von unserer heutigen. Zu keinem Zeitpunkt verhält sich Ragnell passiv, unterwürfig oder indirekt. Sie bietet ihrem Bruder die Stirn und findet eine Möglichkeit, seine Bedingungen zu erfüllen. Sie trotzt sogar dem König und sagt ihm, dass er nicht weiß, was eine Frau begehrt. Sie beobachtet ihren neuen Ehemann aufmerksam und wartet geschickt den günstigsten Moment ab, um von ihm zu fordern, dass er sie ernst nehmen (küssen) soll. Und sie erkennt schließlich auch, dass sie auf die Hilfe anderer angewiesen ist, wenn sie selbst über ihr Leben bestimmen will. Sie stellt Gawain ihre Fragen, um ihn auf die Probe zu stellen und herauszufinden, ob er das Grundproblem ihres Lebens verstanden hat.

Die mittelalterliche Geschichte von Ragnell und Gawain verbildlicht den Prozess, durch den eine Frau das Recht einfordert, sie selbst zu sein und selbst über ihr Handeln zu bestimmen. Als wir Ragnell das erste Mal begegnen, ist sie eine abstoßende Hexe, der Inbegriff der emotional fordernden Frau. Und doch können wir erkennen, dass da noch etwas anderes ist, denn sogar der König ist überzeugt von ihrer Klugheit. Im weiteren Verlauf der Geschichte gewinnt sie unsere Sympathie durch ihren Mut und ihre Souveränität. Wir freuen uns, dass sie sich nicht von der Meinung anderer beirren oder demütigen lässt. Und schließlich, als Gawain auf sie zutritt und sie küsst, sind wir überzeugt, dass auch er ihre andere Seite erkennt. Natürlich ist Gawain von ihrer Verwandlung genauso überrascht wie wir. Was hat es mit dieser Metamorphose auf sich? Erst als Gawain vor ihr niederkniet und die richtige Antwort gibt, verstehen wir, dass sie nicht durch seinen Kuss verwandelt wird, sondern durch den Prozess, in dem sie den Mut findet, ihre Freiheit einzufordern und ihrem frisch angetrauten Ehemann die Wahrheit zu sagen.

Ragnell zeigt uns durch ihr Beispiel, wie wir mit den Beschränkungen des Patriarchats umgehen müssen, um zu selbstbestimmten Frauen zu werden. Zunächst einmal hält sie allen Widerständen zum Trotz an ihren Absichten fest. Obwohl sie nach allen herkömmlichen Maßstäben hässlich ist, kümmert sie sich nicht um ihr Aussehen und tritt selbstbewusst auf. Sie ist, wer sie ist. Als sie ihren Stiefbruder und den König herausfordert, vertraut sie auf ihre eigene Autorität. Trotz drohender Vergeltungsmaßnahmen nimmt sie für sich das Recht in Anspruch, ihr Leben nach ihren eigenen Wünschen zu gestalten. Sie weiß, was sie will, und lässt sich weder durch Zaubersprüche noch Beleidigungen oder Ablehnung entmutigen.

Die falsche Macht der Muse

Um zu verstehen, warum es viele Jahrhunderte später noch immer so schwierig für Frauen ist, Ragnells Beispiel zu folgen, müssen wir den Fluch, den ihr Stiefbruder Gromer über sie verhängte, etwas genauer untersuchen. Er verzaubert sie, weil es in seinen Augen anmaßend und unweiblich ist, dass sie sich seinen Befehlen widersetzt. Sie stellt eine Bedrohung seiner männlichen Dominanz dar, den Prototyp der unverschämten Frau. Also verwandelt ihr Stiefbruder sie in den Inbegriff dieser Bedrohung – in eine hässliche, Furcht und Abscheu einflößende Megäre. Er will, dass Ragnell für immer in dieser Gestalt lebt, doch ihr persönlicher Wille ist stärker, als Gromer erwartet. Sie durchbricht den Zauber und bestimmt selbst über ihr Leben.

Die Taktik, mittels derer man anspruchsvolle Frauen beschämt, indem man sie aufgrund ihrer Wünsche zu Hexen und Megären stilisiert, geht Hand in Hand mit dem vermeintlichen Versprechen, dass weibliche Schönheit und Anmut Macht verleihen. Wenn das, was Frauen begehren, durch männliche Dominanz erstickt wird, wie macht man den Frauen dann ihre vorbestimmte Rolle als Ehefrau oder Mutter, als Arbeiterin oder Geliebte schmackhaft? Man offeriert ihnen andere Mittel der Machtsteigerung – Mittel, die unter männlicher Kontrolle bleiben. *Die Macht von Frauen liegt in ihrer Schönheit*, lautet der Refrain, der junge Frauen zu der Überzeugung verleitet, dass sie Einfluss und Status gewinnen können, wenn sie sich für die »richtigen« Bilder entscheiden.

Durch die Jahrhunderte finden wir in der patriarchalen Kunst und Literatur das wiederkehrende Bild der Sehnsucht weckenden holden Jungfrau (das ich ausführlich im nächsten Kapitel erörtern werde), die das genaue Gegenteil der Männer um ihre Lebenskraft beraubenden Hexe verkörpert. Die Muse ist der Inbegriff von Leben und Vitalität, während die Hexe für Tod und Unterdrückung steht.

Heute betritt die Muse die Bühne in Gestalt einer magersüchtigen Kindfrau. Sie wirkt mädchenhaft und wie ausgestoßen und blickt mit leeren Augen in die Welt. Es ist schwer vorstellbar, dass sie Lebendigkeit ausstrahlen und Erregung auslösen kann, aber sie ist zweifellos das Schönheitsideal, dem junge Frauen heute überall auf der Welt nacheifern. Ihre wichtigsten Rollen in unserer Kultur sind Supermodel, junge Naive, Berühmtheit und Filmstar. Doch ganz gleich, welche Gestalt die Muse annimmt, immer übt sie eine faszinierende und inspirierende Wirkung auf ihre männlichen Bewunderer aus und dadurch mittelbar auf uns alle.

Doch ist die Muse nicht selbstbestimmt. Sie untersteht immer der Herrschaft ihres Meisters: Er ist das Subjekt und sie ist das Objekt des Begehrens. Eine Frau, die sich mit der Rolle als Objekt des Begehrens zufrieden gibt, gehört nicht sich selbst. Ihre Vitalität und Fantasie, ihre Anstrengungen und Absichten richten sich auf die Wünsche anderer aus. Sie will anderen gefallen, indem sie dem Bild der magersüchtigen Kindfrau, der eleganten Dame oder der aufopfernden Mutter entspricht. Objekt des Begehrens zu sein bedeutet Verzicht auf eine eigene Persönlichkeit, auf Autonomie und auf Selbstbestimmung. Anders Ragnell; sie ist auch in ihrer schönen Gestalt keine Muse, denn sie ist das Subjekt ihrer eigenen Wünsche.

Das Subjekt des eigenen Begehrens zu sein, schließt keineswegs aus, dass die Person ein attraktives Äußeres oder ein liebenswürdiges Wesen hat. Aber Aussehen, Benehmen, Nettigkeit oder Selbstaufopferung sind niemals die zentralen Antriebskräfte für eine Frau, die ein Subjekt ist. Wie Ragnell spricht eine solche Frau selbstbewusst und klar das aus, was sie will, auch im Angesicht von Gefahren, Konflikten und eigenen Ängsten. Weil sie als der Mensch erkannt werden will, der sie ist, und nicht als das Bild, das andere von ihr haben, ist sie offen und geradeheraus.

Warum erfreut sich die Muse trotz der letzten Feminismuswelle noch immer so großer Bewunderung? Weil wir weiterhin überzeugt sind, dass weibliche Macht etwas Ungesundes und Tyrannisches ist – eine Art seelenaufsaugende Gefahr, die Frauen und Männer gleichermaßen fürchten und daher bekämpfen müssen. Frauen wollen nicht als zu fordernd, tyrannisch oder herrschsüchtig gelten. In ihrer übertriebenen Furcht vor dem Bild der abstoßenden Hexe, wenden sich Frauen der Muse und ihrer trügerischen Macht als Objekt des Begehrens zu. Unbewusst unterstützen sie damit weiterhin die männliche Fantasie, dass die einzige *legitime* Macht, die Mädchen und Frauen gebührt, diejenige ist, die sie zum Objekt des Begehrens macht: die Macht der Schönheit.

Es gibt kaum ein besseres Beispiel für die moderne Muse als Diana, Prinzessin von Wales. Diana ist die Verkörperung eines kollektiven Objekts des Begehrens, eine neuzeitliche Muse. Wir haben ihr Bild benutzt, weil wir es inspirierend und aufregend finden. Unser Hunger nach seiner belebenden Wirkung ist der wichtigste Grund für die enorme Anziehungskraft, die Dianas Leben und ihr Tod auf die Öffentlichkeit ausgeübt haben.

Diana selbst war auf tragische Weise in der Überzeugung gefangen, dass weibliche Schönheit gleich bedeutend mit Macht sei. Man denke nur an ihr oftmals hämisch kommentiertes Schicksal: Unablässig verfolgt von Reportern, Fotografen und einer Öffentlichkeit, die sich einerseits mit ihr identifizierte und die andererseits von Diana in ihrem Bemühen um Starruhm unermüdlich hofiert wurde. Diana hat sich zwanghaft um die Bewahrung eines schlanken Körpers bemüht, was schließlich zur Entwicklung einer schweren Essstörung führte. Sogar nachdem sie diese gefährliche Situation überwunden hatte, achtete sie peinlich genau auf ihre Ernährung und ausreichende körperliche Bewegung. Sie wurde auf verhängnisvolle, verzweifelte Weise von ihrer Gefallsucht angetrieben.

Als ultimatives Objekt des Begehrens suchte Diana romantische Liebesbeziehungen mit unzuverlässigen Partnern, angefangen beim Prince of Wales. All ihre Verehrer benutzten die Macht von Dianas Äußerem und ihr mangelndes Selbstwertgefühl zu ihrem eigenen Vorteil und Statusgewinn. Sie haben Diana nicht, wie Gawain es bei Ragnell tat, dieselbe Macht zurückgegeben. So wie Ragnell zu einem Dasein als Hexe, so war Diana zu einer Existenz als Muse verdammt. Und wie ich zeigen werde, wirkt das Schicksal der Muse vernichtender: Auch wenn die Hexe, nicht akzeptiert oder geliebt wird, kann sie, wenn sie es will, doch wenigstens ihre eigenen Bedürfnisse erkennen. Der Muse hingegen steht dies nicht frei, denn sobald sie es tut, ist sie keine Muse mehr.

Diana ist ein Symbol für den weiblichen Geltungsdrang am Ende des 20. Jahrhunderts. Sie verkörpert den Konflikt und die Verwirrung, die Scham und die Faszination von vermeintlich befreiten Frauen, die versuchen, zum Objekt des Begehrens zu werden.

Eine Frage des Herzens

Während und nach ihrer Scheidung sprach Diana offen über ihre Gefühle und wurde zum Rollenmodell für andere Frauen, die, als sie von Dianas persönlichen Kämpfen hörten, hofften, auch sie würden sich von ihren Schamgefühlen und Familiengeheimnissen befreien können. Wie die Psychologin Carol Gilligan anmerkte: »Als Diana so öffentlich die Mauern des Schweigens durchbrach, in denen die Scham sie gefangen hielt, entdeckte sie, dass sie die Herzen anderer berührte, wenn sie offen aussprach, was ihr wichtig war. Anstatt sie zu meiden, nahmen die Menschen sie mit offenen Armen auf. Weil sie sich psychisch heimatlos und ausgestoßen fühlte, konnte sie, ohne herablassend zu wirken, all jenen die Hand reichen, die physisch heimatlos waren oder die gemieden wurden, weil sie unter AIDS oder Lepra litten.« Indem Diana ihre Verletzlichkeit eingestand und sich zugleich ihr Image als begehrenswerte junge Frau bewahrte, rüttelte sie an der Überzeugung, Märchenprinzessinnen blieben allein durch die Kraft ihrer Schönheit vor Kummer bewahrt. Doch solange wir unsere Auffassung von der weiblichen Willensbildung nicht ändern, wird der vorzeitige Tod Dianas wahrscheinlich dazu führen, dass wir uns trotzdem eher an ihre Schönheit erinnern, als an ihre mutige Weigerung, sich weiterhin in Scham und Schweigen zu hüllen.

Die Wahrheit zu sagen, wie Diana es zu tun versuchte, ist der einzige Weg, der uns aus der Oberflächlichkeit und den falschen Versprechungen, die mit einer Existenz als Objekt des Begehrens verbunden sind, herausführt und uns die Möglichkeiten echter Liebe eröffnet. Wenn der Wunsch, begehrt zu werden, eine Frage des äußeren Scheins und der *Bilder* ist, dann ist der Wunsch, geliebt zu werden, eine Frage der inneren Wahrheit und des *Herzens*. Geliebt zu werden bedeutet, dass wir in unserem ganzen fehlbaren, unverschleierten, authentischen Sein erkannt und akzeptiert werden. Wie das Beispiel von Ragnell zeigt, bedeutet sich selbst treu zu bleiben keineswegs, dass wir abwertende Urteile und Schuldzuweisungen verteilen oder mit üblen Beschimpfungen um uns werfen. Es bedeutet vielmehr, dass wir unsere eigenen Gedanken und Gefühle offen aussprechen, wobei wir weder andere in ihrer Würde verletzen noch versuchen, unsere Ecken und Kanten zu verbergen, damit wir perfekt und makellos erscheinen.

Wenn wir uns an die Wahrheit halten, entdecken wir nicht nur unsere individuelle Persönlichkeit, sondern auch die grundlegenden Eigenschaften, die uns mit allen Menschen verbinden. Doch wir setzen uns auch möglicher Kritik und Ablehnung aus und vor allem unseren eigenen Befürchtungen über das Wesen unserer Wünsche. Wenn wir eingestehen, wer wir sind und was wir wollen, wenn wir unsere Abhängigkeit und Dankbarkeit anerkennen, machen wir uns verwundbar. Wir lernen, dass menschliche Stärken und Fähigkeiten immer durch menschliche Schwächen, durch Erschöpfung, Vergesslichkeit, schlechte Angewohnheiten oder andere Unvollkommenheiten gefährdet sind. Diese angeborenen Schwächen machen uns bewusst, dass wir andere Menschen brauchen, und zwingen uns zu dem Eingeständnis, dass wir auf hilfreiche und unterstützende Beziehungen angewiesen sind. Die Flucht vor der Wahrheit führt uns in die entgegengesetzte Richtung: in ängstlichen Selbstschutz, in Isolation, Angst und Scham.

Sich im Wald verstecken

Wir alle ringen mit unserer Scham, verstecken uns selbst und unsere Bedürfnisse, weil sie uns falsch oder schlecht erscheinen. Dianas Essstörung war am schlimmsten in jener Zeit, als sie sich durch die Zurückweisung ihres Mannes, der seiner Geliebten den Vorzug gab, beschämt fühlte. Unbewusst versuchte sie, diese Gefühle unter Kontrolle zu halten, indem sie sich zwanghaft um Schlankheit bemühte, obwohl sie enorme Mengen an Nahrung aufnahm. Sie versuchte, vor sich selbst und der Welt zu verbergen, wie leer sie sich fühlte und wie sehr sie danach hungerte, dass ein anderer diese innere Leere durch sein Begehren füllen möge.

Der Wald, in dem Lady Ragnell als Hexe lebt, ist ein Symbol der Scham – ein Ort, an dem wir uns verstecken, wenn wir das Gefühl haben, dass unsere Identität und unsere Bedürfnisse etwas Schlechtes sind. Obwohl Ragnell keine Schamgefühle zum Ausdruck bringt, können wir uns vorstellen, dass sie als Hexe im Wald ein einsames, isoliertes Leben führte und sich danach sehnte, aus dem Dunkel heraustreten zu können. Frauen, die sich mit dem Bild der Hexe oder Megäre – der negativen weiblichen Macht – identifizieren, verstecken sich fast immer, weil sie sich schämen.

Wer sich beschämt fühlt, möchte sich verbergen, verschwinden oder sogar sterben, weil er sich für leer, schlecht oder minderwertig hält. Wer Scham empfindet fühlt sich ihr machtlos ausgeliefert, weil er die Scham mit seinem *Sein* und nicht mit seinem Handeln verbindet. Wer überzeugt ist, nichts dagegen tun zu können, dass er sich, so wie er ist, als fehlerhaft empfindet, dann wird er verständlicherweise versuchen, sich vor den Blicken anderer zu verbergen. Wer Scham empfindet, hüllt sich in alle erdenklichen Arten von Lügen und Täuschungen, um sich zu schützen.

Wenn ich mir Ragnells Wald als ein Symbol der Scham vorstelle, denke ich an Frauen, die sich in unbefriedigenden, manchmal lieblosen und sogar grausamen und gewalttätigen Beziehungen verbergen. In einer solchen auf Scham basierenden Umwelt werden Frauen durch Demütigung, Betrug, Gewaltandrohung und tatsächliche Gewalt eingeschüchtert, was häufig als Zeichen dafür gedeutet wird, dass die *Frauen* unter schwerwiegenden Störungen leiden. Ich denke dabei auch an das eher alltägliche Problem, dass ein Mann zu seiner Partnerin sagt: »Ich brauche einfach mehr Raum, etwas Abstand von dir, um Ordnung in meine Gedanken zu bringen.« Diese Äußerung legt nahe, dass die Frau den Raum zwischen den beiden aufsaugt und mit ihrer erdrückenden Präsenz ausfüllt. Hier schleicht sich das Bild der seelenaufsaugenden Hexe in etwas ein, das viele für einen gleichberechtigten Dialog zwischen den Geschlechtern halten; rational erklärt wird das Ganze mit der populärpsychologischen Überzeugung, dass sich der Mann von der Frau trennen muss, um zu sich selbst zu finden, so als würde ihre Gegenwart ihn daran hindern.

Als Cheryl zu mir in Behandlung kam, war sie 33 Jahre alt. Sie war allein stehend, sehr intelligent, hatte eine gute Ausbildung und arbeitete als Partnerin in einer überwiegend mit Männern besetzten Anwaltskanzlei in Philadelphia. Sie war mittelgroß, wog etwa 145 Pfund und schämte sich für ihr Gewicht und ihren Körper. Obwohl sie gesund und kräftig war, hatte sie ständig das Gefühl, dass mit ihrem Aussehen etwas nicht in Ordnung sei. Cheryl war verliebt in den 25-jährigen Brad, der attraktiv, energisch, weniger gebildet und extrem bindungsunwillig war. Sie führten seit etwa einem Jahr eine lockere Beziehung, und die Sache lief nicht besonders gut. Aber Cheryl wollte nicht über ihre Beziehung reden. Sie wollte über sich selbst reden, weil sie Angst hatte, dass etwas mit ihr schrecklich falsch war. Wie Prinzessin Diana wählte auch Cheryl immer wieder Männer aus, die sie letztendlich – sexuell oder finanziell – betrogen. Vor Brad war sie nacheinander mit zwei Männern zusammen gewesen, die ihr schnell eine Liebeserklärung gemacht hatten, sofort bei ihr eingezogen waren und bald darauf ihr hohes Einkommen und ihr geringes Selbstwertgefühl ausgenutzt hatten.

Cheryl wollte heiraten und eine Familie gründen, hatte aber keine Ahnung, wie sie vorgehen sollte. Sie wollte Brad, der noch studierte, nicht »unter Druck setzen«. Genau genommen wollte sie Brad überhaupt nichts von ihrem Wunsch erzählen, weil sie fürchtete, dass er die Flucht ergreifen könnte, wenn sie das Thema Ehe und Kinder auf den Tisch brachte. Cheryl sagte, sie wolle einen unkomplizierten Eindruck auf Brad machen, einfach locker und ungezwungen mit ihm zusammen sein. Dann würde er schon erkennen, dass sie nicht die Art Frau war, die einen Mann unter Druck setzte.

Nachdem Cheryl etwa zwei Jahre bei mir in Therapie und immer noch mehr oder weniger mit Brad zusammen war, konfrontierte sie ihn schließlich mit ihrem Wunsch: Sie sei nicht mehr bereit, sagte sie, noch länger darauf zu warten, dass er sich endlich zu einer Entscheidung aufraffe. Sie wolle, dass er sich zu einer dauerhaften Beziehung, einschließlich Ehe, bekenne, oder sie werde ihrer Wege gehen. Trotz ihrer energischen Erklärung war Cheryl nicht wirklich überzeugt von ihrem Wert und ihrer Attraktivität. Sie schämte sich für ihren Körper und fürchtete, dass kein Mann sie begehrenswert finden könnte, und diese Gefühle brachen sich in Vorwürfen und Schuldzuweisungen Bahn. Sie sagte, sie sei »angewidert« davon, dass Brad jahrelang mit ihr zusammengeblieben sei, ohne eine gemeinsame Zukunft zu planen. Anstatt Verantwortung für ihre eigenen Gefühle zu übernehmen, warf sie Brad vor, dass er an ihrer Unzufriedenheit mit sich selbst schuld sei. Ihre Schamgefühle hatten sie zu lange im Wald gefangen gehalten.

Unbewusst agierte Cheryl aus, was Brad am meisten fürchtete – seine angstbesetzte Vorstellung von der Hexe/Megäre als einem machthungrigen Ungeheuer, das man nie zufrieden stellen kann. Diese Fantasie von der gefährlichen Hexe beruht auf der Überzeugung, dass ihre Forderungen und Bedürfnisse grenzenlos, unersättlich und alles verzehrend sind. Wenn sich Frauen mit ihren Schamgefühlen identifizieren, halten sie sich für leer und wertlos und verlangen von anderen, dass sie ihnen durch ihre Anerkennung und Bestätigung Wert verleihen. Solange die Identität einer Frau von der Scham beherrscht wird, kann nichts diese Leere füllen; Scham ist wie ein Vakuum oder ein schwarzes Loch, das alle dargebotenen Komplimente und Bestätigungen verschluckt.

Cheryl gab Brad zwei Wochen Zeit, um sich zu entscheiden, aber Brad brach die Beziehung bereits zwei Tage später ab. Cheryl war verständlicherweise wütend und traurig; sie neigte dazu, mir und der Therapie die Schuld daran zu geben, dass sie sich gezwungen gefühlt hatte, mit Brad zu reden und ihre Beziehung »kaputt zu machen«. Nach und nach erforschten wir die Überzeugungen und Fantasien, die mit ihren Schamgefühlen verbunden waren. Wir entdeckten, warum sie sich immer wieder zu unzuverlässigen, bindungsunwilligen Männern hingezogen fühlte, und warum sie nach wie vor die Bestätigung brauchte, dass sie keine Megäre war, die einem Mann seine Freiheit oder seine Seele raubte.

Als wir diesen Prozess durchliefen, erfuhr Cheryl mehr über ihre psychischen Komplexe. Mit diesem Begriff bezeichnete Carl Gustav Jung bestimmte emotionale Tendenzen, die wir alle entwickeln, um uns auf dieselbe Weise zu schützen, wie wir es in der Kindheit getan haben, und die in unserer Vorstellung eine Welt lebendig halten, in der dieselben Gefahren lauern, die wir in unserer Herkunftsfamilie empfunden oder erlebt haben. Bei diesen Komplexen handelt es sich um die unbewusste oder halbbewusste Neigung zum Ausagieren bestimmter emotionaler Dramen, die wir in den Abhängigkeitsbeziehungen unserer Kindheit mit Eltern und Geschwistern erlebt und eingeübt haben.

Als Cheryl Brad direkt mit ihren Wünschen konfrontierte, fürchtete sie, dass er sagen würde, sie sei körperlich unattraktiv. Sie fürchtete auch, er könnte ihr vorwerfen, dass sie zu viel verlangte, obwohl sie sich ihm gegenüber unendlich fair und großzügig gezeigt hatte. Das ergab erst einen Sinn, als wir entdeckten, dass sich Cheryl in ihrer Kindheit von ihrem unberechenbaren Vater sowohl angezogen als auch eingeschüchtert gefühlt hatte. Ihr Vater war ein charmanter Hallodri, aber auch ein berühmter und gesellschaftlich hoch angesehener Anwalt gewesen. Er war »in der Öffentlichkeit ein Engel« und »zu Hause ein Teufel«, wie Cheryl es ausdrückte. Er betrog seine Frau nach Strich und Faden und gab ihr die Schuld daran, dass er nach einigen Jahren Ehe keine Liebe mehr für sie empfand.

Cheryl erlebte viele Streitigkeiten zwischen ihren Eltern, stand jedoch der Passivität der Mutter kritischer gegenüber als den Vorwürfen des Vaters. Sie wollte, dass ihre Mutter dem Vater die Stirn bot und sich ihm gegenüber behauptete. Cheryl beschloss, dass *sie* die Liebe und Anerkennung ihres Vaters gewinnen würde, indem sie ihn nachahmte. Auf der Suche nach seiner Anerkennung brillierte sie in der Schule in jenen Fächern, die er wichtig fand, und bemühte sich, im Umgang mit anderen ebenso charmant zu sein wie er. Sie gewann seine Bewunderung und sein Interesse in so starkem Maße, dass sie schließlich glaubte, die Reaktionen des Vaters, seine Liebe und sein Lob, ständen unter *ihrer* Kontrolle. Wenn er keine Notiz von ihr nahm oder ihre Leistung nicht lobte, machte sie sich dafür verantwortlich. Ihre »Macht« über ihn war die eines Objekts des Begehrens. In ihrer Vorstellung war sie es, die ihn durch ihr Verhalten, ihr Bild und ihre Leistungen steuerte. Diesen Vaterkomplex lebte Cheryl mit Brad und ihren anderen Partnern immer wieder neu aus: Unbewusst wollte sie das ausschließliche Objekt des Begehrens, die ersehnte Gefährtin sein, die alle Bedürfnisse des Mannes perfekt erfüllt.

Ihre Energien richteten sich zunächst darauf, das Selbstwertgefühl des Mannes aufzubauen und ihm einen festen Platz in ihrem Leben einzurichten. Dann suchte sie nach Anerkennung und Bewunderung für ihre Intelligenz und Attraktivität. Weil sie sich für ihren Körper schämte, glaubte Cheryl, ganz besonders entgegenkommend und gefällig sein zu müssen, damit ihr Partner sich weiterhin für sie interessierte. Wenn das Interesse des Partners zu erlahmen schien, versuchte Cheryl, ihn durch Extraleistungen an sich zu binden – kochte ihm ein ausgefallenes Essen oder überraschte ihn mit einem netten Geschenk.

Psychische Komplexe zwingen uns, emotionale Themen aus

der Kindheit ständig zu wiederholen, vor allem in unseren erwachsenen Partnerschaften und in den Beziehungen zu unseren Kindern. Solange wir uns diese Komplexe nicht bewusst machen, beherrschen sie uns durch subjektive Impulse und Vorstellungen, die wir für die Realität halten. Komplexe sind das psychologische Karma, das wir aus unserer Ursprungsfamilie mitbringen. Wir haben sie ohne böse Absicht erworben, als unser Überleben von der Zuwendung und der Fürsorge anderer abhängig war. In unserem erwachsenen Leben werden sie nicht nur durch bestimmte emotionale Bedeutungen ausgelöst, sondern auch von anderen Stimuli – durch Geräusche, Gerüche, Berührungen, körperliche Zustände (wie Übelkeit) –, die uns aus gefährlichen oder überfordernden Kindheitssituationen vertraut sind.

Wenn uns unsere Komplexe nicht bewusst sind, nehmen sie monströse Ausmaße an und schwächen unsere Lebenskraft und Motivation. Eine alles durchdringende Unzufriedenheit und ein Gefühl von Vergeblichkeit und innerer Leere sind Symptome für die hässlicheren Formen von verborgenen Komplexen. Uneingestandene Sehnsüchte und Ängste können sich zu starken Kräften entwickeln, die in Träumen und Fantasien als Dämonen, Schlangen, Fluten, Erdbeben, bedrohliche Eindringlinge oder »hungrige Geister« erscheinen und uns zu verschlingen drohen. Im Wachleben verschaffen sie sich unter anderem in Form von irrationalen Suchttendenzen und zwanghaften Verhaltensweisen Ausdruck. Tatsächlich könnte man die monströse Hexe, die sich im Wald verbirgt, auch als den unbewussten Machtkomplex von Frauen auffassen, der nur bezähmt und zivilisiert werden kann, wenn wir ihm Aufmerksamkeit schenken, ihn genau erforschen und ans Licht holen.

Cheryl entdeckte schließlich, dass es die Ähnlichkeit mit ihrem Vater war, die sie an ihre unzuverlässigen Partner gebunden hatte. Sie idealisierte diese Männer, versuchte, ihnen zu gefallen, und verschloss die Augen vor ihren Schwächen, Fehlern oder sogar Grausamkeiten. Sie fühlte sich für alles verantwortlich, was in der Beziehung falsch lief, und litt unter wachsenden Schamgefühlen, weil sie fest von *ihrer* Unzulänglichkeit überzeugt war, während sie die Schwächen und Fehler ihrer Partner übersah.

Heute, fünf Jahre später, ist Cheryl mit einem Mann verheiratet, der ganz anders ist als ihr Vater. Er arbeitet zwar wie Cheryl und ihr Vater als erfolgreicher Anwalt, aber er und Cheryl führen eine Beziehung, die auf gegenseitiger Verbundenheit und Freundschaft beruht. Die beiden haben sich auf eine fachkundige Mediation bei Scheidungs- und Trennungsfällen spezialisiert. Heute berät Cheryl andere Frauen und Männer darin, wie man die Wahrheit sagt, ohne den anderen in seiner Würde zu verletzen oder zu unfairen Mitteln zu greifen.

Cheryls Trennung von Brad eröffnete den Weg für eine neue Entwicklung. Sie lernte die Lektion, die Ragnell andeutet, wenn sie zu Arthur sagt: »Ich habe dich nicht gebeten, mir Gawain *zu geben*. Wenn Gawain aus freien Stücken einwilligt, mich zu heiraten…« Grenzen und Einschränkungen des eigenen Begehrens und der eigenen Macht müssen erkannt werden. Wenn wir lernen, die Wahrheit auszusprechen, begreifen wir auch, dass wir nicht die Macht haben, anderen unseren Willen aufzuzwingen. Durch das Äußern der eigenen Bedürfnisse kann man andere weder unter Druck setzen noch in die Flucht schlagen. Andere Erwachsene haben ebenfalls einen freien Willen. Wir alle haben die Pflicht, unsere eigenen Wünsche zu formulieren und die Wünsche anderer zu respektieren.

Das Subjekt des Begehrens

Wissen wir nicht, was Selbstbestimmung wirklich bedeutet, oder erliegen wir dem magischen Zauber unserer Gefallsucht, dann vergessen wir leicht, dass unsere tiefste Sehnsucht der Herrschaft über unser eigenes Leben gilt, dem Recht und der

Pflicht, frei zu entscheiden und zu handeln. Das gilt für alle Menschen, ganz gleich, in welcher Situation sie sich befinden. Nur im Rahmen dieser persönlichen Souveränität kann sich die hellere Seite des Begehrens zeigen und entfalten – als verantwortungsvolle und selbstbestimmte Entscheidung zu einer mitfühlenden, bewussten Lebensweise.

Das Subjekt des eigenen Begehrens zu sein, heißt nicht nur, dass wir unsere eigenen Wünsche geltend machen, sondern auch, dass wir Verantwortung für unsere Wünsche übernehmen. Diese beiden Bereiche sind eng miteinander verbunden. Während Selbstbehauptung bedeutet, dass man seine eigenen Bedürfnisse und Wünsche klar zum Ausdruck bringt, verlangt uns Verantwortung ab, uns selbst gegenüber Rechenschaft abzulegen, ethisch begründete Entscheidungen zu treffen und vertrauenswürdig zu sein. Die Übernahme von Verantwortung ist der Schritt, der Selbstbehauptung zwingend folgt. In der Therapie sagen meine Klientinnen zum Beispiel häufig etwas wie: »Ich habe mit meinem Partner darüber geredet, dass ich mehr Bestätigung und Nähe brauche, und er hat gesagt: ›In Ordnung. Und was habe ich damit zu tun?‹ Ich war fassungslos. Es ist ihm offensichtlich völlig gleichgültig, wie es mir geht.«

»Und was haben Sie dann gesagt?«, frage ich ruhig. Die häufigste Antwort lautet: »Nichts. Das Gespräch war vorbei, weil er es einfach nicht kapiert. Es gab nichts mehr zu sagen.« Die Sprecherin hat die Verantwortung für die Fortsetzung des Gesprächs auf den Zuhörer abgewälzt, dabei ist doch sie diejenige, die etwas erreichen will. Ein verantwortlicher Umgang mit diesem Problem verlangt, dass die Sprecherin weiterhin versucht, ihr Bedürfnis verständlich zu machen.

Verantwortung zu übernehmen bedeutet, dass wir immer wieder und auf unterschiedliche Weise zu erklären versuchen, was wir wollen, bis es gehört und verstanden werden kann. Wenn Sie in einem psychischen Komplex gefangen sind und etwa das Gefühl haben, dass Sie *nie* gehört und verstanden werden, dann müssen Sie viel Geduld und Toleranz entwickeln, damit Sie die Verantwortung für Ihre Wünsche übernehmen und nicht zu voreiligen Schuldzuweisungen greifen. Diese Toleranz äußert sich während eines Gesprächs als meditative Disziplin – atmen Sie tief durch, und sprechen Sie das Thema dann noch einmal ganz ruhig an. Vertrauen Sie wie Ragnell darauf, dass Sie sich selbst und Ihre Bedürfnisse kennen. Wenn tatsächlich alle Versuche scheitern, sagen Sie ehrlich etwas wie: »Das sind meine Bedürfnisse (oder Bedingungen), und wenn du bereit bist, darüber zu reden, lass es mich bitte wissen.«

Das Subjekt des eigenen Begehrens zu sein heißt, dass wir uns auf eine schwierige und facettenreiche Erfahrung einlassen und herausfinden, wer wir sind, indem wir die vielen Schichten unserer subjektiven Wahrnehmung erforschen und die Verantwortung dafür übernehmen. Durch diesen Prozess erkennen wir allmählich, dass wir durch Bedingungen und Ereignisse eingeschränkt sind, die außerhalb unserer Kontrolle liegen. Wenn wir die Verantwortung für unsere eigenen Wünsche übernehmen, entdecken wir, wie sehr wir von anderen abhängig sind und wie häufig wir irren oder uns etwas Falsches wünschen. Die Toleranz, die wir für unsere eigenen Fehler und Schwächen entwickeln, vergrößert unsere Toleranz für die Unzulänglichkeiten anderer, vor allem jener, die wir lieben.

Wie können wir also unsere legitimen Wünsche geltend machen und die Angst vor Scham und Vergeltung überwinden? Wie können wir unsere Wünsche nutzen, um Selbsterkenntnis und Selbstbestimmung zu erlangen, um Verantwortung für uns selbst zu übernehmen und um authentischere Beziehungen zu anderen zu entwickeln? Ist es möglich, einen Ort zu erreichen, an dem wir nicht länger von unseren Bedürfnissen verfolgt werden und Zufriedenheit finden?

Ragnells Geschichte liefert uns wichtige Anhaltspunkte, und Dianas Tod ist ein warnendes Beispiel. Der Wunsch, begehrt zu werden, ist häufig eine völlig verborgene Sehnsucht, die sich mit dem Wunsch, geliebt zu werden, vermischt. Das Objekt des Begehrens zu sein, erscheint sehr verlockend; deshalb müssen wir unsere Neigung, ein Bild von uns zu projizieren, bewusst bekämpfen, um dieser Versuchung nicht zu erliegen. Wir müssen aktiv für das eintreten, was wir wollen, auch wenn wir dadurch Gefahr laufen, als Hexe diffamiert zu werden. Wenn wir auf unser Wissen vertrauen, können wir ruhig und selbstbewusst zum Ausdruck bringen, dass wir das weibliche Begehren nicht fürchten, dass wir frei von der Herrschaft der Äußerlichkeiten und ihrer falschen Macht sein wollen. Nur wenn Frauen sich weigern, ihr Leben in dem Glauben zu führen, Schönheit sei gleich bedeutend mit Macht, werden wir in der Lage sein, die nächste Stufe unserer Entwicklung zu erreichen – die Fähigkeit, unsere eigene innere Wahrheit in allen Bereichen unseres Lebens zu erkennen und zu bewahren.

Die eigene Wahrheit sichtbar machen, um erkannt zu werden

Wahrheit ist eine innere Einstellung und eine Lebensweise und nichts, das außerhalb unserer selbst existiert. Wahrheit bedeutet, dass wir selbst aufrichtig, offen und transparent sind und zugleich respektvoll gegenüber den Menschen, auf deren Unterstützung wir angewiesen sind. Wenn wir unsere Aufmerksamkeit darauf konzentrieren, wie wir aussehen oder wie wir auf andere wirken, werden wir nicht in der Lage sein, in unser eigenes Herz zu schauen und unser wahres Wesen zu erkennen. Wenn wir zu Objekten des Begehrens werden, können wir leicht vergessen, was es bedeutet, als Subjekte unserer eigenen Wünsche zu leben. Entweder wir kümmern uns um unser Image und versuchen, unseren Willen durch heimliche und indirekte Arrangements durchzusetzen, oder wir stehen zu unseren Wünschen, ganz gleich, wie sie aufgenommen werden.

Der Renaissance-Metaphysiker Paracelsus hat einmal gesagt, dass man nur lieben kann, was man kennt, und nur wirklich kennt, was man liebt. Wenn wir uns zutiefst geliebt fühlen, wissen wir auch, dass es eine authentische Begegnung gab, dass wir uns selbst in Gegenwart des anderen treu geblieben sind und dass diese Wahrhaftigkeit begrüßt und voll akzeptiert wurde. Wenn wir einem Partner oder Freund die Wahrheit sagen, machen wir uns verwundbar und setzen uns der Gefahr aus, angeklagt, verurteilt oder abgewiesen zu werden. Wenn wir jedoch die Wahrheit verbergen, um uns zu schützen, dann verzichten wir auf die Chance, als der Mensch erkannt zu werden, der wir wirklich sind, und damit auf die Gelegenheit, geliebt zu werden.

In diesem Buch möchte ich den Weg aufzeigen, der uns von dem verborgenen zwanghaften Wunsch, begehrt zu werden, zur Verantwortlichkeit für unsere Wünsche führt und schließlich zu dem Wissen und der Weisheit, die daraus erwachsen, dass wir unsere Grenzen und unsere Abhängigkeit erkennen.

ZWEITES KAPITEL

Weibliche Schönheit als Bedrohung

Eine schöne junge Frau symbolisiert in unserer Gesellschaft eine nahezu transzendente Macht oder Vitalität. Frauen fühlen sich gezwungen, ihr nachzueifern, und Männer sehen sich veranlasst, sie zu besitzen. Der Refrain *Schönheit ist Macht* verleitet Frauen zu der Überzeugung, dass ihre Möglichkeiten in direktem Zusammenhang mit ihrem Äußeren stehen. Und so bemühen sich die meisten Amerikanerinnen, dem Bild der jugendlichen, schlanken Schönheit gerecht zu werden (oder leiden unter quälendem Neid).

Amerikanische Mädchen entwickeln erschreckend früh die Überzeugung, ihre Identität sei das, was ihnen von anderen zurückgespiegelt wird. Ob sie sich stark und lebendig fühlen, hängt davon ab, ob sie bei anderen Begeisterung auslösen: »Was für ein hübsches Mädchen! Was für eine nette, liebenswürdige Art!« Gefördert wird die Wirkung der Jugendlichen auf andere, nicht ihre persönlichen Eigenschaften und Errungenschaften.

Da Frauen ermutigt werden, ihr Selbstwertgefühl aus ihrem Körperbild und nicht aus ihrem Handeln abzuleiten, werden sie zu Objekten des Begehrens. Das Interesse und die Begeisterung, die Frauen bei anderen auslösen, wird zur Hauptquelle ihrer Selbstbestätigung. Und so verlieren wir nach und nach unsere eigenen Bedürfnisse, Wünsche und Sehnsüchte aus dem Blick und schließlich auch die Kontrolle über sie. Wir werden sogar für uns selbst zu Objekten und betrachten unseren Körper und unsere Psyche ständig unter dem Aspekt, wie sie auf andere wirken. Da wir an unseren eigenen Fähigkeiten und Kenntnissen zweifeln, brauchen wir Bestätigung von außen. Unser Hunger nach Schmeicheleien ist die Folge mangelnden Selbstvertrauens. Wir werden unfähig, unser authentisches Selbst wahrzunehmen. Wir verlieren das Gespür dafür, wie es ist, wenn wir selbst über unser Wollen und Handeln bestimmen. Und doch empfinden wir das alles als völlig normal, verbinden es irgendwie damit, dass wir erwachsen und zur Frau werden, denn fast alle anderen machen es genauso.

Nach Ansicht der Historikerin und Autorin Joan Brumberg sind unsere Probleme mit dem Äußeren ein besonderes Merkmal unserer Epoche. Früher beantwortete man die Identitätsfrage »Wer bin ich?« nahezu erschöpfend mit »eine Frau« – mit einem Selbstverständnis, das durch Fortpflanzungsfunktion und soziale Bedingungen weitgehend eingeschränkt und begrenzt war. Heute, wo junge Frauen zwischen zahlreichen verschiedenen Rollen wählen können, definieren sie sich in wachsendem Maße über ihr Aussehen – dick, dünn, hässlich, hübsch. Sie haben von klein auf gelernt, dass ihre Macht als Frau aufs Engste mit ihrem Aussehen verbunden ist und weniger mit ihrem Charakter oder ihren Leistungen. Brumberg bezeichnet dieses Phänomen als »Körperprojekt« und führt es auf das Aufstiegsstreben der Mittelschicht, auf unsere medienbeherrschte Kultur und auf die »Expertenratschläge« zu weiblichen Macht- und Identitätsfragen zurück.

Es ist unmöglich, sich dieser Botschaft von der Macht weiblicher Schönheit zu entziehen. In den Medien wird selten über die Leistung einer Frau berichtet, ohne dass zugleich eine Äußerung zu ihrer Kleidung und/oder ihrem Aussehen fällt. Das Aussehen einer Frau scheint ständig überprüft werden zu müssen, entweder damit man ihren Erfolg auf ihre Schönheit zurückführen (und sie dadurch auf ihr Äußeres reduzieren) kann oder um den Erfolg als Kompensation für ihre mangelnde Schönheit zu erklären. Für die Mehrheit amerikanischer Frauen ist das Aussehen der zentrale Ausdruck ihrer persönlichen Identität.

Die erste Identifizierung mit dem körperlichen Aussehen

vollzieht sich in der Adoleszenz. In den Jahren der erwachenden Selbstreflexion zwischen 13 und 18, wenn Mädchen die Fähigkeit entwickeln, über sich selbst, ihre eigenen Gedanken und Gefühle nachzudenken, setzt auch die zwanghafte Beschäftigung mit dem Äußeren und der Popularität ein. Genau zu diesem Zeitpunkt werden Mädchen mit Bildern von der Sehnsucht weckenden jungen Schönheit bombardiert, stimmen ihre Motivation und ihre Interessen durch Kleidung, Verhaltensweisen und Aktivitäten auf diese Identität ab und bleiben ein Leben lang von ihr geprägt.

Unzufriedenheit mit dem eigenen Erscheinungsbild

Doch trotz all der Aufmerksamkeit und Anstrengung, die wir in unseren Körper und unser Aussehen investieren, sind wir in erster Linie unglücklich damit. Zwei Drittel aller amerikanischen Frauen, einschließlich jener, die von durchschnittlicher Größe und dünn sind, halten sich selbst für übergewichtig. Schätzungen zufolge geben Amerikaner fünf bis sieben Milliarden Dollar für – größtenteils wirkungslose – Schlankheitsprodukte aus. Der prozentuale Anteil der Frauen, die unzufrieden mit ihrem Gewicht und Aussehen sind, wird jedes Jahr größer, und die Altersgrenze verschiebt sich immer weiter nach unten: Eine jüngere Studie ergab, dass 53 Prozent der 13-Jährigen und 78 Prozent der 17-Jährigen unglücklich über ihren Körper sind.

Junge, gut ausgebildete Frauen sind größtenteils unzufrieden mit ihrer Figur und ihrem Gewicht, und diese Unzufriedenheit schlägt sich in Fastenkuren, dem Missbrauch von Abführmitteln (einschließlich Diuretika), Bulimie und exzessiv betriebenem Sport nieder. Eine große Umfrage zeigte, dass 61 Prozent der Frauen mit College-Abschluss unter irgendeiner Form von Essstörung litten und dass nur 33 Prozent der

Befragten von Essgewohnheiten berichteten, die man als normal einstufen könnte. All diese Studien machen eines deutlich: Die Unzufriedenheit mit dem Körperbild ist für fast alle adoleszenten Mädchen und jungen Frauen alltäglich.

Viele Frauen finden sich vor allem deshalb unattraktiv, weil sie unserem heutigen Musenideal nicht entsprechen und nicht so aussehen wie die Supermodels, Filmstars, Tänzerinnen und Sportlerinnen, die etwa 25 bis 30 Pfund leichter sind als die amerikanische Durchschnittsfrau von gleicher Größe. Wenn die Macht der Frauen in ihrer Schönheit liegt, dann muss die moderne Muse vor allem eins sein, nämlich dünn.

Nur wenige sind immun gegen den Magerkeitswahn unserer Kultur. Eine Untersuchung bei 176 College-Studentinnen ergab, dass diejenigen Frauen, denen man 50 Modefotos des »dünnen Ideals« vorlegte, sofort mit niedrigerem Selbstwertgefühl, höherer Selbstbefangenheit sowie mit sozialer Angst reagierten und unzufriedener mit ihrem eigenen Körper waren, als die Probandinnen, denen man die Fotos nicht gezeigt hatte. Denken Sie nur an die vielen Bilder von magersüchtigen Kindfrauen, die wir an einem einzigen Tag sehen – auf dem Weg von und zur Arbeit, wenn wir in Zeitschriften blättern oder den Fernseher anstellen. Sogar Frauen, die angegeben hatten, dass sie keinem Attraktivitätsideal anhingen, wurden von den 50 Bildern negativ beeinflusst. Eine weitere Studie ergab, dass sich schon nach einer halben Stunde Fernsehen oder Werbung die Körperwahrnehmung einer jungen Frau verändern kann!

Nur Frauen über 60 scheinen dem Magerkeitswahn entgangen zu sein. Nach den Ergebnissen einer Studie und nach meiner eigenen Erfahrung mit Frauen in der Psychotherapie sind ältere Frauen zufriedener mit ihrem Körperbild als jüngere Frauen. Obwohl die Wissenschaftler den Grund dafür nicht nennen konnten, vermuteten sie, dass der entscheidende Unterschied darin lag, dass die älteren Frauen während ihrer Adoleszenz nicht mit den weit verbreiteten Einflüssen des Schönheitsideals konfrontiert worden waren.

Frauen der Babyboom-Generation wie ich, die heute in den Vierzigern oder Fünfzigern sind, teilen mit den jüngeren Frauen die Überzeugung, dass Schlankheit zu Macht und Privilegien führt. Wir wuchsen auf in einer Zeit, in der Fernsehen und Kino der Gesellschaft ihren Stempel aufdrückten. Viele Frauen eiferten weiblichen Rollenmodellen aus den Medien nach, und wenn sie sich dem Feminismus zuwandten, orientierten sie sich häufig an Rollenmodellen wie Jane Fonda oder Gloria Steinem, die größere Selbstbestimmung und Macht für Frauen forderten und trotzdem dem schlanken Schönheitsideal entsprachen. Meine Teenagerzeit war von Diäten geprägt, die schon fast als Voraussetzung für das Erwachsensein galten. Babyboomer mögen Feministinnen sein und erfolgreich in der Öffentlichkeit stehen, aber die durch die Schönheitstyrannei ausgelöste Unsicherheit ist bei ihnen häufig genauso stark ausgeprägt wie bei jüngeren Frauen, auch wenn diese sich vielleicht eher an Kate Moss als an Jane Fonda orientieren.

Meine Klientin Anne, die etwas über 40 Jahre alt ist, fühlt sich durch ihr Körperbild gefangen und ihrer Macht beraubt. Sie ist von kräftiger, sportlicher Statur, aber sie mag weder ihr Gewicht noch ihren Körper. »Ich weiß, dass es falsch ist, wenn ich mich so zwanghaft mit meinem Gewicht beschäftige. Doch ich fühle mich eben besser und stärker, wenn ich für meine Verhältnisse gerade besonders dünn bin. Aber über kurz oder lang sind die fünf bis zehn Pfund, die ich abgespeckt habe, wieder da – und nach jeder Diät wird es ein bisschen mehr –, und dann bin ich so frustriert über mein Aussehen, dass es mich in nahezu jeder Hinsicht belastet.«

Mehrmals machte ich Anne den Vorschlag, nur das zu essen, worauf sie Appetit hatte, und zu beobachten, was geschehen würde. Ihre Antwort spiegelte ihr Entsetzen wider: »Das könnte ich nie und nimmer tun. Ich hätte viel zu viel Angst, dass ich überhaupt nicht wieder aufhören könnte zu essen.«

Warum Magerkeit Macht ausstrahlt

Macht und Einfluss wurden der Sehnsucht weckenden jungen Frau schon immer versprochen, aber warum muss die Muse unserer Zeit eine magersüchtige Kindfrau sein? Nach Ansicht der Autorin Laura Fraser vermittelt das Dünnsein die Illusion, alles unter Kontrolle zu haben. Die angestrengten Bemühungen um ein kontrolliertes Gewicht scheinen die Kontrolle über ein zunehmend komplizierter werdendes Leben zu versprechen: »Die dünne Frau sendet eine visuelle Botschaft an die Welt… sie arbeitet hart an ihrer Attraktivität und ist deshalb erfolgreich in ihrer traditionellen Rolle als begehrenswertes Sexualobjekt und Liebespartnerin. Außerdem vermittelt sie durch einen schlanken Körper den Eindruck, dass sie diszipliniert und tüchtig ist und sich selbst im Griff hat.« Frauen, die unter Essstörungen leiden, die sich selbst in eine lebensgefährliche Magersucht hineinhungern oder sich durch Erbrechen und Abführmittel von ungewollten Kalorien »reinigen«, verteidigen ihr Verhalten häufig mit einem Anflug von Überlegenheit und sagen: »Will nicht *jede* Frau schlank sein?« Diese Frauen wissen, dass die Kontrolle über ihren Körper ihnen ein starkes Machtgefühl vermittelt, und dieses Gefühl wollen sie keinesfalls für irgendein Gesundheits- oder Normalitätsprinzip aufgeben.

Aus Umfragen und Studien wissen wir, dass es zwischen Schlankheit und Kontrolle beziehungsweise Kompetenz tatsächlich eine Verbindung gibt. Doch die mit der Muse assoziierte Aura von Macht und Einfluss war schon immer ein Bestandteil der Schönheitsfalle. In früheren Zeiten beschrieb man sie im Zusammenhang mit Haut, Brüsten, Haaren, Augen, Taille oder Stimme. Heute hat sie die Gestalt der Magerkeit angenommen.

Fraser führt die Entstehung des Schlankheitswahns auf einen Wandel der weiblichen Rollen zurück. Das frühere Ideal

»pralle Weiblichkeit« oder »sinnliche Rundungen« betonte das Mutterpotenzial der Frau. Doch durch Veränderungen im Lebensstil und durch neue Zielsetzungen, die mit dem Wahlrecht und größeren sportlichen Freiheiten einhergingen, entwickelte sich auch ein neues Körperbewusstsein.

Schwimmen und Radfahren hoben Anfang dieses Jahrhunderts die Beine der Frauen ins Bewusstsein der Öffentlichkeit, und die neue Konsumgesellschaft setzte die Maßstäbe, wie Beine idealerweise auszusehen hatten. In den Zwanzigerjahren war die rundere Figur dem Ideal des grazilen, schlanken »Flapper«-Typus gewichen. Hinter der Botschaft vermeintlich größerer Freiheit, die sich in den Zwanzigerjahren auszubreiten schien, verbarg sich für Frauen das einschränkende Gebot zur Bewahrung eines schlanken Körpers.

In den Zwanzigerjahren begannen Industrie und Werbung, Frauen als Konsumentinnen zu betrachten. Schönheits- und Körperpflegeprodukte wurden erfunden und das Rauchen als Schlankheitsmittel propagiert. Diese Konsumorientierung pries man als neue Freiheit an. Doch sie war alles andere als befreiend, da die Werbung zunehmend auf die Unsicherheit, die Selbstbeobachtung und die Ängste von Frauen abzielte. Die Erfindung der »Pille«, die größere Freiheit im Hinblick auf Schwangerschaft und Stillzeiten ebenso wie die verlängerte Zeit zwischen Menarche und Menopause ermöglichten es, das weibliche Äußere – insbesondere das Gewicht – immer mehr unter Kontrolle zu bringen.

Was sich allmählich als Schönheitsideal herauskristallisierte, war ein Körpertypus, der eher dem männlichen als dem weiblichen Körperbau entsprach: Wenig oder kein Fett, durch die Haut schimmernde Muskeln, ein eckiges Gesicht, knochige Arme und Beine. Dieses Körperideal ist ohne Essstörung praktisch nicht aufrechtzuerhalten. Das Streben nach diesem Ideal und ein gesundes Leben schließen sich gegenseitig aus.

Die Ikonen dieser magersüchtigen Kindfrau, die Supermodels, bezahlen häufig mit ihrer Gesundheit für ihren Ruhm und führen ein Leben, das von Drogen, Hungerkuren und ausbeuterischen Beziehungen gekennzeichnet ist. Ausgerechnet diese Frauen sind die Rollenmodelle für eine künftige Mädchengeneration, die laut einer großen Umfrage bei Drittklässlerinnen lieber ein berühmtes Model als Präsidentin werden möchten. Die Macht der Models – Kaufkraft, sozialer Status, Medienaufmerksamkeit – vermittelt eine Illusion von Kontrolle, die von jungen Mädchen und Frauen verinnerlicht wird und sie an der Erkenntnis ihrer eigenen Wünsche und an einem selbstbestimmten Leben hindert.

Aber es sind nicht nur die Medien, die unsere jungen Mädchen mit dem Schlankheitswahn indoktrinieren. Viele erwachsene Frauen unterstützen sie ungewollt. Wenn Anne mit ihrer halbwüchsigen Tochter Laura über Frauenangelegenheiten spricht, dann erzählt sie ihr vielleicht etwas von Feminismus, Leistung, Kompetenz, Karriere oder Kreativität, doch sie spricht mit Laura nicht über das, was Fraser als den »dritten Job« der Frau bezeichnet – das Dünnbleiben. Stattdessen ermutigt Anne ihre Tochter, so wie die meisten Mütter es tun, nicht so viel Wert auf Äußerlichkeiten zu legen.

Aber Annes Tochter nimmt sehr wohl wahr, dass ihre Mutter ständig zwischen Fitnesscenter und Schönheitsfarm, zwischen Kosmetikerin und Friseur hin- und herwandert. Sie hält ihrer Mutter zu Recht entgegen: »Wenn das Aussehen nicht so wichtig ist, warum verwendest du dann so viel Zeit darauf? Gerade du, eine *Feministin*.« Laura muss den Nutzen des mütterlichen Feminismus bezweifeln, wenn Anne solche Fragen nicht beantworten kann. Aber Anne kann dieses Thema nicht offen ansprechen, weil sie die Verantwortung für ihr eigenes Schlankheitsbestreben nicht übernimmt. Sie kann nicht zugeben, dass sie Angst hat, übergangen zu werden, wenn sie nicht an ihrem Aussehen arbeitet. Sie kann ihrer Tochter nicht erzählen, dass die Frage des weiblichen Äußeren ein bitteres Kapitel in der Geschichte des Feminismus ist.

Unsere Vorfahren mögen den weiblichen Körper mit Gürteln und Korsetts eingezwängt haben, aber die feministische Ära hat den weiblichen Körper als Machtprodukt vermarktet und uns dazu gedrängt, ihn schlank und unter innerer Kontrolle zu halten. Der Feminismus hat Frauen dazu ermutigt, ihre Macht einzufordern, aber er hat ihnen nicht beigebracht, zwischen männlichen Fantasien von der schönen, begehrenswerten Frau und authentischen Quellen weiblicher Macht zu unterscheiden. Das Ideal der magersüchtigen Kindfrau erscheint Mädchen und jungen Frauen als tragfähiges Erfolgsmodell in einer feministisch beeinflussten Welt.

Die Überzeugung, dass wir dünn sein müssten, um erfolgreich zu sein, hat zur Folge, dass wir an uns selbst und an unseren Fähigkeiten zweifeln. Der zwanghafte Versuch, den Körper unter Kontrolle zu bringen, führt nicht zur Macht, sondern zu Scham, Selbstbefangenheit, Verwirrung, Krankheit und bei schweren Essstörungen manchmal sogar zum Tod. Weil wir verzweifelt nach Bestätigung für unseren Wert suchen, beugen wir uns wie kleine Kinder dem erniedrigenden Rat von Experten, die uns sagen, was und wann wir essen sollen und welche Sportarten wir ausüben müssen. Die meisten Frauen, die sich für fett halten, liegen in Wahrheit nicht mehr als 15 bis 40 Pfund über der sozialen Norm, die man für ein wünschenswertes weibliches Körperbild aufgestellt hat. Studien belegen, dass diese zusätzlichen Pfunde keine Auswirkungen auf Gesundheit und Lebenserwartung haben.

Wenn wir selbstbestimmter und verantwortungsvoller leben wollen, müssen wir uns bewusst machen, wie die Bilder weiblicher Schönheit gegen uns eingesetzt werden. Die Kamera raubt uns vielleicht nicht unsere Seele, aber sie kommerzialisiert und vermarktet den weiblichen Körper. Spiegel und Kameras haben uns einen heimtückischen und alles durchdringenden Schlankheitswahn beschert, zu dessen Gunsten unsere eigenen Wünsche auf der Strecke bleiben.

Verzauberte Männer

Die Überzeugung von der Macht weiblicher Schönheit wirkt sich auch auf das Leben der Männer aus. Sie sind häufig ganz versessen darauf, eine schöne, schlanke Frau für sich zu gewinnen und zu besitzen, um sich auf diese Weise ihre Männlichkeit oder persönliche Anziehungskraft zu beweisen. Vor mehr als 40 Jahren hat die feministische Autorin Simone de Beauvoir darauf hingewiesen, dass der Mann ein Gegenbild oder eine Verneinung brauchte, als er sich selbst als frei, als Subjekt seines eigenen Begehrens bejahte. Dadurch wurde die attraktive Frau zu einer Notwendigkeit im Leben des Mannes. »Nun aber hat der Mann das Bestreben, mit seiner eigenen Würde zu bekleiden, was er erwirbt und besitzt«, schrieb de Beauvoir, deshalb erlaubt er der schönen Frau »ein Weniges von ihrer ursprünglichen Magie« zu behalten, solange sie zu seiner Würde beiträgt, indem sie sein Besitz wird. Nur der sinnenbetörenden Frau, die das Objekt des Begehrens ist, wird vom Mann eine eigene Magie zugestanden.

Doch obwohl Männer die Muse besitzen wollen, fürchten sie doch zugleich ihren Einfluss. Schon das zweidimensionale Bild einer Frau, die ein bestimmtes Alter und eine bestimmte Gestalt hat, kann einen Mann aus der Fassung bringen. Werbestrategen drapieren ein mageres Model auf einem Autokühler, lassen eine Zigarette zwischen ihren Fingern baumeln, oder postieren sie als Bikinischönheit neben dem Swimmingpool eines teuren Urlaubsortes, wohl wissend, dass das Versprechen, das die Männer in ihren Augen lesen, sie zum Kaufen verführt. Männer berichten häufig, dass sie sowohl Frauen als auch anderen Männern gegenüber ein tiefes Misstrauen empfinden, weil sie in einer Atmosphäre leben, in der von ihnen erwartet wird, um die schönste aller Frauen zu konkurrieren; dieses Szenario ist in zahllosen Mythen beschrieben worden, von denen der Kampf um die schöne Helena vermutlich der bekannteste ist.

Die »ursprüngliche Magie« der schönen und begehrenswerten Frau macht Männer zu Widersachern und kann das Urteilsvermögen des Einzelnen einschränken. Vergewaltigung könnte ein »unausweichliches Ergebnis« sein, so die These gewisser Soziobiologen, da die sexuelle Erregung des Mannes angeblich vom weiblichen Äußeren gesteuert wird. Nach dieser Erklärung gelingt es nur den stärksten Männern, die Muse zu erobern, wovon dann künftige Generationen profitieren, weil sich Stärke und Schönheit paaren. Genetik-Ideologen wie Richard Dawkins und E. O. Wilson behaupten, dass schöne Frauen Macht haben, *weil* starke Männer sie besitzen wollen.

Mit anderen Worten: Die männliche Vorherrschaft ist der Macht weiblicher Schönheit inhärent; die Muse verfügt über keinerlei legitime, eigenständige Macht und über kein eigenes Wissen. Der Refrain *Schönheit ist Macht* schafft einen Zustand, in dem sich Frauen nie von männlichen Schönheits- und Verhaltensmaßstäben befreien können. Männliche Wünsche und Fantasien bestimmen über die Konturen der Frau als Objekt des Begehrens, während ihr Einfluss auf die Vernunft und auf das gesunde Urteilsvermögen des Mannes verachtet und lächerlich gemacht wird. Die Abhängigkeit von ihrem Äußeren führt dazu, dass die Frau auf Bestätigung und Schmeicheleien angewiesen ist, dass sie begehrt anstatt geliebt werden will und dass männliche Vorstellungen von weiblicher Schönheit und weiblichem Wert untermauert werden.

Pandora und der Fluch weiblicher Schönheit

Die Geschichte von der Erschaffung der ersten Frau in der griechischen Mythologie offenbart ihre Rolle im Patriarchat und erzählt uns, aus welchen Gründen und in welcher Form die schöne Frau unter der Kontrolle machtvoller Männer stehen muss. Leider ist diese Geschichte heute noch ebenso aktuell wie vor vielen Jahrhunderten.

Die Berichte über Pandora gehen auf das achte Jahrhundert vor Christus zurück und wurden von dem griechischen Dichter Hesiod festgehalten. Was uns durch ihn überliefert wurde, ist vermutlich nur ein Bruchstück aus einer wesentlich längeren Erzählung, deren übrige Teile verloren gegangen sind. Die folgende Darstellung habe ich aus zwei unterschiedlichen Hesiod-Versionen zusammengesetzt.

Pandora

Zwischen Göttern und Männern herrschte einmal große Rivalität. Prometheus, der Fürsprecher der Menschheit, hatte die Macht des Feuers gestohlen und auf die Erde gebracht. Als Zeus die flackernden Flammen unter sich sah, packte ihn rasender Zorn.

Er beschloss, Rache zu üben und die Menschen mit einem schrecklichen Übel zu überziehen, das genauso verzehrend sein sollte wie die Macht des Feuers. Er befahl einer niederen Gottheit, einem Kunsthandwerker, das Bildnis einer Sehnsucht weckenden Jungfrau zu erschaffen. Der Handwerker mischte Erde und Wasser und gab seiner Schöpfung ein Antlitz, das so wunderschön war wie das der unsterblichen Göttinnen, dazu eine eigene Stimme und eigene Kräfte. Bei der weiteren Arbeit kamen ihm einige Göttinnen zur Hilfe: Eine unterwies das Mädchen in weiblichen Fertigkeiten, eine andere verlieh ihr eine liebenswürdige und verführerische Ausstrahlung.

Als die erste Frau voll ausgestaltet war, befahl Zeus dem Götterboten Hermes, der von Natur aus ein Gauner und ein Schwindler war, dass er das Mädchen mit übler Schamlosigkeit und Verlogenheit erfüllen solle. Hermes sorgte dafür, dass das

Mädchen an Stelle eines Herzens nur Schmeicheleien und Hinterlistigkeiten in sich trug. Dann befahl er ihr zu sprechen. Andere Götter und Göttinnen schmückten sie mit goldenen Halsketten und Kränzen aus Frühlingsblumen. Hermes nannte sie Pandora, was »reich an Gaben« bedeutet, weil sie so viele Gaben von den Göttern erhalten hatte und weil sie als »Geschenk« an die Männer gedacht war.

Zeus sandte Pandora auf die Erde und bediente sich dazu des Epimetheus, dessen Name »Der aus Erfahrung lernt« bedeutet. Durch ihn sollte Pandora auf der Erde abgeliefert werden, damit die Männer den Schwindel nicht rochen und keinen Verdacht schöpften. Epimetheus nahm das Geschenk an und stellte Pandora den anderen Männern als die erste Frau vor.

Kurz nach Pandoras Ankunft auf der Erde führte ihre Neugier dazu, dass sie ein großes Tongefäß entdeckte, das in der Erde vergraben war. Das Gefäß, das Krankheiten, schlimme Übel und sogar den Tod enthielt, war in der speziellen Absicht vergraben worden, die Menschen vor Leid zu schützen. Pandora öffnete die Büchse und brachte damit alle erdenklichen Leiden und Übel über die Menschheit, einschließlich des Todes, der Götter und Menschen auf immer voneinander trennt. Nur die Hoffnung, die dem Willen des Zeus gemäß für alle Zeiten in dem Gefäß gefangen war, blieb zurück.

Zeus genoss seinen Triumph. Er hatte den Männern die Frau zum Geschenk gemacht und sie dadurch mit einem Übel bestraft, das ebenso mächtig war wie das Feuer. Die schöne, aber herzlose Pandora war die erste Frau der westlichen Kultur, die unschuldige, wehrlose Männer ins Verderben lockte. Und so begann der Einfluss der Frau auf das Leben der Männer.

Die griechische Geschichte der Pandora offenbart das Grundmuster für das weibliche Objekt des Begehrens – ohne eigene Wünsche und erfüllt mit verführerischen Kräften. Ihre Täuschungen, Betrügereien und Schmeicheleien können die männliche Macht untergraben. Sie ist rachsüchtig und manipulierend und wurde explizit zu dem Zweck erschaffen, die Männer zu bestrafen. Wie jene andere erste Frau, Eva, ist sie die Verkörperung des Bösen.

Wir beginnen zu erkennen, warum und auf welche Weise die Sehnsucht weckende Schönheit zum Fluch für die Frau werden kann: Da unterstellt wird, dass sie innerlich leer ist, muss sie unterworfen und kontrolliert werden. Da sie kein Herz hat, fehlt ihr eine eigene Wahrheit und ein eigenes Wesen. Dieser Mangel kann dazu führen, dass sie alles in Besitz nehmen will. So will sie dann möglicherweise nicht nur besitzen, was ihr selbst fehlt, sondern vielleicht sogar an sich reißen und beherrschen, was den Männern gehört.

Denn nachdem sich die Männer ihre Muse zusammenfantasiert haben, fürchten sie den Kontrollmangel, den sie in ihrer Gegenwart empfinden. Alte religiöse Gesetze und moralische Regelwerke warnen vor ihren dunklen Kräften. Eine wunderschöne Frau ist böse, weil sie die Vernunft und das Urteilsvermögen des Mannes außer Kraft setzen kann. Doch diese Macht ist nur präsent, wenn die Männer sie wahrnehmen. Sie hat nichts mit der Frau selbst zu tun, sondern nur damit, wie sie von anderen gesehen wird. *Die Macht weiblicher Schönheit* bleibt immer männlichen Maßstäben unterworfen, weil Männer bewusst und unbewusst das Objekt ihres Begehrens nach ihren Vorstellungen formen.

Die Frau kann danach streben, an der Würde des Mannes teilzuhaben, indem sie sein Objekt wird, aber sie kann nicht an seiner Macht teilhaben, weil sie selbst nichts Eigenes zu bieten hat. Ihre Macht – eine schöne Erscheinung – hängt von seiner Betrachtung ab, und ihr Schicksal bleibt in seiner Hand.

Der Double Bind weiblicher Schönheit

Pandora mag böse sein, aber sie ist auch jung, schlank und begehrenswert; von daher möchten wir uns vielleicht immer noch lieber mit ihr identifizieren als mit der einsamen, hässlichen und beschämten Hexe. Schönheit ist spannend, belebend, aufregend; Hässlichkeit ist alt, kräftezehrend, langweilig. Die Muse weckt die Lebensgeister, die Hexe tötet sie ab. Doch wie sich gezeigt hat, existiert die Muse ausschließlich als Ausdrucksform der männlichen Macht und Vorherrschaft. Sie kann ihre belebende Wirkung nur für andere, nicht für sich selbst nutzen.

Im vorigen Kapitel habe ich die Verbindung von Scham und Leere beschrieben, die mit der monströsen Macht der Hexe einhergeht. Ich habe darauf hingewiesen, dass das mit Scham erfüllte Selbst keinen Raum für etwas Gutes lässt. Es ist schlecht und minderwertig. So wie die Hexe, die allein im Wald lebt, die Schamgefühle von Frauen symbolisiert, die sich für monströs oder abstoßend halten, symbolisiert die herzlose Muse die Schamgefühle von Frauen, die sich ausschließlich über ihr Äußeres, über das Bild der schönen und begehrenswerten Frau definieren. Wenn wir uns mit der Muse identifizieren, beschäftigen wir uns zwanghaft mit unserem Äußeren, fürchten uns vor dem Alter und sind ständig unzufrieden. Wir fühlen uns orientierungslos und leiden unter der Unkenntnis unserer eigenen Wünsche. Schöne Frauen müssen die Anforderungen erfüllen, die an die Muse gestellt werden; heutzutage haben sie nicht einmal die Freiheit, sich satt zu essen.

Ob wir befürchten, als Hexe abgestempelt zu werden, oder uns wünschen, als Muse zu gelten – wir stecken so oder so im Double Bind, in der Zwickmühle der weiblichen Schönheit fest: Wir haben weder als Hässliche noch als Schöne eine Chance. Solange wir in diesem Schema gefangen sind, fühlen wir uns ruhelos und unsicher und sind auf Bestätigung durch andere angewiesen. Für viele Frauen ist ihr Äußeres tatsächlich gleich bedeutend mit ihrer Identität, sodass ihr ganzes Leben von äußerer Anerkennung und der Aufmerksamkeit anderer abhängig ist.

Viele Frauen stecken in der Schönheitsfalle fest, weil sie zu große Angst haben, als Hexe zu gelten, wenn sie frei und entsprechend ihren eigenen Bedürfnissen mit ihrem Körper umgehen. Wenn unsere Schenkel nicht straff, unsere Brüste nicht fest, unsere Haut nicht glatt ist, dann sind wir nicht begehrenswert. Durch die zwanghafte Kontrolle unseres Äußeren bestärken wir die Angst, dass ein selbstbestimmter Umgang mit unserem Körper zu Einsamkeit und Isolation führt. Sich aus der Falle zu befreien, ist für eine Frau, die sich selbst als Hexe betrachtet, häufig leichter, als für eine, die sich als Muse sieht. Immerhin hat die Hexe das Wissen um ihre eigenen Wünsche nie vollständig geopfert, auch wenn sie sich vielleicht für ihren Körper schämt. Wenn sie dem Beispiel von Ragnell folgt und aus dem Wald heraustritt, weiß sie, was sie will, und hat keine Angst, es auszusprechen.

Um uns aus dem Double Bind zu befreien, müssen wir uns der Hexe in uns selbst stellen: dem Bild der übermächtigen Frau mit ungeheuerlichen Bedürfnissen und Wünschen. Sie ist ebenso wie die herzlose Muse eine männliche Herrschaftsfantasie, die zur Entmachtung der Frau benutzt wird. Gefangen im ausweglosen Konflikt der weiblichen Schönheit haben wir uns mit diesen Bildern identifiziert und tragen damit zu unserer eigenen Scham und Unterwerfung bei.

Die Muse und die Schlampe

Viele Frauen machen gemeinsame Sache mit Männern, wenn es darum geht, Frauen auf ihr Äußeres zu reduzieren. Da wir von der Macht weiblicher Schönheit überzeugt sind, unterstützen wir die herkömmlichen Bilder durch krasse, schmerzliche

Vergleiche von Schenkeln, Bäuchen, Hüften, Brüsten, Falten und Haaren. Wir benutzen unseren Einblick in weibliche Wünsche und Absichten, um vorgefertigte Bilder zu stärken, und untergraben weibliche Solidarität. Im Fall von Monica Lewinsky, jener jungen Frau um die 20, die, wie wir alle wissen, als Praktikantin im Weißen Haus arbeitete, wurde dies besonders deutlich.

Ihre Geschichte weckt in uns Bilder von einer zeitgenössischen Pandora. Männer und Frauen haben Lewinsky als »Püppchen«, als hübsche, aber geistlose Larve und sogar als »Schlampe« beschrieben, die ihre Verführungskünste rücksichtslos zu ihrem eigenen Vorteil nutzt. Wie verwandelt sich die Muse in ein Luder?

Im Fernsehen und in allen anderen Medien hat man Lewinsky charakterisiert, indem man Merkmale ihres Äußeren hervorhob, die vom kulturellen Schönheitsideal abweichen (normalerweise in Hinblick auf ihre Pausbacken und ihr Übergewicht), und indem man auf ihr verführerisches Verhalten abstellte (ihr Benehmen gegenüber dem Präsidenten, früheren Liebhabern und Jugendlieben). Darstellungen ihrer Persönlichkeit und ihres Aussehens implizieren, dass sie einfach in jeder Hinsicht »zu viel« ist – zu fordernd, zu auffällig, zu bedürftig, zu kokett, zu aufdringlich.

Feministische Kommentatorinnen haben darauf hingewiesen, dass viele Frauen, sogar Feministinnen, nicht für Lewinsky eintreten, weil sie »die andere Frau« symbolisiert, das »junge Ding«, das unsere Ehemänner oder Lebenspartner im Büro oder am Arbeitsplatz zu verführen droht. Innerhalb des Double Bind der weiblichen Schönheit ermutigen wir junge Frauen, sich zu solchen koketten Geschöpfen zu entwickeln, und verurteilen sie dann für die Macht, die sie angeblich über Männer ausüben.

Die Schlampe ist die Muse, die sich in die Hexe verwandelt. Innerhalb des Double Bind weiblicher Schönheit lockt die herzlose Pandora unschuldige Männer ins Verderben. Wenn sie auf eine Weise in die männliche Machtsphäre eindringt, die gegen die üblichen »Spielregeln« verstößt (die das Patriarchat aufgestellt hat, um die männliche Macht zu schützen), wird sie zur monströsen Hexe. Vor allem Frauen sind häufig sehr darauf erpicht, den Nachweis zu erbringen, dass die Schlampe nicht attraktiv ist. Sie ist zu fett, trägt zu viel Makeup, ist zu laut. Mit anderen Worten, sie wird zur Hexe, die Männer und Kinder mit ihren magischen Kräften drangsaliert.

Die Frau, die darum kämpft, zum Objekt des Begehrens zu werden, wird also nicht nur von Männern, sondern auch von anderen Frauen abgestempelt. Doch wenn wir andere Frauen (oder uns selbst) als Schlampen oder Flittchen bezeichnen, so ist das nur ein weiteres Symptom dafür, dass wir weibliche Willensäußerung als etwas Beschämendes empfinden, dass wir uns selbst und unsere Bedürfnisse als etwas Monströses, Manipulierendes oder Übermächtiges auffassen.

Wie können wir dieser Verstrickung entfliehen? Die Antwort scheint klar: Wir müssen unsere Schönheitsfixierung aufgeben. Wir müssen aufhören, uns mit unserem Aussehen zu identifizieren. Und wir müssen lernen, uns selbst gegen die schädlichen Stereotypen vom weiblichen Äußeren zu schützen, indem wir erkennen, wie sie unsere Macht und unsere Selbstachtung untergraben.

Subjekte des Aussehens werden

Als ich ein Teenager war, stand ich vor einem Dilemma. Als junges Mädchen war ich pummelig und trug eine dicke Brille. Ich sah mich selbst als braves, leistungsorientiertes Mädchen und nicht als Person, die je schön oder beliebt sein könnte. Aber mit 16 wendete sich plötzlich das Blatt: Ich erhielt die Erlaubnis, Kontaktlinsen zu tragen. Obwohl ich trotzdem alles andere als der Musentyp meiner Generation war (großer Busen, schlanke Taille, schmale Fesseln, langes, glattes Haar), grüßten mich die populären Jungen, die mich vorher keines Blickes gewürdigt hatten, plötzlich mit Namen. Damit stand ich zum ersten Mal vor der Wahl: Aussehen oder Leistung.

Intuitiv begriff ich, dass es sich um zwei unterschiedliche Bereiche mit unterschiedlichen Regeln handelte. Wenn ich um weibliche Schönheit konkurrieren wollte, konnte ich nicht länger die Beste in der Klasse sein. Anstatt mich zu Wort zu melden, würde ich bestimmte Verhaltensweisen entwickeln müssen, um mein Wissen zu verbergen und die Jungen nicht vor den Kopf zu stoßen.

Ich hatte bereits zu viel Spaß an guten Leistungen entwickelt. Ich konnte mir nicht vorstellen, meine eigenen Wünsche und Vorstellungen fahren zu lassen, nur um einen bestimmten Eindruck zu erwecken. Also wählte ich den Weg der Leistung – und gab mir trotzdem große Mühe, auch attraktiv zu sein.

Diesen Kampf kämpfe ich bis heute. Manchmal verberge ich vor mir selbst die Bedeutung meiner täglichen Gymnastikübungen und tue so, als ob sie nichts mit meinem Aussehen zu tun hätten. Ich sage mir (und anderen), dass ich Sport treibe, um gesund zu bleiben, aber ich weiß, dass die körperliche Betätigung auch etwas Zwanghaftes hat, mit dem ich die Sorge um mein Aussehen und die Angst vorm Alter kompensiere. Aber ich habe sehr früh gelernt, nicht auf mein Äußeres zu bauen, und mir dadurch gewisse Freiheiten erworben. Ich habe mir ein starkes Gefühl von Selbstbestimmung und die Überzeugung bewahrt, dass ich mein Leben selbst in der Hand habe. Ich habe versucht, offen zu sagen, was ich will. Die Auswirkungen waren nicht immer positiv: Ich habe mich oft ausgeschlossen und einsam gefühlt und häufig gegen die »weibliche Etikette« verstoßen – gegen die Erwartung, dass eine Frau zurückhaltend, indirekt und unsichtbar sein sollte, vor allem auf den Spezialgebieten männlicher Macht. Ich habe nie gelernt, den Mund zu halten, worauf mich meine Mutter, meine

Tochter und mein Mann des Öfteren hinweisen. Also bin ich als Hexe abgestempelt worden, und ich habe gelernt, damit umzugehen. Ich habe gelernt, was Ragnell gelernt hat: Bleib ruhig, atme tief durch, erklär noch einmal, was du willst, verzichte auf Schuldzuweisungen und – das Wichtigste – schäme dich nicht für deine Wünsche.

Auch wenn ich nicht immun gegen Schönheitsnormen bin, habe ich mich dafür entschieden, mich mit etwas anderem als meinem Äußeren zu identifizieren. Ich kann aus dem Double Bind weiblicher Schönheit heraustreten, weil ich weiß, ich bin weder die abscheuliche Hexe noch die gefährliche Muse. Ich suche nach weiblichen Rollenmodellen, die sich nicht mit der Muse identifizieren und die häufig in irgendeiner Form in den Bereich der Hexe fallen, aber sich nicht daran zu stören scheinen: Dazu gehören zum Beispiel historische Frauenfiguren wie Eleanor Roosevelt, Golda Meïr oder Shirley Chisholm, die offen für ihre Überzeugung eintraten, ohne sich um die Meinung anderer Leute zu scheren. Vorbildhaft finde ich auch zeitgenössische Frauen wie die Justizministerin Janet Reno oder die Schriftstellerinnen Carolyn Heilbrun, Nancy Mairs und Joyce Carol Oates, die sich in ihrer Aufrichtigkeit, Offenheit und Fehlbarkeit der Denkfalle des weiblichen Schönheitsideals verweigern. Auch viele schwarze Frauen sind zu Rollenmodellen für mich geworden; zu meinen »Lieblingsfrauen« gehören einige unserer berühmtesten Schriftstellerinnen: bell hooks, Maya Angelou, Toni Morrison. Ich bewundere die Geradlinigkeit und Kraft dieser Frauen, die frei von den falschen Idealbildern einer männlichen Fantasie zu sein scheinen.

Aus dem Double Bind weiblicher Schönheit auszubrechen und die Verantwortung für uns selbst zu übernehmen, ist keine leichte Aufgabe, die sich von heute auf morgen bewältigen lässt. Wir *werden* nach unserem Äußeren beurteilt, und deshalb müssen wir bereit sein, die Wertmaßstäbe der anderen auszuhalten, während wir unsere eigenen ändern und unsere eigenen verborgenen Sehnsüchte ans Licht holen. Nur wenn wir in unseren eigenen Gesprächen und Selbstgesprächen die Schönheitsmaßstäbe ablehnen, können wir allmählich die Sprache und die Symbole unserer Kultur verändern. Wir sind wie Ragnell, die aus dem Wald heraustritt, um die Wahrheit auszusprechen: Wir wollen selbst über unser Äußeres und unsere Identität bestimmen.

Um zum Subjekt Ihrer Willensbildung zu werden, müssen auch Sie sich dem Double Bind des weiblichen Schönheitsideals widersetzen. Um nicht in diese Denkfalle zu tappen, müssen wir sie als Erstes erkennen und auf der Hut sein, wenn sie sich in den Äußerungen und Taten anderer widerspiegelt. Wir alle stehen vor der schwierigen Aufgabe, gegen eine Identifizierung mit der bösen Hexe anzukämpfen, weil wir uns weigern, uns durch männliche Fantasien über weibliche Macht stereotypisieren und einengen zu lassen.

Um zu Subjekten ihres Äußeren zu werden, müssen Frauen experimentieren und genießen. Anstatt sklavisch der Mode zu folgen, sollten wir Farben, Stoffe und Körperkonturen nutzen, um unsere Lebensfreude und unsere Wünsche auf ganz individuelle Weise auszudrücken. Wir sollten unsere Fantasie spielen lassen und Formen und Stile erfinden, die zum Ausdruck bringen, wie wir uns selbst in den verschiedensten Lebensbereichen wahrnehmen. Dann können wir uns vom Diktat der durch die neuzeitliche Kultur aufoktroyierten mageren Muse befreien. Vor allem dürfen wir Kleidung, Make-up und öffentliches Auftreten nicht mehr automatisch in bestimmte Formeln übersetzen, die den patriarchalen Stereotypen Auftrieb verleihen: die Tatsache, dass eine Frau Latzhosen trägt, heißt nicht, dass sie lesbisch ist. Die Tatsache, dass sie sich die Beine nicht rasiert, bedeutet nicht, dass sie Feministin ist. Die Tatsache, dass sie Strumpfhosen trägt, macht sie nicht automatisch zur Hausfrau. Die Tatsache, dass sie dickes Make-up und »dicke Klunker« liebt, heißt nicht, dass sie »billig« oder sonst irgendwie von lockerer Moral ist. Die Tatsache, dass sie hochhackige Schuhe trägt, bedeutet nicht, dass sie Männerblicke auf sich ziehen will. Von schwarzen Frauen habe ich gelernt, dass eine Frau, die sich *heraus*putzt, größer, bunter, dramatischer – machtvoller – wird, und dabei können mitunter auch Stöckelschuhe hilfreich sein. Wenn wir uns bewusst machen, dass es eine Vielzahl unterschiedlicher Möglichkeiten gibt, wie Frauen sich kleiden und leben und handeln können, sorgen wir dafür, dass wir die Art, wie eine Frau ihre Persönlichkeit ausdrückt, nicht automatisch in die Schublade einer patriarchal definierten Identität einordnen.

Wenn wir uns auf andere und auf uns selbst einlassen und Bereiche erforschen, die außerhalb der Denkfalle des weiblichen Schönheitsideals liegen, werden wir neue Formen der Wahrnehmung und neue Bilder des Frauseins erlernen und entwickeln. Nur wenn wir auf diese Weise experimentieren, wird es möglich sein, der Maschinerie zu widerstehen, die der kommerziellen Ausbeutung des weiblichen Schönheitsideals zu Grunde liegt. Es ist zweifellos nützlich, die Gewinne und Absichten dieser Märkte offen zu legen, und es ist zweifellos äußerst wichtig, dass wir die Geschichte und Entstehung des weiblichen Schönheitsideals als Ausdruck der männlichen Vorherrschaft begreifen. Doch nur wenn wir in der Lage sind, unsere eigene Einstellung zu verändern, werden wir genügend Stärke entwickeln, um der uns umgebenden Kultur zu trotzen und unser Äußeres von der Tyrannei männlicher Macht zu befreien.

Die Wahrheit über weibliche Schönheit

Es besteht kein Zweifel: Weibliche Schönheit stand viel zu lange unter dem Einfluss männlicher Macht und männlicher Fantasien. Sie hat alle möglichen Arten von Leid und Elend hervorgebracht. Aber um das weibliche Äußere von der männlichen Herrschaft zu befreien, müssen wir unsere verschütteten Absichten und Gefühle wieder freilegen. Viele davon betreffen unsere Ängste vor dem Versagen, vor Hässlichkeit und Minderwertigkeit.

So gesehen eröffnet uns Pandora das Wissen um unsere eigene Begrenztheit. Seit Krankheit, Verlust und Tod aus dem irdenen Gefäß entwichen sind, das Pandora geöffnet hat, können wir jederzeit von Schicksalsschlägen getroffen werden, die jenseits unserer Kontrolle liegen, und deshalb sehnen wir uns nach einer Vollkommenheit, die unerreichbar ist. Wir Menschen haben nur begrenzte Macht, aber wir sind *verantwortlich* für unsere Absichten, Gedanken, Wünsche und Taten. Pandora eröffnet uns die Möglichkeit, unsere Grenzen zu erkennen und innerhalb dieser Grenzen zu agieren. Die Hoffnung, die zurückbleibt, ist die Hoffnung, dass wir aus unseren Schwächen und Verwundbarkeiten lernen.

Im ersten Kapitel habe ich C. G. Jungs Theorie der psychischen Komplexe angesprochen und erklärt, wie wir durch alte emotionale Gewohnheiten daran gehindert werden, unsere Einstellungen, unsere Identität und unser Verhalten zu ändern. Pandora zeigt uns, wie wir Einfluss auf unsere psychischen Komplexe nehmen können.

Nach den alten Denkmustern der patriarchalen Gesellschaft gilt die Schönheit der Frau als ihre größte Macht. Diese überlieferten Muster rufen Angst und Scham auf den Plan, wenn unser Äußeres dem Bild der Muse nicht entspricht. Sie erzeugen Neid, Rivalität, Bitterkeit und Isolation unter den Frauen, die in einem männlichen Herrschaftssystem um den Lohn der Schönheit wetteifern. Doch die »schöne Frau« des Patriarchats ist ein Symbol männlicher Macht. Bei ihrem Vermächtnis geht es um die Macht und die Machtkämpfe von Männern, nicht um die echte und eigene Macht von Frauen oder für Frauen.

Damit Frauen zum Subjekt ihrer Willensbildung werden, müssen sie ihre verborgenen Absichten und Vorstellungen ans Licht holen, damit sie sich selbst und andere nicht mehr nach

Äußerlichkeiten beurteilen. Keine noch so ausführliche feministische Analyse wird die in unserer Kultur vorherrschende Überzeugung auflösen, dass weibliche Macht gleich bedeutend mit Schönheit ist, solange Frauen nicht selbst mit diesem Vermächtnis brechen.

DRITTES KAPITEL

Die Sexualität hinter dem Spiegel

Das weibliche Äußere ist der »Spiegel«, der unsere Gefallsucht reflektiert. Wenn wir *hinter* den Spiegel blicken, stoßen wir auf die verborgene Unterwelt weiblicher Sexualität, die von Scham, Verlegenheit, Verwirrung, Enttäuschung und Abgestumpftheit gekennzeichnet ist. Der Wunsch, begehrt zu werden, beschert den Frauen wenig sexuelle Freude. Statt Verhaltensweisen und Praktiken zu erforschen und zu entwickeln, die ihrer eigenen sexuellen Lust dienen, wollen Frauen bewundert und für ihre verführerischen Reize und ihre Schönheit begehrt werden. Die zwanghafte Beschäftigung mit dem körperlichen Erscheinungsbild verhindert oder beeinträchtigt die Befähigung zu sexueller Leidenschaft und körperlicher Vereinigung. Wenn Frauen zudem überzeugt sind, zu den Verliererinnen im Schönheitswettbewerb zu gehören und sich mit der negativen Hexe identifizieren, zerstören Bitterkeit und Einsamkeit die Verbindung zu ihren eigenen sexuellen Bedürfnissen. Der Double Bind der weiblichen Schönheit, die uns in jedem Fall verdammt, ob wir nun schön sind oder hässlich, hat dazu geführt, dass viele Frauen durch die zwanghafte Beschäftigung mit ihrem Aussehen und durch die Scham der Selbstverachtung den Zugang zu ihrer Sexualität verloren haben.

Nichts dämpft die sexuelle Lust mehr als Selbstbefangenheit. Nichts steigert die Selbstbefangenheit so sehr wie eine übertriebene Sorge um ein schönes und begehrenswertes Äußeres. Um starke Erregung zu empfinden und sexuelle Leidenschaften auszuleben, müssen wir uns vorübergehend dem Augenblick überlassen können. Beim Sex entsteht daraus das

Gefühl, dass wir gewohnte Grenzen überwinden, dass die Trennung zwischen »ich« und »du«, zwischen »hier drinnen« und »da draußen« aufgehoben wird. Wie Otto Kernberg, ein bekannter Psychoanalytiker, ausführt, bedeutet sexuelle Leidenschaft, dass wir die Grenzen unseres Selbst überschreiten oder mit dem Anderen verschmelzen, was uns paradoxerweise die Möglichkeit eröffnet, unsere eigene Identität besonders intensiv zu erleben. Diese Art von sexueller Vereinigung ist unmöglich, wenn wir von der ängstlichen Sorge um das Aussehen oder Ausmaß bestimmter Gesichts- und Körperteile erfüllt sind oder in ständiger Angst vor Ablehnung leben.

Jede Leidenschaft verlangt den Mut, sich angesichts von Gefahren auf einen ersehnten Zustand oder ein erhofftes Ereignis einzulassen. Mit der Sexualität verbinden wir vielleicht die Angst, von den Bedürfnissen des anderen verschlungen zu werden, oder wir fürchten die vernichtende Wirkung, wenn der andere nicht reagiert, uns zurückweist oder verlässt. Eine reife sexuelle Liebe löst diese Ängste durch die wiederholte Erfahrung von Lust, Freude und Transzendenz in einer leidenschaftlichen sexuellen Vereinigung auf. Damit wir uns auf diese Leidenschaft einlassen und sie aufrechterhalten können, ist mehr erforderlich als der bloße Wunsch nach Zweisamkeit. Dazu gehört, dass wir ein Mindestmaß an seelischem und körperlichem Wohlbehagen empfinden und uns selbst gut genug leiden können, um den Wunsch nach intimer gegenseitiger Teilhabe zu entwickeln.

Die Denkfalle der weiblichen Schönheit, die akute Befangenheit hervorruft, könnte erklären, warum so viele Frauen bezweifeln, zu einer lustvollen Sexualität fähig zu sein. Die meisten landesweiten Erhebungen zum Thema Sexualität und sexuelle Lust zeigen, dass amerikanische Frauen – ob verheiratet, in einer Partnerschaft oder allein stehend – seltener Sex wollen als Männer, seltener zum Orgasmus kommen und größere Befriedigung in emotionaler Intimität finden als im genitalen Sex. Forschungen machen deutlich, dass Frauen sexuelle

Befriedigung mit emotionaler Nähe gleichsetzen, während Männer sexuelle Befriedigung mit dem Geschlechtsakt identifizieren. Dieser Unterschied zwischen Männern und Frauen gilt offenbar unabhängig von Hautfarbe, sozialer Schicht oder Erziehung.

Auf Grund dieser Ergebnisse und der Klischees, die in unserer Kultur im Überfluss vorhanden sind, könnte man folgern, dass Männer eben einfach von Natur aus ein stärkeres sexuelles Verlangen haben als Frauen. Immerhin haben Männer öfter Sex, geben sich häufiger sexuellen Fantasien hin, haben mehr Orgasmen und mehr Sexualkontakte als Frauen. Frauen in lesbischen Beziehungen haben seltener genitalen Sex als Frauen in heterosexuellen Beziehungen – ein Ergebnis, das sogar von einigen lesbischen Wissenschaftlerinnen als Beleg dafür angeführt wird, dass der genitale Sex ein Ausdruck des männlichen und nicht des weiblichen Begehrens sei. Wenn lesbische Frauen kein starkes Verlangen nach genitalem Sex haben, scheint das nahe zu legen, dass Frauen, wenn sie sich selbst überlassen sind, einfach relativ wenig Sex brauchen oder wünschen.

Lust und Verlangen

In einem Buch, das ich über Paare geschrieben habe – *Du bist ganz anders als ich dachte* –, habe ich mich mit der verbreiteten Auffassung auseinander gesetzt, dass Frauen sich eher emotionale Nähe wünschen, während Männer eher handfesten Sex wollen. Populärpsychologische Experten sagen uns, dass Frauen »Intimität brauchen, um Lust auf Sex zu bekommen« und Männer »Sex brauchen, um Intimität zu spüren«. Aber ich hatte damals den Eindruck – der mittlerweile von Studien belegt wird –, dass Frauen einfach nur zu wenig lustvolle sexuelle Erfahrungen gemacht haben, um mehr davon zu wollen. Wir haben nur Verlangen nach etwas, das wir entbehren, weil wir es in der Vergangenheit bereits als lustvoll oder beglückend erlebt haben. Hat man Lust nicht »geschmeckt«, dann spürt man auch kein Verlangen nach ihr. Wenn also so viel mehr Frauen als Männer wenig oder kein sexuelles Verlangen haben, dann deshalb, weil sie beim Sex keine verlässlichen Lusterfahrungen gemacht haben.

Vielleicht wundern Sie sich wie viele Frauen über den vermeintlich weit verbreiteten Mangel an weiblicher sexueller Lust, der im Widerspruch zu multiplen Orgasmen und zu einer Erregung steht, die über einen langen Zeitraum hinweg aufrechterhalten werden kann. Doch wie jüngere Studien über amerikanische Paare zeigen, halten Frauen nur selten ihre *fehlende Lust* für das Problem. Sie fühlen sich vielmehr schuldig für ihr fehlendes Verlangen. Sie leiden unter dem Vorwurf (und Selbstvorwurf), dass sie zu wenig Sex wollen, und entwickeln dann irgendwann Wut und Ressentiments, weil ihre Partner ständig darauf drängen, dass sie ein stärkeres Verlangen nach Sex zeigen.

Ich teile die Ansicht vieler Sexualwissenschaftler, dass der Mangel an weiblichem sexuellem Begehren kulturell bedingt und kein biologisches Schicksal ist. Nach meiner Ansicht hängt dieses Phänomen mit der Definition von »Weiblichkeit« zusammen, die sich im 19. Jahrhundert herausgebildet hat. Hinfort wurde »weiblich« mit Natur (im Sinne einer passiven Kraft) und »männlich« mit Kultur (als aktiver Kraft) gleich gesetzt, und man betrachtete die Frau in wachsendem Maße als Objekt, das keine eigenen Wünsche hat, sondern dazu dient, die Wünsche und Interessen anderer zu empfangen.

Gegen Ende des 19. Jahrhunderts wurde Frauen empfohlen, sich in der Ehe sexuell passiv zu verhalten (zum Beispiel beim Geschlechtsakt voll bekleidet zu bleiben), weil Mediziner und Theologen den Geschlechtsakt in erster Linie als Ausdruck des männlichen Orgasmus im Dienst der Fortpflanzung definierten. Männer, die einfach Lust auf Sex hatten, gingen diesem Bedürfnis außerhalb ihrer Ehe nach, vor allem bei

Prostituierten. Männer als die Subjekte und Frauen als die Objekte sexueller Leidenschaft wurden als »natürlich« deklariert – als biologisch und theologisch vorherbestimmt. Die sexuelle Ahnungslosigkeit der Frauen, ihre erzwungene Beschränkung auf Haus und Kinder und ihre spätere zwanghafte Beschäftigung mit ihrem Aussehen haben dazu beigetragen, die Lustfähigkeit von Frauen in den letzten beiden Jahrhunderten massiv einzuschränken.

Und wie steht es mit früheren geschichtlichen Epochen? Naomi Wolf gibt in ihrem Buch *Das Ende der Unschuld* einen umfassenden Überblick über die Geschichte des weiblichen sexuellen Verlangens in westlichen Kulturen. Im 16. Jahrhundert fing man an, die sexuelle Lust der Frau »wissenschaftlich« zu erforschen. Ein venezianischer Wissenschaftler, Renaldus Columbus, nannte die Klitoris den »Sitz der weiblichen Lust« und beschrieb detailliert, wie ihre Manipulation zum Orgasmus führt. Da Frauen zu einem anhaltenden sexuellen Lustempfinden fähig waren, wurden sie häufig als das Geschlecht mit dem stärkeren Sexualtrieb bezeichnet. Ärzte und Hebammen empfahlen eine sensible und ausdauernde Stimulation der Klitoris bei allen Varianten des Liebesspiels, insbesondere als Anreiz und Vorbereitung für die Empfängnis, aber auch als probates Mittel, um das sexuelle Verlangen der Frau zu befriedigen. Das wurde als sehr wichtig erachtet, damit sie nicht in einen ruhelosen Zustand unbefriedigten Verlangens geriet (eine Vorstellung, die wir heute mit Männern assoziieren). Das sexuelle Potenzial der Frauen wurde öffentlich verkündet und gefürchtet. Wenn die Frau sexuell unersättlich war, wie konnte sie dann von einem einzigen Mann in Besitz genommen und kontrolliert werden?

Allmählich setzte sich dann die Überzeugung vom stärkeren Geschlechtstrieb des Mannes durch und verdrängte die früheren Theorien. Von der Frau erwartete man zunehmend, dass sie sich auf Heim und Kinder beschränkte und Rollen erfüllte, die sie an den Rand der Gesellschaft drängten. Gegen Ende des 18. Jahrhunderts, so Wolf, verlagerten die Experten den Schwerpunkt ihrer Aufmerksamkeit vom sexuellen Verlangen der Frau auf die zärtliche Zuneigung, die Mütter ihren Kindern entgegenbringen. Frauen wurden aus ökonomischen und politischen Gründen zunehmend zu sanften, liebevollen Wesen idealisiert.

Entsprechend der neuen sexuellen Ideologie des 19. und 20. Jahrhunderts waren Frauen auf Grund ihrer angeborenen mütterlichen Fürsorge besser dazu ausgestattet als Männer, die Impulsivität fleischlichen Begehrens unter Kontrolle zu halten. Mitte und Ende des 19. Jahrhunderts war sich ein Großteil der Ärzte und Wissenschaftler einig darin, dass ein ungezügeltes sexuelles Verlangen bei einer Frau zu Hysterie, kriminellen Handlungen und Gewalttätigkeit führen könnte. Die kulturellen Normen stellten jetzt die sexuelle »Reinheit« der Frau in den Vordergrund, da man in wachsendem Maße von ihr erwartete, dass sie sich den Wünschen ihres Mannes und häuslichen Pflichten unterwarf. Anfang des 20. Jahrhunderts hatte sich die weibliche Entsprechung des männlichen Geschlechtstriebs in den »mütterlichen Instinkt« verwandelt.

Bis heute halten wir an der Überzeugung fest, dass der Ausdruck weiblicher Sexualität stärker an emotionale Nähe als an sexuelle Lust gebunden ist. Obwohl viele Frauen die Vorstellung eines angeborenen Mutterinstinkts zurückweisen würden, beschreiben sie ihre Intimitätsbedürfnisse eher mit Begriffen wie Zärtlichkeit, Zuneigung und Nähe als mit dem Vokabular sexueller Lust. In einer jüngeren Studie über das sexuelle Verlangen von Frauen ziehen die Wissenschaftler den Schluss, dass sich Männer und Frauen »aus unterschiedlichen Gründen auf Sex einlassen; Männer sind eher durch körperliche Lust motiviert, während Frauen nach dem Ausdruck von Gefühlen verlangen«. Die befragten Frauen fanden am wichtigsten, wie sie die emotionale Nähe in der Beziehung einschätzten, und maßen weder der Anzahl der Orgasmen noch der Stärke des Lustempfindens die gleiche Bedeutung zu.

Kein Zweifel, emotionale Nähe ist eine Voraussetzung für eine befriedigende sexuelle Vereinigung, aber sie ist eben nur eine Voraussetzung. Wenn Frauen lustvolle Erregung und die Transzendenz durch einen Orgasmus nicht regelmäßig erleben, haben sie keinen Zugang zu reifer leidenschaftlicher Erfahrung, die ihr sexuelles Verlangen immer wieder aufs Neue wecken könnte. Dieselbe Studie stellte im Gegenteil fest, dass Frauen in gewalttätigen Beziehungen *häufiger* Geschlechtsverkehr hatten als Frauen in gewaltfreien. Die Forscher schreiben: »Das Verhältnis zwischen sexuellem Verlangen und der Häufigkeit, mit der sich eine Frau auf Sex einlässt, wird offenbar vom Ehemann bestimmt.« In gewalttätigen Beziehungen benutzt also der Mann Sex als Mittel, um Macht über seine Partnerin auszuüben, und besteht hartnäckiger auf seinem Wunsch nach Sex, als die Ehemänner in gewaltfreien Beziehungen.

Dieses letzte Beispiel macht deutlich, dass dem Mangel an sexuellem Begehren bei der Frau eine Machtdynamik zu Grunde liegt. Wenn eine selbstbestimmte Frau davon ausgehen muss, dass sexuelle Begegnungen und Aktivitäten dazu dienen, das sexuelle Verlangen des Mannes zu befriedigen – wenn dem Mann die Rolle des Subjekts und der Frau die des Objekts zufällt –, wird sie sich nicht auf Sex einlassen wollen. Sie wird sich nur dann zum Sex bereit erklären, wenn sie selbst es will. Und weil der Sex für sie vielleicht nicht so lustvoll war, um das Bedürfnis nach mehr zu wecken, ergreifen die meisten selbstbestimmten Frauen nur selten die Initiative. Ein zuverlässiges Erleben sexueller Lust ist für Frauen (auch in lesbischen Beziehungen) noch immer ein seltenes Gut. Viele reife Frauen haben heute das Gefühl, dass sie zwar die Freiheit haben, Sex zu verweigern, doch das Maß der Freiheit, um Sex zu fordern, reicht noch nicht aus.

Der verführerische Reiz der Macht

Anstatt sich über den Mangel an sexueller Lust zu wundern und der Sache auf den Grund zu gehen, sind viele Frauen unbewusst davon überzeugt, dass der *verführerische Reiz der Macht* die sexuelle Lust ersetzt. Damit meine ich ein Gefühl von Kontrolle über den eigenen Körper, gepaart mit einer Art Triumph über das sexuelle Verlangen des Mannes, weil die Frau in der Lage ist, es nach Belieben zu wecken oder auch abzuweisen. Zu dieser Machtverführung kann gehören, dass eine Frau überhaupt keinen Sex hat *oder* sich auf riskanten Sex einlässt – entscheidend ist, dass sie die Macht über den Sex hat.

Ausschließliches Ziel ist es in einem solchen Fall, sexy zu sein, Aufmerksamkeit zu erregen und begehrt zu werden, auch wenn die Frau den Sex anfangs vielleicht als aufregendes Nebenprodukt der Aufmerksamkeit empfindet. Sie konzentriert sich auf die Wirkung, die sie beim Sex auslöst, statt auf ihr eigenes Verlangen im Sinne ihrer eigenen Bedürfnisse und ihres eigenen körperlichen Lustempfindens.

Der Wunsch, sich im Begehren des anderen zu spiegeln, beruht auf der verinnerlichten Überzeugung, dass die Macht der Frau außerhalb ihrer selbst liegt und angelockt und gewonnen werden muss. Statt unsere eigene innere Macht zu entwickeln und auszuüben, versuchen wir, die Reaktionen anderer zu steuern und dadurch Macht zu gewinnen. Wir sehen uns selbst nur als reflektiertes Bild im Auge des Partners. Doch es ist unmöglich, die eigenen Bedürfnisse durch das Begehren eines anderen zu stillen.

Statt die eigene Erotik zu entwickeln, lassen wir uns davon steuern, wie andere unser Äußeres einschätzen. Wir lassen uns von hemmenden Emotionen wie Scham, Verlegenheit, Neid oder Eifersucht ablenken. Wir verzichten auf die Erforschung dessen, was unter der Oberfläche liegt, und fühlen uns betrogen, weil wir so wenig sexuelles Verlangen in uns selbst entdecken. Für diesen Zustand machen wir dann entweder uns selbst oder den Partner verantwortlich. Unbewusst leiden wir unter einem Musen- oder Hexenkomplex. Die Identifikation mit der Muse oder Hexe lässt uns männliche Ängste vor Frauen und ihre Fantasievorstellungen verinnerlichen. Die Schönheitsfalle schränkt unsere Wahrnehmung ein und hindert uns daran, die Lust um der Lust willen zu erleben.

Linda ist Ende 20 und hat auf Grund ihres geringen Selbstwertgefühls eine Psychotherapie begonnen. Sie hat eine Reihe von lockeren sexuellen und emotionalen Beziehungen sowohl mit Männern als auch mit Frauen hinter sich, scheint aber keine Probleme mit ihrer fehlenden Bindungsbereitschaft zu haben. Für sie ist »die Liebe ein falscher Gott. Man muss den Tatsachen ins Auge sehen und sich klar machen, was man haben kann und was nicht. Ein anderer Mensch kann uns niemals wirklich glücklich machen, deshalb sollte man nicht verlangen, dass sich Menschen ein Leben lang aneinander binden.«

Linda hat Angst, Kinder zu bekommen, weil sie befürchtet, dass ihre schwache Persönlichkeit unter dieser Last zusammenbrechen könnte. Manchmal glaubt sie, dass sie zölibatär leben sollte, um den Schmerz zu vermeiden, den der Verlust eines Partners auslöst. Wenn eine sexuelle Beziehung zu Ende geht, fühlt sich Linda wie tot und fürchtet sich vor dem Alleinsein. Schon zu Beginn einer neuen Beziehung argwöhnt sie, dass der neue Partner sie irgendwann schrecklich enttäuschen wird.

Linda fühlt sich nur lebendig und vital, wenn sie überzeugt ist, dass eine andere Person sie sexy und aufregend findet. Schon der kleinste Rückzug auf Seiten des Partners macht sie unruhig und löst die Befürchtung aus, dass sie nicht mehr wünschenswert ist. Da sie Angst vor Ablehnung hat, bricht sie Beziehungen häufig vorzeitig ab, sobald die Realität einbricht und die Illusion zu zerstören droht. Sie weiß wenig von ihren eigenen Wünschen. Doch hält sie sich für »sex- und liebessüchtig«, greift mit dieser Erkenntnis jedoch nur die Symptome auf.

Das hässlichere Gesicht des Begehrens

Linda motiviert der verborgene Wunsch, begehrt zu werden. Unbewusste Wünsche wie dieser können einen Großteil unserer Gefühlswelt beherrschen – häufig als Teil eines unbewussten psychischen Komplexes, der bestimmte Impulse und Bilder, wie das der Verlangen weckenden Muse oder der seelenverschlingenden Hexe, fördert.

Wenn sich Linda auf eine sexuelle Beziehung einlässt, ist sie ganz davon in Anspruch genommen, ob die andere Person sie attraktiv und aufregend findet oder nicht. Erst die Erregung des/der anderen löst auch ihre Erregung aus. Macht sich auch die andere Person Gedanken über Lindas Befriedigung, dann sind beide abgelenkt und verlieren ihre Mitte. Linda fragt sich, ob ihr Partner/ihre Partnerin erregt ist oder nicht, und die andere Person macht sich Sorgen über *Lindas* Lust und Verlangen. Statt sich auf direktes, authentisches Lusterleben einzulassen, nehmen Linda und die andere Person Umwege in Kauf. Sie treffen bewusste oder unbewusste »Vereinbarungen«, um die erwünschten Reaktionen zu erhalten. Zu diesen für Linda und die andere Person notwendigen Vereinbarungen gehört normalerweise das Ausagieren kultureller Stereotypen wie jenes der Verlangen weckenden Muse und ihres Meisters. Bei Sex, der unter solchen Bedingungen stattfindet, verwechseln Männer und Frauen Liebe mit Macht und verspielen die Chance auf echte Lust und Leidenschaft.

Beim heterosexuellen Sex – vor allem außerhalb einer intimen Beziehung – erliegen Männer leicht Fantasien und Verhaltensweisen, die sich um die Eroberung und Beherrschung des weiblichen Körpers drehen. Sie möchten die Macht, über die der weibliche Körper in ihrer Fantasie verfügt, für sich selbst erringen und fühlen sich gedemütigt, wenn ihnen dies verweigert wird. Die Eroberung der verführerischen Frau bestärkt die männliche Identität in einer Welt, in der Männer um die Verlangen erweckende Muse konkurrieren. Wenn der Mann die Frau erst einmal für seinen Besitz hält, fühlt er sich, wenn sie sich ihm dann sexuell verweigert oder ihn zurückweist, oft besonders beschämt. Viele Männer empfinden eine sexuelle Abweisung als demütigend, weil sie sich durch ihre sichtbare sexuelle Erregung ungeschützt und anfällig für Kränkungen und Herabsetzungen fühlen.

Auch Frauen wollen die Macht, die eine erotische Ausstrahlung verleiht. Dieses Verlangen, Macht über die sexuellen Reaktionen eines anderen auszuüben, und das Bedürfnis, die eigene Leere durch das Begehren eines anderen zu füllen, ist eine hässlichere Variante des weiblichen Begehrens. Diese Verführung durch Macht verwechselt die Sehnsucht nach Verbundenheit mit Dominanz und Einfluss.

Machtkämpfe um den weiblichen Körper können die Sexualität und die Liebe leicht untergraben. Wenn eine Frau vom Partner dominiert oder in Besitz genommen werden will, um einen Beweis für ihre verführerischen Reize zu erhalten (oder um desselben Effekts willen den Partner dominieren möchte), während der Partner will, dass sie einen Orgasmus hat, damit er weiß, dass sie befriedigt ist, sind beide von dem Versuch abgelenkt, den weiblichen Körper zu beherrschen.

In einer reifen Partnerschaft ist Raum für alle erdenklichen Formen von sexuellen Fantasien – auch für aggressive Wünsche und Rollen –, vorausgesetzt sie sind Teil einer liebevollen Beziehung, in der beide Partner über die Fähigkeit zur Selbsterkenntnis verfügen und sich gegenseitig achten. Die eigene Lust und die eigenen Fantasien zu kennen heißt, dass man dem Partner zeigen kann, was man als erregend und lustvoll empfindet. Authentische, selbsterzeugte sexuelle Fantasien können unsere sexuellen Erfahrungen bereichern und die Intimität und Lust vertiefen. Im Gegensatz dazu kommt in beunruhigenden sexuellen Fantasien, die gewalttätige oder negative Aspekte der Beziehung erotisieren, das hässlichere Gesicht des Begehrens zum Ausdruck, nämlich der Wunsch,

Macht über einen anderen Menschen zu erlangen. Vermischen sich Sex und Macht, dann gewinnt in einer Frau leicht die Überzeugung die Oberhand, sie sei ein bloßes Objekt und nur dazu da, den Partner zu befriedigen. Die Folge können Ressentiments und Schuldzuweisungen sein.

Gesunde sexuelle Fantasien umfassen immer Kommunikation und Vertrauen, Einwilligung und Gleichberechtigung, Respekt und beiderseitige Lust. Die Dialog- und Verhandlungsbereitschaft ist eine notwendige Voraussetzung für diese Art von sexueller Partnerschaft. Ihr Partner kann sich dafür oder dagegen entscheiden, Ihre Wünsche zu erfüllen, so wie auch Sie in die Wünsche Ihres Partners einwilligen oder sie ablehnen dürfen. Entscheidend ist, dass in einer solchen Partnerschaft die Wünsche des anderen respektiert werden, weil sie in gegenseitigem Respekt geäußert werden. Reife sexuelle Partner reden über das, was sie sich wünschen, und entwickeln Gewohnheiten, Praktiken oder auch Rollenspiele, um den Sex so lustvoll wie möglich zu gestalten, ohne dass einer der Partner sich gekränkt oder verletzt fühlt. Um eine reife sexuelle Beziehung zu entwickeln, müssen beide Partner das Verlangen aufgeben, den anderen beherrschen zu wollen.

Vom Erwachen einer Liebe unter Gleichen

In der alten Geschichte von Amor und Psyche finden wir eine aufschlussreiche Darstellung der hässlicheren Seite des weiblichen Begehrens, die durch einen Kontrollverlust ans Licht kommt. Obwohl diese Geschichte ursprünglich aus der griechischen Mythologie stammt, ist die bekannteste Version lateinischen Ursprungs: Wir kennen sie aus den *Metamorphosen* von Ovid und *Der Goldene Esel*, einem von Lucius Apuleius verfassten Text aus dem 2. Jahrhundert. Meine Version ist eine lockere Adaptation einer zeitgenössischen Übersetzung der

Apuleius-Überlieferung. Die subtilen Elemente des weiblichen Begehrens, auf die in dieser Geschichte angespielt wird, sind von vielen feministischen Autorinnen, einschließlich Carol Gilligan, Florence Wiedemann und mir selbst, untersucht worden.

Amor und Psyche

Es waren einmal ein König und eine Königin, die hatten drei wunderschöne Töchter. Doch die allerschönste war Psyche, die Jüngste. Menschen aus vielen Ländern reisten an den Königshof, nur um die sagenhafte Schönheit dieser jungen Frau mit eigenen Augen zu sehen. Einige hielten sie für Venus, die Göttin der Liebe; andere behaupteten, dass Psyche den Platz der großen Liebesgöttin eingenommen habe. Venus war natürlich sehr wütend über die ganze Aufmerksamkeit, die ihr von Psyche – einer gewöhnlichen Sterblichen – gestohlen wurde. Deshalb vergiftete sie die Herzen von Psyches Verehrern, was zur Folge hatte, dass Psyche von allen Männern verschmäht wurde. Psyches Vater, der sich wunderte, warum seine schöne Tochter so wenig Verehrer hatte, begann zu argwöhnen, dass die Götter ihre Finger im Spiel hatten.

Auf der Suche nach einer Antwort befragte der König ein Orakel, durch das Venus ihm mitteilte, dass seine Tochter dazu bestimmt sei, ein Ungeheuer zu heiraten, und zwar eine geflügelte Schlange, die sogar Jupiter (der lateinische Name für Zeus) in Angst und Schrecken versetzte. Dann befahl sie dem König, seine Tochter in Trauergewänder zu kleiden und sie auf einen entlegenen Berggipfel zu bringen, wo ihre »Todesheirat« stattfinden sollte.

Begleitet von Trauermusik und ihren gramgebeugten Eltern, gekleidet wie eine Frau, die zu ihrem eigenen Begräbnis schreitet, führte Psyche die sonderbare Hochzeitsprozession auf den Berggipfel. Dort ließen die Eltern sie wie befohlen zurück.

Psyche blieb allein und voller Angst zurück. Plötzlich wurde sie von einem sanften Wind emporgehoben und auf die andere Seite des Berges getragen, wo sie in einer duftenden Blumenwiese landete. Ein Palast aus Gold und Edelsteinen, gefüllt mit unglaublichen Kostbarkeiten und Schätzen, ragte vor ihr auf. Psyche dachte, sie sei gestorben und stehe vor dem Haus eines Gottes oder einer Göttin. Sie trat ein und wanderte schweigend durch die Räume. In einem prächtigen Schlafgemach wurde sie von unsichtbaren Händen gebadet und angekleidet und mit allen erdenklichen Leckereien und anderen Annehmlichkeiten verwöhnt.

Geschmückt mit den wundervollen Stoffen des Palastes, getröstet von den Freuden ihrer Umgebung, fiel Psyche in einen tiefen Schlaf, bis sie Schlag Mitternacht von einem leisen Flüstern geweckt wurde. Da Psyche wusste, dass an diesem weitläufigen, unbewohnten Ort alles Mögliche geschehen konnte, fürchtete sie um ihr Leben und ihre Unschuld, aber die flüsternde – männliche – Stimme beruhigte sie: Er würde sie zu nichts zwingen und ihr kein Leid zufügen. Der unsichtbare Besucher umarmte Psyche mit unvorstellbarer Zärtlichkeit und bereitete ihr eine höchst erregende und zärtliche Liebesnacht. In seinen Umarmungen wurden Psyches eigene sexuellen Wünsche geweckt und zugleich befriedigt.

Als sich die leidenschaftliche Nacht ihrem Ende zuneigte, sagte der Besucher, dass er ihr Ehemann sei, dass sie ihn aber niemals sehen dürfe. All ihre Wünsche würden von unsichtbaren Händen im Palast erfüllt werden. Solange sie nicht versuche herauszufinden, wer er sei, könnten sie sich weiterhin jede Nacht aneinander erfreuen.

Zuerst willigte Psyche, ohne zu zögern, in diese Bedingungen ein. Überwältigt von der Pracht und dem Reichtum des Palastes verbrachte sie die Tage mit angenehmen Beschäftigungen und die Nächte mit ihrem unsichtbaren Ehemann. Doch schon bald begann Psyche ihre Eltern und ihre Schwestern zu vermissen. Sie sehnte sich danach, ihre Familie wieder zu sehen und ihnen mitzuteilen, dass sie nicht gestorben, sondern gesund und glücklich war. Psyche bat ihren Ehemann um die Erlaubnis, ihre Eltern besuchen zu dürfen, damit diese sich nicht länger um ihre Sicherheit und ihr Wohlergehen sorgen müssten. Widerstrebend gab er sein Einverständnis. Er ermahnte sie, die Bedingungen ihrer Ehe nicht zu vergessen: Sie durfte seine Identität weder kennen noch offenbaren, oder alles wäre vorbei.

Psyche kehrte zu ihrer Familie zurück und berichtete voll Stolz von ihrem Abenteuer – von ihrer Reise über den Berggipfel, ihrem herrlichen Palast und ihrem liebenswerten Ehemann. Psyches Schwestern, die eifersüchtig auf ihr Glück waren, tadelten sie und plapperten von den Gefahren, denen sie sich ausgesetzt hatte. »Immerhin«, stichelten die Schwestern, »ist dein Ehemann möglicherweise eine geflügelte Schlange oder irgendein anderes Ungeheuer und du hast dich ihm ausgeliefert, ohne seine wahre Identität zu kennen.«

Als Psyche in ihren Palast zurückkehrte, hatte sie gemeinsam mit ihren Schwestern einen Plan ausgeheckt, um die wahre Identität ihres Mannes aufzudecken. Als die nächste Begegnung mit ihm bevorstand, rüstete sie sich mit einer Kerze und einem Messer aus. Nachdem sie einander geliebt hatten und er eingeschlafen war, zündete sie die Kerze an und hob sie über seinen Körper. Vor ihr lag Gott Amor – der Sohn der Venus – in seiner ganzen Schönheit. Überwältigt von dem Anblick zuckte Psyche zurück, wobei etwas heißes Kerzenwachs auf seine nackte Brust tropfte. Amor fuhr erschrocken aus dem Schlaf, verfluchte sie und floh aus dem Schlafgemach. Aus der Krone einer Zypresse tadelte er seine Frau für ihre Gedankenlosigkeit und schwang sich in die Lüfte empor. Da eine Sterbliche seine Identität enthüllt hatte, musste er zu seiner Mutter zurückkehren und durfte sich nie wieder mit einer Sterblichen vereinigen.

Psyche bedauerte zutiefst, was sie getan hatte, und wanderte auf der Suche nach ihrem geliebten Mann durch die ganze

Welt. Müde und hoffnungslos erreichte sie schließlich einen Tempel der Venus und trat ein, um die große Göttin um Hilfe in dieser Liebesangelegenheit zu bitten. Venus, die durch Psyches Verbindung mit Amor noch aufgebrachter war als ohnehin schon, stellte ihrer Schwiegertochter einige Aufgaben. Nachdem sie mit Bedacht solche Heldentaten ausgewählt hatte, die eigentlich kein Sterblicher vollbringen konnte, versprach sie, dass Psyche wieder mit Amor vereint werden würde, wenn sie die Bewährungsproben bestand.

Voller Vertrauen in ihre große Liebe zu Amor begann Psyche ihr heldenhaftes Abenteuer. Bei jeder Aufgabe kamen ihr Kräfte der Natur zur Hilfe, die ihren Mut und ihre Liebe unterstützen wollten. Ihre letzte und schwierigste Aufgabe bestand darin, ein mit »Schönheit« gefülltes Kästchen von Proserpina (Persephone in der griechischen Mythologie) aus der Unterwelt zu holen. Damit wollte die alternde Venus, deren Schönheit durch die Pflege ihres liebeskranken Sohnes geschwunden war, ihr jugendliches Aussehen zurückgewinnen.

Durch die Hilfe eines sprechenden Steinturms wurde Psyche ganz genau darüber informiert, wie sie ihre Schritte setzen musste, um in die Unterwelt zu kommen und unbeschadet wieder herauszugelangen. Nachdem Psyche auch diese letzte Aufgabe erfolgreich bewältigt hatte, beschloss sie törichterweise, ein bisschen von Proserpinas Schönheit für sich selbst zu nutzen. Aber Proserpina hatte das für Venus bestimmte Kästchen nicht mit Schönheit, sondern mit dem Tod gefüllt. In dem Moment, in dem Psyche die Schatulle öffnete, fiel sie in einen tödlichen Schlaf.

Als Amor vom Schicksal seiner Frau erfuhr, bat er seine Mutter inständig, Psyche in eine unsterbliche Göttin zu verwandeln. Schließlich gab Venus dem Drängen ihres Sohnes nach. Amor befreite seine Frau aus ihrem Todesschlaf und brachte sie in den Himmel, wo sie für immer seine Frau sein konnte.

Der Fluch der Venus

Man kann diese komplexe Geschichte auf vielerlei Weise interpretieren, aber ich möchte mich an dieser Stelle auf die sexuellen Themen »hinter dem Spiegel« konzentrieren: auf den verführerischen Reiz der Macht, auf die Konkurrenz unter Frauen, auf die Spaltung zwischen Lust und Macht in der weiblichen Sexualität und auf den Tod des weiblichen sexuellen Verlangens. Wenn wir diese alte Erzählung als eine Geschichte über die Schwierigkeiten auffassen, denen Frauen auf dem Weg zu einem selbstbestimmten sexuellen Begehren ausgesetzt sind, erkennen wir das Opfer, das mit der Rolle der Sehnsucht weckenden Jungfrau verbunden ist.

Am Anfang der Geschichte begegnet uns Venus als alternde Muse, die fürchtet, von einem schönen jungen Mädchen verdrängt zu werden. Venus weiß, wie es in Wahrheit um die weibliche Macht bestellt ist; sie weiß, dass sterbliche Frauen durch die männliche Vorherrschaft extrem eingeschränkt sind. Die einzige echte Macht, über die Psyche verfügt, besteht darin, einen mächtigen Mann für sich zu gewinnen. Venus untergräbt diese Möglichkeit, indem sie dafür sorgt, dass kein Mann bereit ist, Psyche zu heiraten. Wir können den Fluch der Venus als Psyches Musenkomplex deuten, als zwanghafte Beschäftigung mit ihrem Äußeren, die ihre Schönheit zu einer Last werden lässt. Das macht Psyche anfällig für die »Todesheirat«, die den völligen Machtverlust durch eine Ehe symbolisiert.

Ich habe viele Variationen der »Todesheirat« in den Träumen von Frauen wieder entdeckt, die kurz vor einer Eheschließung standen. Eine Frau träumte zum Beispiel, dass sie freiwillig in einen unterirdischen Tunnel hinabstieg, aus dem kein Weg herausführte. Eine andere Frau nahm im Traum an ihrer eigenen Beerdigung teil und trug dabei ihr Brautkleid. In einem elementaren Sinn bedeutet die Ehe den Tod einer alten Identität (als Einzelperson) und den Beginn einer neuen Identität (als Teil eines Paares). Für die Frau bringt die Ehe einen zusätzlichen Tod, nämlich das Ende des abenteuerlichen Lebens als Braut. Die Idealisierung der Frau gilt der Braut, nicht der Ehefrau. Einige Frauen fürchten den Wechsel von der Muse zur Hexe; sie fürchten die Last einer ungewollten Identität, die ihnen in oder kurz nach den Flitterwochen auferlegt wird. Viele Eigenschaften, die vorher die Anziehungskraft einer Frau erhöhten – ihr Ehrgeiz, ihre Beharrlichkeit, ihre Intelligenz – gelten nach der Eheschließung möglicherweise als unattraktiv oder sogar als bedrohlich.

Amor rettet Psyche vor ihrer Angst und Demütigung. Wer ist Amor? In der Geschichte und Mythologie entspricht er dem Eros (gemeinhin auch als Cupido bezeichnet) – dem Sinnbild der erfüllten Liebe. Amor symbolisiert auch das Verlangen, das aus der erinnerten Lust erwächst und das uns nach mehr verlangen lässt. Wenn dieses Begehren blind oder verborgen ist, wird es zum Zwang oder Impuls. Da es im Wesen des Verlangens liegt, als Mangel oder Erinnerung empfunden zu werden, können wir uns dazu getrieben fühlen, eine Leere zu füllen, deren Ursache wir nicht kennen.

Amor bewahrt Psyche zunächst vor dem Fluch der Venus, macht sie jedoch blind für die Erkenntnis ihres eigenen Begehrens. Psyche, gefangen in einem Netz sinnlicher Genüsse, ist erfüllt von Wünschen und Sehnsüchten, aber nicht in der Lage, ihre Situation zu erkennen und selbst über sie zu bestimmen. Ihren Ehemann kennen zu lernen, ist ihr verboten. Sogar die Hände, die ihr zu Diensten sind, bleiben unsichtbar. In Psyches Wunsch, nach Hause zurückzukehren, spiegelt sich die Sehnsucht, ihr eigenes Verlangen zu begreifen, ihre Vergangenheit und Gegenwart zusammenzufügen.

Doch was Psyche zu Hause vorfindet, sind Zwistigkeiten und der Neid ihrer eifersüchtigen Schwestern. Wie Teenager, die ihre Aggressionen auf eine populäre Rivalin lenken, werfen die Schwestern ihr vor, sie sei verwöhnt und passiv. Wie wir bereits festgestellt haben, machen Frauen häufig gemeinsame Sache mit Männern, um eine Konkurrentin aus dem Feld zu schlagen.

Doch manchmal lenkt das Machtgerangel der anderen unsere Aufmerksamkeit auch auf unsere verborgenen Motive; das Konkurrenzdenken der Schwestern veranlasst Psyche schließlich dazu, Licht ins Dunkel zu bringen und ihre eigenen Wünsche zu erkennen. Andererseits führt sie ihre Aktion mit Messer und Kerze nur aus, weil ihre Schwestern sie dazu drängen. Sie ist noch nicht völlig selbstbestimmt und handelt unbedacht, als sie das heiße Wachs heruntertropfen lässt. Psyches Konfrontation mit Amors Identität symbolisiert sowohl ihre noch nicht voll entwickelte Selbstbestimmung als auch ihren Wunsch, sich selbst und ihre eigene Macht zu erkennen.

Im Licht der Kerze offenbart sich, dass Amor ein Gott ist. Er befindet sich außerhalb oder jenseits der menschlichen Sphäre. Psyche verliert Amor durch dieses Wissen, und wird erst wieder mit ihm vereint, nachdem auch sie unsterblich und ihm damit gleich gestellt ist.

Unsere sexuellen Wünsche entziehen sich häufig wie Amor unserem Zugriff, wenn wir verborgene Arrangements, die nicht auf beiderseitiger Zustimmung und gegenseitiger Lust beruhen, zu hastig ans Licht holen und ihre tatsächliche Beschaffenheit erkennen. Wenn wir in erster Linie durch unsere Gefallsucht motiviert werden, dann vertreibt die Aufdeckung dieses verborgenen Wunsches die romantischen Gefühle. Lassen wir ihn aber im Dunkeln, dann hindert er uns an der vollen Entfaltung unserer Lust. Nur wenn wir erkennen, was uns motiviert, haben wir die Freiheit, zwischen Alternativen zu wählen.

Psyche ist zutiefst betrübt über den Verlust von Amor, doch sie kann ihre Transformation erst beginnen, als sie sich mit Venus berät. Im Mythos hütet Venus ein vergessenes Wissen über die Liebe, aber wir können die Göttin auch als einen Aspekt von Psyches eigenem Komplex auffassen, als Quelle einer gewissen inneren Ambivalenz. Venus überträgt Psyche bestimmte Aufgaben. Jede bedeutet eine Herausforderung für Psyches Organisationstalent und Initiative, stellt notwendige Lernerfahrungen dar, wenn wir uns zu Subjekten entwickeln wollen. Die ersten Aufgaben erfordern Unternehmungsgeist, Scharfsinn und Mut. Wesen und Elemente der Natur helfen Psyche bei der erfolgreichen Bewältigung dieser Herausforderungen – Psyche beginnt, ihre eigene Natur – ihre Instinkte und Intuitionen – zu erkennen.

Psyches letzte Aufgabe ist die schwierigste und wichtigste: Sie muss in die Unterwelt hinabsteigen, zu der Sterbliche keinen Zutritt haben. Dieser Ort lässt sich als Reich von Psyches unbewussten Fantasien und Wünschen deuten – als die Unterwelt ihrer sexuellen Wünsche und anderer verborgener Sehnsüchte. Psyche soll die in ewiger Jugend bewahrte Schönheit einer Göttin stehlen. Auf dem Rückweg zu Venus gerät Psyche in Versuchung, etwas davon für sich selbst zu nutzen. Ihr impulsives Bedürfnis gewinnt die Oberhand über ihr Handeln. Das erinnert an Pandora, die, von ihrer Neugier getrieben, das irdene Gefäß öffnet.

In dem Moment, als Psyche das Kästchen öffnet, wird sie zum Subjekt ihres eigenen Begehrens. Sie handelt zum ersten Mal aus eigenem Antrieb und nicht auf Anweisung anderer. Obwohl Psyche einen gewissen Grad an Selbsterkenntnis und an Vertrauen in ihre eigene Kompetenz und Handlungsfähigkeit gewonnen hat, hegt sie weiterhin den verborgenen Wunsch, das allerschönste Objekt des Begehrens zu sein. Psyche ist die potenziell befreite Frau, die wie Prinzessin Diana immer noch glaubt, dass sie Macht nur durch Verführungskünste und nicht aus sich selbst heraus hat. Statt den Prozess ihrer sich entfaltenden Autonomie zu vervollständigen und dadurch den Anspruch auf Ebenbürtigkeit mit Amor zu erwerben, wird Psyche durch ihren heimlichen Wunsch, selbst die größte Schönheit zu besitzen, vernichtet. Als sie in einen tödlichen Schlaf fällt, ist sie einmal mehr der Gnade des Schicksals ausgeliefert. Dieser Todesschlaf gleicht ihrer Todesheirat am Anfang der Geschichte. Es ist ein Zustand der Depression, der aus dem unmöglichen Wunsch resultiert, für immer das alterslose, Sehnsucht weckende Mädchen zu bleiben.

Ihr Zustand wird durch die Hilfe von Amor und Venus aufgehoben. Psyche wird von Kräften errettet, die mächtiger sind als sie selbst und von denen sie jetzt abhängig ist. Dennoch hat sie so viel über ein selbstbestimmtes Leben als Subjekt gelernt, dass sie mit Amor auf einer Stufe stehen kann. Psyche stirbt zwei Tode in dieser Geschichte: den ersten als Objekt des Begehrens, als Muse, die sich selbst nicht kennt und eine alterslose Schönheit bewahren will. Durch ihren zweiten Tod wird sie schließlich auf einer höheren Ebene wieder geboren – als unsterbliche Göttin und als Subjekt ihres eigenen Begehrens.

Frauen und das Dilemma
der sexuellen Selbstbestimmung

In einer Welt, die von der sexuellen Erregung und dem sexuellen Verlangen des Mannes beherrscht wird, ist es eine verwirrende und schwierige Aufgabe für eine Frau, sich zum Subjekt ihrer eigenen sexuellen Wünsche zu entwickeln. Unfähig ihre eigenen sexuellen Lustempfindungen und Möglichkeiten zu wecken, klagen viele Frauen, dass sie sich in erotischer Hinsicht leblos oder sogar »tot« fühlen. Jüngere Frauen mit großer sexueller Energie ebenso wie ältere Frauen, deren Sexleben nahezu gänzlich zum Erliegen gekommen ist, erzählen mir immer wieder, dass sie sich verwirrt, unbefriedigt, ruhelos, sogar gelangweilt von ihren sexuellen Begegnungen fühlen. Ich höre nur selten – ob im persönlichen Freundeskreis, im sozialen Umfeld oder in der Therapie –, dass Frauen von anhaltender sexueller Erfüllung berichten. Häufig hingegen äußern Frauen den Wunsch, von der »Last« des männlichen sexuellen Verlangens befreit sein zu wollen.

Vor allem Frauen in mittlerem Alter erzählen mir in der Therapie häufig, dass sie Gespräche, Filme, das Stillen ihrer Säuglinge, das Masturbieren oder eigene Fantasien erotischer und sexuell erregender finden als die sexuellen Begegnungen mit ihren Partnern. Diese Frauen behaupten von sich, dass sie sich dem Partner zuliebe auf sexuelle Aktivitäten einlassen und nicht, weil sie es selbst wollen.

Marla und Jack, ein Ehepaar Anfang 30 mit zwei Kindern im Vorschulalter, haben sich zu einer Therapie entschlossen, weil ihr Sexleben eingeschlafen ist und nahezu jede Leidenschaftlichkeit verloren hat. Marla sagt, sie habe kein Verlangen mehr nach Sexualität. Sie sei zwar unter bestimmten Bedingungen bereit, mit Jack zu schlafen, und genieße es dann sogar häufig, sei aber nicht von sich aus dazu motiviert, den Sex zu initiieren. Sie glaubt, dass ihr fehlendes Verlangen mit einem Mangel an Intimität zusammenhängt: »Jack behandelt mich wie ein Objekt.«

Das hat sie wütend gemacht und zu dem Entschluss geführt, dass sie nie wieder so tun wird, als wolle sie Sex, wenn sie gar keine Lust darauf hat. Aus ihrer Sicht hat sie sich sexuell »befreit« und die Kontrolle über ihren Körper eingefordert. Marla ist nicht mehr bereit, sich Jack zuliebe auf Sex einzulassen und primär seine Wünsche zu erfüllen, nur weil sie fürchtet, dass er verstimmt und verärgert sein könnte, wenn sie nicht regelmäßig miteinander schlafen.

Jack sieht die Sache anders. Er sagt, er fühle sich von seiner Frau zurückgewiesen. Da er fürchtete, seinen Ärger nicht kontrollieren zu können, wenn Marla seine direkte Bitte um Sex abweise, habe er zugestimmt, als sie die sexuelle Initiative fortan für sich reklamierte. Doch seit dieser Übereinkunft sei Marla nie von sich aus aktiv geworden. Jack sei bewusst auf emotionale Distanz gegangen, um weniger verwundbar zu sein. Darüber sei er zwar selbst nicht glücklich, aber die Tatsache, dass Marla ihn körperlich nicht begehre, sei so schmerzlich für ihn, dass er nicht anders damit umgehen könne.

Wie sich im Laufe der Therapiesitzungen herausstellte, leitete Marla ihre sexuelle Lust ausschließlich aus ihrem sexy Aussehen ab. Als Jugendliche und junge Erwachsene hielt sie sich selbst, wenn sie das richtige Make-up und die richtige Kleidung trug, für besser aussehend »als der Durchschnitt«. Sie genoss es, wenn ein Mann in ihrer Gegenwart in Ekstase geriet, und fühlte sich dadurch sexuell erregt. Aber jetzt hat Marla das Gefühl, dass sie nicht mehr so begehrenswert ist wie früher. Sie hält ihre Schenkel für zu dick, und sie hasst die feinen Fältchen, die sich um ihren Mund ziehen. Marla glaubt, dass sie für einen Mann nicht mehr attraktiv sein kann.

In ihrer Jugend hat Marla gelernt zu flirten und Männer zu bezaubern, aber sie hat nie gelernt, auf welche Reize ihr eigener Körper zuverlässig mit sexueller Lust reagiert. Anstatt Orgasmen zu erleben und Erfahrung damit zu sammeln, dachte sie über ihr Äußeres nach und legte alles daran, besonders aufregend und hübsch auszusehen. Damals hatte sie nie das Gefühl, dass sie ihre sexuelle Erregung in irgendeiner Weise selbst steuern könnte. »Es passierte einfach«, wenn sie gut aussah und sich gut fühlte.

Da sie sich über ihre eigenen sexuellen Bedürfnisse nicht im Klaren war, gewann Marla den Eindruck, dass sie Sex nicht zu ihrem eigenen Vergnügen hatte, sondern weil ein anderer es wollte. Sogar nach der Hochzeit mit Jack – der sie ohne Zweifel sexuell begehrte – genoss sie den Geschlechtsverkehr mit ihm nie wirklich, auch dann nicht, wenn sie das Flirten, Schmusen und Vorspiel als lustvoll empfand. Marla versuchte, durch manuelle Stimulation zum Orgasmus mit Jack zu kommen, aber sie war zu befangen. »Es dauert zu lange; das letzte Mal, als wir es versucht haben, ist ihm fast der Arm abgestorben.« Obwohl sie durch Masturbation einen Orgasmus erreichen konnte, entwickelte Marla schließlich die Überzeugung, dass ihr Körper einfach nicht zu so starken Reaktionen fähig war wie der mancher anderer Frauen. Anfangs ließ sie sich Jack zuliebe auf Sex ein, weil er sonst so unglücklich war. Aber vor ein paar Monaten erklärte sie ihm, er solle sie sexuell nicht mehr unter Druck setzen, und sie würde es sagen, wenn sie Lust auf Sex hätte. Doch sie hat praktisch nie Lust auf Sex. Da sie sich ihres eigenen zwanghaften Wunsches, begehrt zu werden, nicht bewusst ist, macht sie in erster Linie die emotionale Distanz ihres Mannes dafür verantwortlich, dass sie keinen Sex will, räumt allerdings ein, dass sie eigentlich noch nie besonders große Lust darauf hatte.

Im Gegensatz zu Marla weiß Jack seit seiner Adoleszenz ganz genau, was ihm sexuellen Genuss bereitet, und er begreift nicht, wie Marla – eine intelligente und scharfsichtige Frau – so wenig über ihr eigenes sexuelles Verlangen wissen kann und so wenig Interesse daran hat. Auf die direkte Frage, ob er Marla attraktiv finde, erwidert Jack liebevoll und überzeugend: »Aber natürlich.« Beide erkennen an, dass Jacks Hingezogenheit zu Marla *nicht* das Problem ist. Jack befürchtet, dass *er* an Marlas fehlendem Verlangen Schuld ist. Er empfindet ihr fehlendes sexuelles Verlangen als persönlichen Affront und leidet unter dem Wunsch, das Objekt ihres Begehrens sein zu wollen.

Doch Jacks Befürchtung, dass er für das Problem verantwortlich sein könnte, ist größtenteils unbegründet. Der Kern ihrer sexuellen Schwierigkeiten ist Marlas zwanghaftes Bedürfnis, als sexy, erregend und schön angesehen und gespiegelt zu werden. Sie hat gelernt, sich erregt zu fühlen, wenn ein anderer sie begehrt, aber nie ihr eigenes sexuelles Interesse und ihre eigene Lust entwickelt. Jetzt, wo Marla größere Kontrolle über ihr Leben will, ist sie nicht mehr bereit, sich *aus Gefälligkeit* auf Sex einzulassen. Und Jack teilt jetzt ihre missliche Lage, weil er selbst sexuell begehrt werden möchte. Keiner scheint in der Lage, aus dieser sexuellen Sackgasse auszubrechen.

Um dem Beispiel Psyches zu folgen, muss Marla in das Dunkel ihrer »Todesehe« schauen und herausfinden, wie Amor aussieht. Ihr Begehren gilt einer alterslosen Schönheit und dem verführerischen Reiz der Macht, nicht einer sexuellen Beziehung, die beiderseitige Lust bereitet. Marlas Weigerung, Sex »für« Jack zu machen, könnte man als ersten Schritt auf dem Weg zum Eingeständnis eines inneren Todes betrachten, doch wenn Marla glaubt, dass die Ausübung dieser Art von negativer Kontrolle zu echter Freiheit führt, wird sie sich selbst nie als Subjekt ihres eigenen sexuellen Begehrens erkennen. Sie ist zu einer Variante der Hexe im Wald geworden – sie schämt sich für ihren Körper, kämpft gegen Gefühle der Unzulänglichkeit und fürchtet, weniger weiblich zu sein als andere Frauen, ist aber dennoch entschlossen, ihre eigene Erfahrung zum Maßstab ihres Handelns zu machen.

Wie Psyche ist auch Marla im Dunkel gefangen. Obwohl sie gelernt hat, wie sie andere erregen kann, ist sie an das Idealbild der Sehnsucht weckenden Muse gefesselt. Ängstlich und wütend hat sie versucht, dem unwürdigen Schauspiel ein Ende zu machen, aber dadurch gleichzeitig ihre eigene sexuelle Entwicklung zum Stillstand gebracht. Sie muss zulassen, dass ihre Identität als Muse stirbt, damit eine neue Identität entstehen kann, nicht als Hexe, sondern als leidenschaftliche Partnerin, liebevolle Freundin und selbstbestimmte Liebende.

Wenn sich Marla ihre Unsicherheit eingesteht und erkennt, wie diese mit ihrem Hexen- und Musenkomplex zusammenhängt, dann kann sie die alte patriarchale Identität sterben lassen. Wie Psyche muss sie ihren Mut und ihre Urteilsfähigkeit anwenden, um die zerstörerische Dynamik zwischen ihr und anderen Frauen, zwischen ihr und Jack zu verstehen. Marla muss erkennen, dass sie besessen von ihrem Äußeren ist und sich ständig mit jüngeren, schlankeren Frauen vergleicht. Sie muss ihre Befangenheit beim Sex durchschauen und lernen, sich zu entspannen, damit sie sexuelle Lust erleben kann. Statt von Jack zu erwarten, dass er sie in ihrem sexuellen Selbstwertgefühl bestätigt, muss sie anfangen, selbst ihre Bedürfnisse zu erforschen. Nur wenn Marla diese hässlicheren Seiten ihres Begehrens anerkennt, kann sie sich allmählich – körperlich und seelisch – von ihnen befreien und damit den Weg zu Eros und Dialog finden.

Wahre Liebe

Ein Gespräch über sexuelle Wünsche und Bedürfnisse setzt Offenheit voraus und bringt größere Verletzlichkeit mit sich. Es erfordert die Bereitschaft, in Gegenwart des Partners authentisch zu sein. Erst Authentizität macht wahre Liebe möglich. Viele sagen, sie wissen nicht, »was Liebe ist«, und halten den Begriff für überstrapaziert und abgenutzt. *Liebe* ist eine bestimmte Art von Verbundenheit, die man niemals überstrapazieren und über die man gar nicht oft genug reden kann.

Der Dichter Octavio Paz hat einmal gesagt, dass wahre Liebe nur möglich ist, wenn sich Wunsch und Wirklichkeit treffen. Solange Psyche nicht wusste, wie Amor aussah, setzte sich ihre Vorstellung von ihm aus ihren eigenen Projektionen und Ängsten zusammen. Psyche begehrte ihn zwar, konnte ihn aber nicht lieben, weil sie ihn nicht kannte. Als seine wahre Identität enthüllt wurde, verlor sie ihn – was den Verlust des romantischen Ideals zu Gunsten eines realeren, authentischeren Wissens über den Partner symbolisiert. Amor floh, weil er nicht menschlich, sondern zu einem Gott idealisiert worden war. Psyche konnte am Ende zu ihm zurückkehren, weil sie ihm ebenbürtig geworden war und weil sie ausreichend Mut und Urteilskraft entwickelt hatte, um mit ihrer Hilfe zum Subjekt ihres eigenen Begehrens zu werden.

Wie kaum ein anderes Gefühl eröffnet uns die Liebe die Möglichkeit der Transzendenz. Liebe kann erst entstehen, wenn zwei Menschen einander durch und durch kennen. Wenn wir sowohl unsere eigenen Verwundbarkeiten, Schwä-

chen, Wünsche und Grenzen als auch die unseres Partners erkennen und annehmen, wird uns allmählich klar, dass wir
einen anderen Menschen nicht durch Verführung oder Verlangen unter unsere Kontrolle bringen können. Der andere
bleibt immer er selbst. Liebe ist eine tiefe und beständige Zuneigung für einen Menschen, den wir kennen und akzeptieren und von dem wir wissen, dass wir ihn nicht beherrschen.
Liebe – einschließlich erotischer Liebe – lehrt uns, dass unsere
Macht begrenzt ist, auch wenn unser Verlangen grenzenlos ist,
und dass die einzige Möglichkeit, unsere Grenzen zu überwinden, paradoxerweise darin besteht, den anderen in seiner ganzen Unvollkommenheit zu lieben.

Die Befreiung von männlichen Fantasien

Frauen stehen im Hinblick auf ihr sexuelles Begehren vor
einem großen Dilemma: Wenn die Wahrheit ihrer eigenen
Wünsche ans Licht kommt, wird auch deutlich, dass sie sexuell in einer männlichen Fantasiewelt leben. Was unserer Wahrnehmung verborgen bleibt, ist die Mischung aus Angst, Verachtung *und* Sehnsucht, die wir gegenüber den männlichen
Bildern von der erotischen Macht der Frau entwickeln. Diese
Gefühle sind das Ergebnis unserer häufig verborgenen Macht-
spiele, mit denen wir auf die männlichen Fantasien und ihre
immer noch bestehende Herrschaft über das kollektive Bewusstsein reagieren. Wir neigen vielleicht zu der Überzeugung, dass das sexuelle Verlangen in erster Linie männlich ist
und dass unsere einzige Freiheit darin besteht, uns diesem
Verlangen zu verweigern, aber letztlich schneidet uns diese
fehlgeleitete Überzeugung von unseren eigenen erotischen
Fantasien von der Möglichkeit ab, unsere wirklichen Bedürfnisse zu entdecken und auszuleben.

Nur wenn wir die volle Verantwortung dafür übernehmen,

dass wir die Machtdynamik männlicher Fantasie ausagieren – indem wir Objekte des Begehrens sein wollen oder sie beneiden –, können wir lernen, uns frei und ohne übertriebene Selbstbeobachtung und Kontrolle auf uns selbst und andere zu beziehen. Diese Freiheit resultiert aus Erkenntnis, vor allem aus Selbsterkenntnis. Die Übernahme von Verantwortung für unsere eigenen Wünsche, sowohl für die hässlicheren als auch für die liebenswerteren, ist der erste Schritt zu der Fähigkeit, als ganzer Mensch zu handeln, als eine Person, die eine Vielzahl von Motiven in sich selbst und anderen tolerieren und akzeptieren kann.

Der Wunsch, attraktiv oder machtvoll zu sein, ist für sich genommen nichts Negatives. Der Wunsch, gebraucht und begehrt zu werden, kann etwas Gesundes und Aktives sein, wenn er leicht und spielerisch ist und im Dienst der Liebe steht. Dann wird er nicht zu einem erdrückenden Zwang, der unsere erotischen Freuden und Wünsche verschüttet.

Wie die Geschichte von Psyche zeigt, können wir uns von unseren verborgenen Wünschen befreien, wenn wir sie ans Licht holen und uns zu erotischen Partnerinnen entwickeln, die ihre Freiheit und Gleichheit geltend machen. Als erotische Partner können wir in leidenschaftlichen Umarmungen lernen, die übliche Spaltung in Ich/der Andere durch die Erfahrung sexueller Liebe zu überwinden. Uns Frauen steht diese Möglichkeit offen, wenn es uns gelingt, den Selbsthass und die Selbstbefangenheit aufzulösen, die uns unbewusst nach Macht anstatt nach Liebe streben lassen.

VIERTES KAPITEL

Treibhausbemutterung und das »göttliche Kind«

Viele Aspekte des gegenwärtigen Mutterbildes führen dazu, dass Mütter unbewusst auf verborgene Machtbedürfnisse, auf den Wunsch, gebraucht und begehrt zu werden, fokussiert bleiben. Die Idealisierung der Mutter – die ausschließliche Betonung des Fürsorglichen und des Guten an der Mutter-Kind-Beziehung – fördert die Überzeugung, dass der Einfluss der Mutter entscheidend für die kindliche Entwicklung ist und dass die Kinderbetreuung die wichtigste Aufgabe im Leben einer Frau darstellt.

Wie in den Fünfziger- und Sechzigerjahren scheinen viele Amerikaner auch heute noch zu glauben, dass die gewissenhafte Versorgung und Erziehung von Kindern einen wichtigeren Beitrag zu unserer Zukunft leistet als irgendeine andere Tätigkeit, die von einer Frau ausgeübt werden könnte. Frauen mittleren Alters und jüngere Frauen setzen sich lange mit der Entscheidung auseinander, ob sie Mutter werden sollten oder nicht, und sind verunsichert von der Furcht einflößenden Verantwortung. Doch Freunde und Medien reden ihnen ein, dass das emotionale Engagement als Vollzeitmutter die *allerwichtigste* Rolle ist, die eine Frau übernehmen kann.

Diese Grundüberzeugung von der einzigartigen, unersetzlichen Bedeutung der Mutter (losgelöst vom Vater, gleichaltrigen Freunden oder dem breiteren kulturellen Kontext) ist höchst irreführend und häufig falsch. Viele Einflüsse, die das Leben eines Kindes prägen, von den Normen und Werten unserer Gesellschaft bis hin zu gleichaltrigen Freunden, können weit wichtiger für die Identitätsbildung und lebenslange Entwicklung sein. Zweifellos können der Vater und andere Erwachsene genauso wichtige Betreuungspersonen und Rollenmodelle sein wie die Mutter; auch das individuelle Temperament, die Stellung in der Geschwisterfolge, das Entwicklungspotenzial und unvermeidbare Umstände spielen eine entscheidende Rolle für die Frage, wie sich ein Kind entwickeln wird.

Das Bild der perfekten Mutter, die selbstlos, unermüdlich, großzügig und fantasievoll und darüber hinaus eine begnadete Köchin ist, lastet wie ein Fluch auf dem Leben aller Mütter. Der Wunsch, gebraucht und begehrt zu werden, führt dazu, dass viele Mütter danach streben, dieses zerstörerische Ideal einer vollkommenen Selbstlosigkeit zu erfüllen. Da die Mütter von ihren eigenen Wünschen und Freuden abgeschnitten sind und nicht erkennen, wie sehr sie nach Anerkennung hungern, entwickeln sie häufig Ängste, Depressionen, sogar dissoziative Störungen und sorgen sich ständig um das Verhalten und das Umfeld ihrer Kinder.

Diese Mischung aus Idealisierung und Angst fördert eine »Treibhausbemutterung«: Das vollständige Aufgehen in der Welt des Kindes oder der Kinder führt zu einer alles verzehrenden Identifikation mit der Mutterrolle, mit der Entwicklung des Kindes und mit der Frage, inwieweit die Mutter-Kind-Bindung dem »Vollkommenheitsanspruch« genügt.

Man kann Frauen nicht vorwerfen, dass sie perfekte Mütter sein wollen; auch in diesem Fall wird den Frauen scheinbare Macht von einer Gesellschaft geboten, die ständig die unersetzliche Bedeutung der Mutter betont. Doch sie warten vergeblich darauf, dass sich diese Macht materialisiert, und sie werden auch nie dazu ermutigt, ihrer Wut und Enttäuschung nachzuspüren und genauer zu erforschen, welche Mechanismen dazu führen, dass sie sich von der Gesellschaft und ihrem Nachwuchs betrogen und ausgebeutet fühlen. Viele Mütter von erwachsenen Kindern sprechen voll Bedauern darüber, dass sie »ihre besten Jahre« für ihre Kinder »geopfert« haben, die jetzt, wo sie erwachsen sind, häufig scharfe Kritik an der Mutter üben. Kinder fühlen sich nicht verpflichtet, Interesse am Leben ihrer Mutter aufrechtzuerhalten. Die Mutter wird einfach als *Ressource* für die Bedürfnisse anderer und nicht als eigenständige Persönlichkeit betrachtet.

Die Angst und die Idealisierung der Treibhausbemutterung sind keine Erfindungen der Frauen, sondern das Ergebnis unseres kollektiven Unvermögens, auf die körperlichen und seelischen Bedürfnisse von Eltern, insbesondere von Müttern mit kleinen Kindern, einzugehen. Mütter haben in vielen Bereichen, in denen es um die Verantwortung für die kindliche Entwicklung geht, keine Wahlmöglichkeiten. Allzu häufig ist die Mutter die einzige Person, die von Lehrern, Verwandten oder Nachbarn für das Wohl und den Schutz des Kindes verantwortlich gemacht wird. Da die Mütter ihren Zorn über die Ausbeutung und Manipulation, die mit der Idealisierung einhergehen, nicht herauslassen können, richten sie ihren Groll und ihre Angst unbewusst gegen sich selbst und fühlen sich beschämt und schuldig. Obwohl Frauen täglich ihr Bestes geben und sich nach Kräften bemühen, ihren Kindern gute Mütter zu sein, fühlen sie sich ständig von der Aufgabe überfordert und fürchten, dass es in erster Linie an ihren persönlichen Unzulänglichkeiten liegt, wenn sie dem Bild der idealen Mutter nicht entsprechen.

Von Frauen geboren

Ich bin selbst Mutter von zwei leiblichen und vier Stiefkindern. Die Erziehung dieser sechs jungen Menschen hat mich vor viele Herausforderungen gestellt, mich reifer gemacht und verändert. Ich liebe sie alle aus ganzem Herzen und habe mit jedem sowohl belebende als auch erschöpfende Begegnungen gehabt, aber vor allem habe ich gelernt, sie als starke, leidenschaftliche Persönlichkeiten zu bewundern und zu respektieren. Sie sind heute in ihren Zwanzigern und Dreißigern, sie haben alle einen College-Abschluss gemacht und sich zu verantwortungsbewussten Bürgern entwickelt.

Ich halte mich selbst für eine erfolgreiche Mutter, die ihre Elternschaft immer sehr ernst genommen hat, aber sich auch für andere Bereiche engagiert hat. Mein Verhältnis zu meinen erwachsenen Kindern macht Spaß, ist anstrengend, faszinierend und komplex. Ich nehme immer noch ungebührlichen Anteil an ihren Verletzlichkeiten und Schwierigkeiten, und ich habe meinen Anteil an Angst, Furcht, Scham und Schuld. Aber so sehr ich an meinen eigenen erzieherischen Gewohnheiten und Methoden gezweifelt habe, habe ich doch nie einen Zweifel daran gehabt, dass ich meine Kinder liebe und immer das Beste für sie wollte. In dieser Hinsicht bin ich nicht anders als die meisten Mütter.

Ich wurde Mutter, als viele meiner Freundinnen ihre ersten Schritte ins Berufsleben machten. Verheiratet mit einem älteren Mann und unsicher über meine Zukunft, wurde ich mit Mitte 20 – zu Beginn der Siebzigerjahre – schwanger, als der Feminismus gerade begann, die traditionelle Rolle der Ehefrau und Mutter in Frage zu stellen.

Meine unerwartete Ambivalenz gegenüber meiner Mutterrolle und die quälenden, irrationalen Ängste, meinem Kind zu schaden, brachten mich nur wenige Wochen, nachdem ich die alleinige Verantwortung für meine erste leibliche Tochter übernommen hatte, völlig aus dem Gleichgewicht. Ich fand nichts in den pädagogischen Ratgebern, die mir zur Verfügung standen, nichts in den Gesichtern oder Stimmen meiner Cousinen, die ebenfalls junge Mütter waren, und nichts im Gesicht meiner Mutter, was darauf hingedeutet hätte, dass meine ambivalenten Gefühle (vor allem der flüchtige Impuls, mein Kind zu ersticken) normal oder überhaupt vorstellbar waren. Also verbarg ich meine Gefühle und las alles, was in der psychoanalytischen und feministischen Literatur über Mutterschaft zu finden war, was alles nur noch schlimmer machte: Mütter wurden entweder für alle Probleme ihrer Kinder verantwortlich gemacht (Psychoanalyse) oder in vagen marxistischen Begriffen analysiert (Feminismus), aber nirgends fand ich etwas über ihre Erfahrungen und ihre Entwicklung. Ich war sicher, dass ich unter einer Psychose litt, die irgendwann mitten in der Nacht, wenn ich mein Kind stillen musste, zum Ausbruch kommen würde. Und dann entdeckte ich das Buch *Von Frauen geboren* von Adrienne Rich, die sich mit ihrer geschichtlichen und persönlichen Beschreibung des Mutterseins direkt an mich zu wenden schien. Worte wie diese wurden zu meiner Rettungsleine:

Diese ruhige, sichere und klare Frau, die sich durch die Seiten der Handbücher, die ich las, hindurchbewegte, war mir so unähnlich wie ein Astronaut… Während der Schwangerschaft und des Stillens werden Frauen genötigt, sich zu entspannen, die heitere Ruhe von Madonnen zur Schau zu tragen. Niemand erwähnt die psychische Krise, die es bedeutet, ein erstes Kind zu gebären, die Erregung lang begrabener Gefühle gegenüber der eigenen Mutter, das Empfinden von konfuser Macht und Machtlosigkeit. Einerseits vereinnahmt zu werden, andererseits mit neuen physischen und psychischen Potenzen in Berührung zu kommen. … Niemand erwähnt das Befremden über eine Anziehung – die so ausschließlich und überwältigend sein kann wie die ersten Tage einer Liebesaffäre – gegenüber einem Wesen so winzig, so abhängig, so in sich selbst zusammengefaltet, das Teil und doch nicht Teil des eigenen Ichs ist.

Richs Betrachtungen und Erkenntnisse wirkten unendlich befreiend auf mich. Wieder und wieder habe ich nachgelesen, wie sie ihre persönlichen Erfahrungen als Mutter schildert, und diese Lektüre war das einzige, das mich im ersten Lebensjahr meiner Tochter innerlich aufrechterhielt.

Heute erscheint es mir fast als Glück, dass ich in so jungen Jahren Mutter wurde und so abgeschnitten von meinen gleichaltrigen Freundinnen war. Ratschläge erhielt ich nur von meinen Cousinen, die Hunderte von Kilometern entfernt lebten, und von Fremden, die ich auf der Straße und in der Praxis des Kinderarztes traf. Mir wurde schnell klar, dass man als Mutter jede Menge Ratschläge von anderen bekommt, vor allem unaufgeforderte und häufig unwillkommene Ratschläge. Sowohl Männer als auch Frauen verwickelten mich auf der Straße, in Einkaufszentren oder öffentlichen Wickelräumen in sehr persönliche Gespräche – gaben mir Tipps über das Stillen und die richtige Erziehung meiner Tochter oder erzählten mir, wie ich sie ernähren und kleiden sollte. Ich stand plötzlich im Mittelpunkt der Aufmerksamkeit, aber auf eine Weise, die mich verunsicherte und häufig in tiefe Verwirrung stürzte. Ich hörte viel über die Erfahrungen anderer und wurde nie nach meinen eigenen gefragt. Ich bekam viele idealisierende Kommentare zu hören, aber nahezu nichts über die Unsicherheit, die mich quälte. Aber weil die Menschen, die mir Ratschläge erteilten, größtenteils Fremde waren, konnte ich ihre Ratschläge beiseite schieben und Zuflucht zu Adrienne Rich nehmen, meine eigenen Erfahrungen sammeln, ein Tagebuch führen und den Entschluss fassen, mich von kulturellen Vorurteilen zu befreien.

Ich freundete mich mit anderen Müttern an, deren Kinder im gleichen Alter waren wie meine Tochter, aber ich gab nicht viel auf ihre Warnungen und Mahnungen. Viele taten das, was ihre eigenen Mütter getan hatten, aber ich wusste, dass ich ein anderes Leben führen wollte als meine Mutter. Die meisten meiner engen Freundinnen hatten keine Kinder und schienen sich auch nicht sonderlich für die Tatsache zu interessieren, dass ich eines hatte. Sie waren darauf konzentriert, ihr Studium abzuschließen, mit ihrer eigenen Lebensplanung beschäftigt und auf der Suche nach einer festen Beziehung. Sie schienen überzeugt zu sein, dass ich im Großen und Ganzen eine recht gute Mutter abgab, und das tröstete mich.

Die Medien verloren die Mütter in den Siebzigerjahren eine Zeit lang aus den Augen, weil der Feminismus und die Gegenkultur die Aufmerksamkeit von den traditionelleren Familienthemen ablenkten. Rückblickend erkenne ich, dass es mir gelungen ist, meinen eigenen Weg zu gehen und meine Schuld- und Angstkomplexe als *meine* Komplexe aufzufassen und nicht als irgendeine objektive Realität, die meine Unfähigkeit als Mutter bewies.

Eine Freundin meines Mannes sagte einmal, dass sie ihre Kinder bekommen hätte, als sich ihre »Hormone auf dem höchsten und ihre Verstandeskräfte auf dem niedrigsten Niveau befanden«, und so ähnlich kommt es mir auch vor. Ich habe nicht viel darüber nachgedacht, ob ich Kinder bekommen sollte oder nicht; ich wollte sie, und ich bekam sie. Ich habe mich selbst häufig daran erinnert, dass alle Erwachsenen auf dieselbe Weise hier angekommen sind – durch Mütter. Das fand ich immer ganz beruhigend und sagte mir dann: Ganz gleich, wie unzufrieden du mit dir bist, du wurschtelst dich genauso gut durch wie die meisten anderen. Und heute weiß ich, dass ich in der Beziehung zu meiner Tochter oder in meiner Fürsorge für sie gar nicht so schlecht gewesen bin; es waren nur meine eigenen Vorstellungen, unter denen ich gelitten habe. Ich hatte Angst vor dem Ansturm der vielen negativen, primitiven Gefühle, die mit den freudigen, stolzgeschwollenen einhergingen. Ich war hingerissen von meiner Tochter und gleichzeitig wütend auf sie, weil sie mir mein Leben gestohlen hatte.

Es ist wichtig, dass ich etwa zur selben Zeit, als ich Mutter wurde, zum Feminismus kam. Das Buch von Adrienne Rich lehrte mich meine erste feministische Lektion, nämlich dass meine Erfahrung als Frau in den Annalen unserer Kultur nicht enthalten ist und dass ich mich nicht an den offiziellen Maßgaben unserer Gesellschaft messen darf, vor allem nicht als Mutter. Mir wurde relativ schnell klar, dass ich streng zwischen dem Mutter*ideal* und meinen eigenen Erfahrungen unterscheiden musste.

Diese Erkenntnis hat mir gute Dienste geleistet. Als meine Tochter ein Jahr alt war, begann ich mit einer Psychotherapie, erforschte, wie ich die Dinge, die mir als Frau, als gleichberechtigte Partnerin und als Mutter besonders wichtig waren, in meinem Leben zusammenfügen konnte. Mein Leben sollte Wagemut, Fürsorge, Herausforderungen und Ziele vereinen und über die Rolle der Ehefrau und Mutter hinausreichen, diese Rolle aber mit umfassen. Ich wollte den Stoff der Kinderbetreuung – die große Verantwortung, die Momente der Zärtlichkeit und die tränenreichen Fehler – kreativ nutzen. Ich wollte darüber lesen und schreiben, mein Wissen weitergeben und anderen Frauen helfen, ihre ambivalenten Gefühle zu erkennen und zu begreifen.

Aus den Einschränkungen im Leben meiner eigenen Mutter, die sich als Ehefrau eines Arbeiters ausschließlich um die Familie und den Haushalt kümmerte, schloss ich, dass ich keine Vollzeitmutter sein, sondern auch einen Beruf haben wollte, der mich ausfüllte. Außerdem musste ich arbeiten, um Geld zu verdienen, weil wir unsere Familie nicht allein vom Gehalt meines Mannes ernähren konnten. Ich wusste auch, dass ich keine berufstätige Frau ohne Kinder sein wollte, weil ich mir ein mit Leben erfülltes Zuhause gewünscht hatte. Und genau das hatte ich bald darauf – ein Haus, das voller Kinder und Stiefkinder und Haustiere und Pflanzen und enorm viel Energie steckte.

Als meine Kinder ins Krabbelalter kamen, ging ich wieder an die Uni und machte meinen Abschluss in Psychologie; danach zog ich vom Mittleren Westen der USA an die Ostküste, um an einem Frauencollege zu unterrichten. Während ich Kurse in Entwicklungspsychologie hielt, suchte ich nach einem Buch, das die Erfahrungen von Müttern in einen größeren Kontext stellte als den der Bindungstheorie und kindlichen Entwicklung. Ich wollte, dass meine Studentinnen den Unterschied zwischen Muttersein und »Bemutterung«, also der Pflege und Betreuung von Kindern, erkannten und die gesellschaftliche Kommentierung durchschauten, die das Muttersein zum Ideal verklärt und Frauen dazu treibt, nach Perfektion zu streben.

Treibhausbemutterung

Ich fand ein revolutionäres Buch, nämlich *Inventing Mother-hood* von der englischen Psychiaterin Ann Dally. Die Autorin stellt den emotionalen Konflikt von Müttern, die in die Zwick-mühle von Angst und Verrat geraten, in einen größeren Zu-sammenhang. Am Beispiel der speziellen Schwierigkeiten, mit denen die Frauen aus der Generation meiner Mutter zu kämp-fen hatten (die ihre Kinder zwischen den beiden Weltkriegen bekamen), beschreibt sie das Phänomen, das ich als »Treib-hausbemutterung« bezeichne: Einen Erziehungsstil, bei dem die Frau völlig in ihren Mutterpflichten aufgeht und angeblich mit jeder noch so kleinen Entscheidung das gesamte spätere Leben ihres Kindes beeinflusst.

Dieser Stil der Kinderbetreuung ist sowohl relativ neu als auch wissenschaftlich unhaltbar. Wie Dally ausführt, betrach-ten nur wenige Frauen die Kindererziehung aus einer histori-schen Perspektive oder hegen den Verdacht, dass das, was wir für »natürlich« halten (dass Mütter mit ihren Kindern allein gelassen werden), erstmals Mitte des 20. Jahrhunderts auspro-biert wurde. Stattdessen berufen wir uns auf eine »wissen-schaftliche« Erklärung, die angeblich belegt, was das Beste für die kindliche Entwicklung ist.

Es gibt jedoch, wie Dally ausführt, merkwürdige Parallelen zwischen den so genannten wissenschaftlichen Theorien über die kindliche Entwicklung, die sich fast ausschließlich auf die Mutter-Kind-Dyade beziehen, und der Idealisierung der Mut-terschaft und den Methoden, mit denen die Frau zur idealen Fürsorgeperson für ihre Kinder befördert wurde. Wie Dally schreibt:

Obwohl es bis Mitte des 20. Jahrhunderts völlig unüblich war, dass eine größere Anzahl von Müttern ihren Arbeitsalltag überwiegend allein und abgeschlossen mit ihren kleinen Kindern verbrachten, erschien dies plötzlich als das Ideal, als die Norm, als wesentlich für die gesunde seelische Entwicklung des Kindes und als Beleg weiblicher Normalität bei der Mutter.

Ein Vergleich heutiger Erwachsener – die in der ersten Ära der Treibhausbemutterung aufgewachsen sind – mit Erwachsenen früherer Epochen könnte, so Dally, zu dem Schluss verleiten, dass »die Ära der ununterbrochenen und exklusiven mütterlichen Fürsorge eine Generation hervorgebracht hat, die so neurotisch, vereinsamt, entfremdet und drogenabhängig ist wie keine andere Generation vor ihr«.

Viele Angehörige der Babyboom-Generation wuchsen in der exklusiven Gesellschaft eines einzigen Erwachsenen auf, nämlich mit einer deprimierten Mutter, die unter ihrer Isolation litt, ohne sich dieser Frustration bewusst zu sein. Es ist zweifellos besser, mit mindestens einem Erwachsenen als mit überhaupt keinem Erwachsenen aufzuwachsen, aber die glashausartige Isolation der Frauen und Kinder hat psychische Probleme erzeugt, die in Medienberichten über Mütter, berufstätige Mütter, Bindungsverhalten oder kindliche Entwicklung selten Erwähnung finden. In meiner psychotherapeutischen Praxis behandle ich überwiegend die Folgen von negativen Mutterkomplexen, das heißt die Probleme, die sich daraus ergeben, dass inzwischen erwachsene Kinder die Erwartungen und Ängste einer Frau verinnerlicht haben, mit der sie sich häufig emotional in der Falle fühlten.

Sogar die fürsorglichste Mutter wird, wenn sie zu lange mit ihrem Kind allein ist, Episoden von Depression, Angst oder psychomotorischer Erregung durchlaufen, die das abhängige Kind leicht als bedrohlich empfindet. Wenn Mütter keine Unterstützung erhalten und nicht die Wahl haben, ihre Aufmerksamkeit auf etwas anderes zu richten, verstricken sie sich mit größerer Wahrscheinlichkeit in hemmende Emotionen (Scham, Neid, Schuld, Stolz, Eifersucht), die verhindern, dass sie sich direkt auf ihre Aktivitäten konzentrieren können. Der (mitunter zwanghafte) Vergleich mit dem Ideal der perfekten Mutter steigert die Minderwertigkeitsgefühle und die Befangenheit der Frauen und intensiviert den Wunsch, gebraucht, bewundert und von außen in ihrem Wert bestätigt zu werden. Und natürlich richten die Frauen diese Bedürfnisse auch auf ihre Kinder.

Liz ist ein Beispiel für eine zeitgenössische Treibhausmutter. Sie kam zu mir in die Therapie, weil ihr Ehemann Frank ihr dazu geraten hatte. Er hatte Angst vor ihren intensiven emotionalen Bedürfnissen und Ansprüchen, mit denen sie ihn konfrontierte, wenn er am Ende eines langen, körperlich und emotional anstrengenden Arbeitstages nach Hause kam.

Liz ist Ende 20. Sie hat als erfolgreiche Versicherungsgutachterin gearbeitet, bevor sie zu Hause blieb, um sich ausschließlich um ihr erstes Kind Julie zu kümmern, das ein Jahr alt war, als Liz die Therapie begann. »Zuerst dachte ich, dass meine Wut und meine Ängste damit zusammenhingen, dass ich nicht wieder schwanger werden wollte. Frank und ich haben immer gesagt, dass wir zwei Kinder möchten, die altersmäßig nicht allzu weit auseinander sein sollten. In letzter Zeit versetzt mich der Gedanke jedoch in Panik.« Liz erklärt, dass sie gerade erst begonnen hat, sich körperlich wieder einigermaßen normal zu fühlen. Sie hat vor kurzem mit dem Stillen aufgehört und sich bis auf fünf Pfund an ihr altes Gewicht angenähert. »Außerdem gehe ich jetzt jeden Dienstag zu einem Tanz- und Gymnastikkurs. Das will ich nicht schon wieder aufgeben.«

Liz ist zufrieden damit, wie sich Julie entwickelt. »Ich kann sagen, dass Julie ein glückliches, normales Baby ist – und manchmal wenn sie mich anlacht oder Grimassen schneidet, platze ich fast vor Glück und Stolz. Aber dann denke ich wieder, dass mein Glück nicht allein von Julie abhängen kann. Tatsächlich ist das wahrscheinlich ein großes Problem. Ich fühle mich nicht besonders wohl in Bezug auf mich selbst oder auf Frank.«

Liz glaubt, dass Frank wütend ist, weil sie ursprünglich gemeinsam beschlossen hatten, dass sie ihren Beruf aufgeben und sich als Vollzeitmutter um die zwei Kinder kümmern würde, die kurz hintereinander geboren werden sollten. »Jetzt, wo ich nicht dazu bereit bin, denke ich, dass er enttäuscht ist. Nicht nur das, als er mich kürzlich fragte, *wann* ich denn soweit sein würde, habe ich ihm gesagt, vielleicht *nie*. Ich weiß nicht, ob ich überhaupt ein weiteres Kind möchte.« Als wir über die Gründe für ihren Sinneswandel sprechen, sagt sie: »Mutter zu werden hat mich verändert. Vorher war ich Freundin, berufstätige Frau und Ehefrau. Jetzt bin ich nur noch Mutter – 24 Stunden am Tag. Obwohl ich Julie liebe und ihre Mutter bin, habe ich das Gefühl, dass andere Teile meiner Persönlichkeit absterben. Das macht mir Angst, und Frank hat überhaupt kein Verständnis dafür.«

Als Liz ihren Alltag schildert, wird klar, dass sie sich vom Leben, vor allem von ihren Arbeitskollegen, abgeschnitten fühlt. Sie bringt es häufig nicht mehr fertig, eine alte Freundin anzurufen oder sich zum Essen zu verabreden, weil sie den Eindruck hat, dass es keine Gemeinsamkeiten mehr gibt. Wenn sie mit Julie zu Hause ist, kommt es vor, dass sie den ganzen Tag verbringt, ohne ein einziges Mal mit einem anderen Erwachsenen zu reden. »Wenn Frank durch die Tür kommt, weiß er nie, ob er eine gesunde Erwachsene oder eine keifende Xanthippe vorfinden wird. Manchmal rede ich ihm ein Ohr ab, und manchmal zeige ich ihm die kalte Schulter – das kann von einem Moment zum anderen wechseln. Ich bin wirklich wütend darüber, dass er immer noch sein altes Leben hat und ich nicht. Und natürlich *weiß* ich, dass es nicht fair ist, sauer auf ihn zu sein. Schließlich war es meine eigene Entscheidung, dass ich zu Hause bei Julie bleiben wollte.«

Frank und Liz kommen kaum noch dazu, ihre Beziehung zu pflegen. Die finanzielle Lage ist angespannt, seit Liz' Einkommen fehlt, und sie fühlt sich schuldig, wenn sie Geld für einen Babysitter ausgibt, damit sie einmal allein ausgehen können. Frank macht viele Überstunden und kommt für gewöhnlich nicht vor acht Uhr abends nach Hause, wenn Liz erschöpft ist. Gegen 22 Uhr fallen sie ins Bett, und Liz ärgert sich dann, weil sie so müde ist. »Ich bin es so leid, dass Julie mich ständig braucht. Es bleibt nichts übrig, was ich Frank geben könnte, und ehrlich gesagt neige ich dazu, ihm die Schuld an meiner Situation zu geben, obwohl ich weiß, dass das irrational ist.«

Doch wie viele Treibhausmütter beeilt sich Liz, ihre Entscheidung zu verteidigen. »Ich war immer überzeugt, dass sich niemand so gut um mein Kind kümmern kann wie ich. Wer sonst könnte mehr Interesse an ihm haben? Warum soll ich sie von Fremden aufziehen lassen, wenn ich die Möglichkeit habe, es selbst zu tun?« Als Liz an ihre eigene Kindheit zurückdenkt, sagt sie: »Ich will mich besser um mein Kind kümmern, als meine Mutter es getan hat. Nach der Scheidung meiner Eltern nahm meine Mutter eine Stellung als Sekretärin an. Ich war ein ›Schlüsselkind‹. Ich fühlte mich immer verantwortlich für meinen jüngeren Bruder, der für gewöhnlich sauer auf mich war, weil ich ihn herumkommandierte. Ich will es besser machen als meine Mutter.«

Die Mutter von Liz lebt in einer nahe gelegenen Kleinstadt und befürwortet es, dass Liz ihren Beruf aufgegeben hat, um sich ausschließlich um Julie zu kümmern. »Meine Mutter sagt heute, dass sie sich für die Probleme meines Bruders verantwortlich fühlt. Er hatte Schwierigkeiten in der Schule und geriet in die Drogenszene. Sie möchte, dass ich eine bessere Mutter werde als sie, und ist immer bereit, auf Julie aufzupassen. Doch da sie immer noch berufstätig ist, hat sie wenig Zeit, außer an den Wochenenden.«

Liz glaubt, das Glück der Wahl zu haben. Sie scheint sich nicht bewusst zu sein, dass ihre »Wahl« in einen sozialen und kulturellen Kontext eingebettet ist, der vorgibt, was gut für ein Kind ist, nämlich die Fürsorge einer Vollzeitmutter, die ihren Beruf aufgibt. Sie geht davon aus, dass ihre Entscheidung das

Beste für Julie ist, obwohl sie die langfristigen Verluste (wie die harmonische Beziehung zu Frank), die diese Entscheidung sowohl für Julie als auch für sie selbst impliziert, nie näher untersucht.

Unbewusst verstärkt Liz die Schuldgefühle, die ihre Mutter gegenüber dem Bruder empfindet, weil sie die Schuld nicht dort sucht, wo sie eigentlich liegt – nämlich beim Vater von Liz, beim Schulsystem und vielen anderen Menschen, die ihrer Mutter nicht dabei geholfen haben, psychisch stabile Kinder großzuziehen. Liz erschien es völlig normal, dass sie die alleinige Verantwortung für Julies Wohl und Entwicklung übernehmen sollte: »Alle waren dafür. Aber an manchen Tagen fühle ich mich einfach schrecklich elend und habe den Eindruck, dass ich die Entscheidung, als Vollzeitmutter zu leben, gar nicht selbst getroffen habe. Warum ist jeder, ich eingeschlossen, davon ausgegangen, dass ich diejenige sein würde, die am besten für die Erziehung des Kindes geeignet ist und zu Hause bleiben sollte? Und warum hat mir niemand erzählt, dass es so schwer ist?«

Die Mutterfiktion

Mütter hat es immer gegeben, aber die Vorstellungen, die man heute mit Mutterschaft verbindet, sind, ebenso wie jene von Kindheit, relativ neue Erfindungen. Erst im 19. Jahrhundert zeichnete sich in der populären Literatur Mutterschaft als gesellschaftliches Konzept ab. Mehr und mehr wurde sie mit fürsorglichen und weiblichen Tugenden und mit dem Ideal »wahre Mütterlichkeit« verknüpft.

Auf Gemälden und frühen Fotos sind Mütter des viktorianischen Zeitalters häufig als engelsgleiche, madonnenhafte und heitere Wesen dargestellt. Man kann sich nicht vorstellen, dass diese Mütter jemals ein harsches Wort an ihre Kinder richteten. Vielleicht taten sie es wirklich nicht; denn sie waren keine Vollzeitmütter. Wie Dally ausführt, waren die Mütter, die auf diesen idealisierten Porträts abgebildet sind, privilegierte Frauen, die ihre Kinder nicht selbst versorgten, sondern erst Ammen und dann Kindermädchen zur Verfügung hatten. Der ästhetische und kulturelle Ursprung des idealisierten Mutterbildes ist die privilegierte Mutter, die ihre Kinder nur sah, wenn sie gebadet und gefüttert waren und einen erfreulichen Anblick boten.

Früher stellten Frauen der Mittel- und Oberschicht Dienstboten ein, die sich um ihre Kinder kümmerten, während Arbeiterinnen und Bäuerinnen die Hilfe von Tanten und Großmüttern in Anspruch nahmen. Mütter lebten mit ihren Kindern selten allein und isoliert. Bevor Mütter zu den einzigen Fürsorgepersonen für ihre Kinder wurden, stellte man sie liebenswerter und sanfter dar als die Ersatzpersonen. Letztere erschienen, wie man sie aus dem Märchen kennt, als das boshafte Kindermädchen, die garstige ältere Schwester, die verbitterte unverheiratete Tante oder die gefürchtete Stiefmutter. Diesen archetypischen Hexenfiguren lastete man die Zerstörung der zarten Kinderseele an, während die Mutter idealisierte Heilige bleiben konnte. In Wahrheit jedoch leisteten diese Stellvertreterinnen der Mutter oft den Großteil der Erziehungsarbeit. Meiner Meinung nach wurden sie so negativ dargestellt, weil man die bedrohliche Feindseligkeit des abhängigen Kindes gefahrlos auf sie projizieren und dadurch das Idealbild von einer edlen und weisen Mutter aufrechterhalten konnte.

Eine Idealisierung ist häufig Ausdruck eines Liebesgefühls, das man vom Hass auf eine Person abspaltet, die man in Wahrheit liebt *und* hasst. Das Bild der idealisierten Person muss überhöht werden, um ihren Schatten, ihre dunklere Seite zu verbergen. Der Hass wird aus dem Bewusstsein ausgeblendet, und die Liebe wird unrealistisch und schwärmerisch. Vollkommenheitsfantasien verhindern, dass der Hass ins Bewusstsein

111

dringt. Wer andeutet, dass die Liebe mit Hass gemischt ist, provoziert Zorn und Wut.

Die idealisierte Mutter der viktorianischen Epoche konnte für ihr durch und durch liebevolles Wesen bewundert werden, weil sie häufig nicht zur Verfügung stand. Vielleicht war sie, *wenn* sie sich mit ihren Kindern beschäftigte, tatsächlich enthusiastischer und positiver, als es einer Vollzeitmutter möglich ist. Vor allem müssen wir jedoch erkennen, dass es sich bei der unter keinerlei ambivalenten Gefühlen leidenden, stets liebevollen und fürsorglichen Mutter nicht um eine Vollzeitmutter handelte, sondern um eine privilegierte Frau, die für alle schwierigeren und/oder schmutzigeren Arbeiten ein Kindermädchen oder eine Gouvernante einstellen konnte.

Von einer heutigen Vollzeitmutter wird erwartet, dass sie eine tiefe Bindung an ihr Kind entwickelt, ihm ein besseres Leben wünscht als sich selbst und sich hingebungsvoll um die Bedürfnisse jedes einzelnen Kindes kümmert. Solche Erwartungen steigern ihr angsterfülltes Verantwortungsgefühl für ihr Kind. Bewusst oder unbewusst fürchtet eine Mutter ihre negativen Gefühle und spaltet sie ab, indem sie die Aggressionen gegen sich selbst oder ihren Partner richtet, damit diese Gefühle das Kind nicht gefährden. In dieser Situation hält sich eine Frau entweder selbst für eine abstoßende Hexe oder glaubt, dass ihre ganze Lebenskraft von ihrem Partner, ihrer eigenen Mutter oder einer anderen Person aufgesaugt wird. Wie Liz versuchen die meisten Mütter, ihre Kinder vor solchen negativen Empfindungen zu schützen. Wenn diese abgespaltenen Gefühle gegenüber dem Kind ausagiert werden, kann es passieren, dass eine Mutter ihr Kind misshandelt – normalerweise in Fällen, in denen sie von einer plötzlichen Wut auf das Kind erfasst wird. Spürt die Mutter andererseits einen Anfall von Zorn oder Hass auf das Kind, ohne diesem Impuls nachzugeben, hält sie sich häufig für eine Rabenmutter, auch wenn sie ihre Feindseligkeit gar nicht ausagiert.

Die Idealisierung von Müttern und Kindern unterdrückt

die Schuld- und Angstgefühle, die ihre Hassgefühle in ihnen auslösen. Vor allem aber verhindert sie, dass Mütter die Wahrheit über die ambivalenten Gefühle erkennen, die durch die lange Abhängigkeit eines Kindes von ihnen entstehen. Hingegen *dürfen* adoleszente und manchmal sogar erwachsene Kinder, da in unserer Gesellschaft Unabhängigkeit als extrem hoher Wert gilt, ihre Feindseligkeit im Zusammenhang mit Abhängigkeitsbedürfnissen zum Ausdruck bringen. »Sie beißen die Hand, die sie füttert«, leisten sich Klagen, Vorwürfe und auch offene Angriffe, die dazu dienen, die Macht des Mutterideals abzuschwächen.

Statt Müttern zu gestatten, dass sie sich der Fülle ihrer ambivalenten Gefühle bewusst werden, die ein integraler Bestandteil der Mutterschaft sind, werden sie durch die Doktrin der Treibhausbemutterung darin bestärkt, sich selbst ständig zu beobachten und ängstlich zu fragen, ob sie den Anforderungen des Ideals gerecht werden. Bin ich ausreichend selbstlos, mutig, gelassen, selbstsicher, geduldig und fürsorglich? Das Ideal dieser Überbemutterung fördert eine totale Identifizierung mit den Bedürfnissen des Kindes, bis zu dem Punkt, dass wir unsere eigenen Wünsche und Bedürfnisse ebenso wie die anderer Erwachsener in unserem Umfeld vergessen. Heutige Mütter sind fixiert auf den Wunsch, von ihren Kindern gebraucht sowie als ideale Mütter angesehen und bestätigt zu werden.

Eine lohnende Aufgabe außerhalb der Familie und eine gute Betreuung für abhängige Kinder kann ein erster Schritt zu einem gesunden Erziehungsstil für eine Frau und ihre Kinder sein. Doch das gesellschaftliche Klima der Treibhausbemutterung hemmt die heilsamen Einflüsse eines eigenständigen Lebens außerhalb der Familie. Es untergräbt die soziale Unterstützung für eine Kinderbetreuung durch kompetente Ersatzpersonen und fördert Scham- und Schuldgefühle bei Frauen, die neben der Kindererziehung noch andere Interessen verfolgen möchten. Die Ratschläge von so genannten Experten haben es Frauen fast unmöglich gemacht, sich aus vollem Herzen für die traditionellere Form der Kindererziehung zu entscheiden, die darin bestand, sich einer Vielzahl von Lebensaktivitäten zu widmen und die mütterliche Verantwortung mit vielen anderen Menschen zu teilen.

Bindungstheorie

In den USA ist es eine allgemein bekannte Tatsache, dass heute zwei Drittel aller amerikanischen Mütter, die kleine Kinder haben, berufstätig sind. Mehr Mütter als Nichtmütter sind erwerbstätig oder suchen aktiv nach einer Anstellung. Die meisten berufstätigen Mütter gehen einer Ganztagsbeschäftigung nach, das heißt, sie arbeiten 35 Stunden oder mehr die Woche. Doch anstatt Unterstützungssysteme zu entwickeln, die Frauen helfen könnten, Beruf und Familie unter einen Hut zu bringen, erweitern und fördern wir die Überzeugung, dass eine Vollzeitmutter durch kein noch so kompetentes Betreuungspersonal zu ersetzen sei. Dieser Umstand fördert die Treibhausbemutterung bei Frauen, die zu Hause bleiben, um ihre Kinder zu versorgen. Noch schlimmer aber wirkt er sich wohl auf die Schuld- und Angstgefühle der Mehrheit der Frauen aus, die einer bezahlten Tätigkeit außerhalb der Familie nachgehen.

Über die »zweite Schicht«, die Mütter erwartet, wenn sie von ihrer bezahlten Tätigkeit nach Hause kommen, ist viel geschrieben worden. Dieses Problem resultiert teilweise direkt aus der Mutteridealisierung: Väter, Verwandte und bezahlte Hilfen gelten allesamt als schlechter Ersatz für die idealisierte Mutter selbst. Andererseits hat es seine Ursache in der fehlenden Macht (Status, Einkommen, Entscheidungsgewalt), die in unserer Gesellschaft mit der Kinderbetreuung verbunden ist und sie daher als Betätigungsfeld unattraktiv macht. Zudem darf nicht vergessen werden, dass viele einkommensschwache Mütter aus der Arbeiterschicht und sogar aus der Mittelschicht gar nicht über die finanziellen Mittel für eine kompetente, verlässliche Kinderbetreuung verfügen. Die in der Folge entstehende Treibhausbemutterung ist jedoch in jedem Fall, egal, ob die Mutter außerhalb der Familie arbeitet oder nicht, weder natürlich noch gesund.

Viel von dem, was zurzeit als wissenschaftliche Rechtfertigung für die einzigartige Bedeutung der Mutter angeführt wird, beruht auf der Bindungstheorie und mehreren Studien über britische Kinder, die während und nach dem Zweiten Weltkrieg von ihren Eltern getrennt waren. Die Bindungstheorie beschreibt unterschiedliche »Bindungsmuster«, die der Mensch in seinen ersten Abhängigkeitsbeziehungen herausbildet. Dieses frühe Bindungsverhalten, das als sicher, ängstlich oder vermeidend charakterisiert wird, überträgt sich nachweislich auf die spätere Persönlichkeitsentwicklung im Hinblick auf Kompetenz, Selbstvertrauen und emotionale Tendenzen in Beziehungen.

Die Psychologen René Spitz und John Bowlby führten die ersten Studien durch, die das Bindungsverhalten von Kriegswaisen untersuchten. Doch die Grundlage dieser ersten Forschungsarbeiten zum Bindungsverhalten waren Kinder, die in trostlosen Verhältnissen ohne Kontakt zu ihren Eltern aufwuchsen. Ihre Ergebnisse lassen sich weder verallgemeinern, noch dürfen sie auf Kinder übertragen werden, die man der Obhut kompetenter Betreuungspersonen anvertraut. Spätere Bindungsstudien, insbesondere die bahnbrechenden Arbeiten von Mary Main und ihren Mitarbeitern, wiesen nach, dass *alle* Kinder sehr früh bestimmte Bindungsmuster entwickeln, die weit größere Auswirkungen auf andere psychische Funktionen wie Selbstvertrauen, emotionale Sicherheit und Leistungsbereitschaft haben.

Ich bin überzeugt, dass frühe Bindungen in der Tat Einfluss auf spätere Beziehungen im Erwachsenenleben und auf die

Identitätsbildung nehmen, auch wenn diese Einflüsse während der gesamten Kindheit und Adoleszenz modifiziert werden. Die Darstellung von Beziehungsstilen anhand der drei Hauptbindungsmuster sicher, ängstlich, vermeidend *ist* nützlich für Psychotherapeuten, um Probleme zu diagnostizieren und um Patienten zu helfen, die unter früheren oder aktuellen Beziehungsproblemen leiden. Es ist jedoch irreführend, wenn man diese Erkenntnisse benutzt, um die einzigartige Bedeutung einer Vollzeitmutter zu untermauern.

Aus der Bindungsforschung wissen wir, dass Kinder ihre ersten Bindungen in den ersten sechs Monaten ihres Lebens herausbilden. Diese Bindungen sind die fundamentale Basis für die spätere Entwicklung und können von einem gesunden Säugling zu mindestens drei oder vier und wahrscheinlich bis hin zu sechs Bezugspersonen entwickelt werden.

Bis zur modernen Geburtenkontrolle war eine Frau im Laufe ihres Lebens durchschnittlich 15-mal schwanger und folglich die meiste Zeit damit beschäftigt, Kinder zu bekommen und zu stillen. Ältere Geschwister und andere Hilfskräfte kümmerten sich genauso viel um die jüngeren Kinder wie die Mutter selbst. Da noch vor 200 Jahren nur eines von vier geborenen Kindern seinen ersten Geburtstag überlebte, warteten Mütter ab, ehe sie eine tiefe emotionale Bindung zu dem Kind eingingen. Erst seit dem Zweiten Weltkrieg können Eltern mit einiger Sicherheit darauf vertrauen, dass ihre Kinder das Erwachsenenalter erreichen werden.

Unsere heutige Neigung, jedes Kind als einzigartig zu betrachten und der Mutter die alleinige Verantwortung für die Entfaltung dieses einzigartigen Potenzials aufzubürden, ist eine sehr junge Entwicklung. Sie steht in direktem Zusammenhang mit dem offiziellen Beschluss britischer und amerikanischer Regierungsstellen, Frauen zur Aufgabe ihrer Arbeitsplätze in der Wirtschaft zu bewegen, um Platz für die aus dem Krieg heimkehrenden Männer zu machen. John Bowlby wurde von dieser Bewegung mitgerissen, nicht nur weil er Psychoanalytiker und Wissenschaftler war, sondern weil er von einem Kindermädchen großgezogen worden war.

Als Produkt der britischen Upperclass hatte Bowlby seine Mutter aus jener Distanz wahrgenommen, die es ihm gestattete, sie für die wichtigste Person in seiner Entwicklung zu halten. Dally schreibt über Bowlby:

Er ist der Ansicht, dass Mütter immer da sein sollten, und fordert – mit seinen eigenen Worten – »ständige Aufmerksamkeit, Tag und Nacht, sieben Tage die Woche und 365 Tage im Jahr«. Das ist ihm weit wichtiger als die Frage, wie es der Mutter dabei geht, ob es ihrer Persönlichkeit und letztlich ihren Kindern entspricht oder was geschieht, wenn sie nicht dazu in der Lage ist… Kinder, die von Kindermädchen aufgezogen werden, neigen dazu, ihre Mütter zu idealisieren. Sie betrachten sie aus der Ferne und denken, wie wundervoll es wäre, wenn die Mutter sich um sie kümmern könnte.

Viele derzeitige Studien sind ebenso voreingenommen wie die von Bowlby und unterstellen, die ständige Präsenz der Mutter sei der Idealzustand für das Kind. Die meisten populärpsychologischen und wissenschaftlichen Handbücher und Standards eines mütterlichen Verhaltens basieren auf Untersuchungen von Tieren, Stammesvölkern oder Müttern aus der Arbeiter- oder unteren Mittelschicht, die sich zur Aufbesserung ihres Budgets gegen Bezahlung für die Studien zur Verfügung stellen. Doch das alte System der bezahlten Hilfe – Kindermädchen oder andere Dienstboten – besteht in privilegierten Schichten auch heute noch. Wer sich solche Dienstleistungen leisten kann, hat es in der Regel nicht nötig, sich für solche Untersuchungen zur Verfügung zu stellen, folglich wird diese Bevölkerungsgruppe auch nicht erfasst.

Eine Ausnahme bildet das Buch der Journalistin Joan Peters, *When Mothers Work*. In ihren Interviews mit berufstätigen Müttern, die sich eine gute Betreuung ihrer Kinder leisten können, stellte sie fest, dass sowohl die Frauen als auch die Kinder profitieren, wenn die Mutter einer beruflichen Tätigkeit außerhalb der Familie nachgeht. Peters untermauert ihre Ergebnisse durch eine Vielzahl von wissenschaftlichen Studien und zeigt außerdem, dass eine gute externe Betreuung, auch für Säuglinge unter sechs Monaten, die Kinder in keiner Weise gefährdet und ihnen manchmal sogar einen Entwicklungsvorteil gegenüber Kindern verschafft, die von Vollzeitmüttern versorgt werden.

Das »göttliche Kind«

Ein wesentlicher Bestandteil unserer gegenwärtigen Idealisierung der Mutter ist die Idealisierung des Kindes. Gesunde Säuglinge ziehen die schwärmerische Liebe von Eltern und anderen auf sich. Begleitet wird dieser Umstand von der Neigung, sich ein in diesem Kind schlummerndes außergewöhnliches Potenzial vorzustellen. Carl Gustav Jung beschrieb diesen universellen emotionalen Drang als den Archetyp »göttliches Kind« oder »Kindgott«.

Archetyp bedeutet wörtlich »erste Prägung« oder »Urbild« und bezieht sich auf die allgemeine menschliche Neigung, emotional besetzte Bilder zu erzeugen. Der Mensch ist darauf angelegt, dass er, insbesondere in der frühen Kindheit, innere Bilder von den Personen entwickelt, von denen er abhängig ist und von denen er sich bedroht fühlt. Diese Bilder beruhen auf subjektiven Erfahrungen, nicht auf Tatsachen. Wenn wir einmal ein solches archetypisches Bild herausgebildet haben, beziehen wir es unbewusst in unsere spätere Entwicklung mit ein, indem wir es auf neue Situationen übertragen. Dieser emotionalen Neigung können wir uns nicht entziehen.

Aus unzähligen Erfahrungen, bei denen wir unseren Wahrnehmungen ein solches Bild aufstülpen und dann emotional auf bestimmte Weise reagieren, entwickelt sich allmählich ein psychischer Komplex. Diese Bilder – wie die »schreckliche Mutter«, das »göttliche Kind«, der »Dämon« oder der »große Vater« – finden sich als Symbole in Religionen, in Träumen, in der Kunst und anderen kreativen Ausdrucksformen auf der ganzen Welt wieder. Jedes neue Lebensstadium bringt Möglichkeiten zur Ausbildung neuer archetypischer Bilder mit sich (so tauchen zum Beispiel Bilder von Krankheit und Verfall normalerweise erst im späteren Leben auf). Die bereits vorhandenen Bilder hingegen, wie etwa die zutiefst prägenden aus unserer frühen Kindheit, werden immer wieder überarbeitet. Viele dieser Archetypen entstehen bereits in den ersten Bindungsbeziehungen und vermitteln dem Kind, noch bevor sich die Sprachfähigkeit entwickelt, das Gefühl des erfolgreichen Umgangs mit der es umgebenden Realität.

Das »göttliche Kind« ist ein leicht zu erkennender Archetyp. Es ist das Bild eines außergewöhnlichen Kindes, das mit enormen Gaben und viel versprechenden Anlagen gesegnet ist. In den meisten Weltreligionen findet man das Symbol des »göttlichen Kindes« – wie den Säugling Siddhartha (der sich später zu Buddha entwickelt), der von Geburt an laufen und über seine tiefe Spiritualität sprechen kann. Ein weiteres Beispiel ist das Jesuskind, bei dem weise Männer erkennen, dass es über größere Gaben verfügt als Könige und Dichter.

Das Symbol des »göttlichen Kindes« ist Ausdruck für die ungeheuer inspirierende Wirkung, die Kinder auf unsere Fantasie haben. Sie scheinen uns neue Möglichkeiten zu eröffnen und uns zu ermutigen, an einen Neuanfang zu glauben. In Träumen zum Beispiel ist der außergewöhnliche Säugling, der sofort laufen und sprechen und Wundertaten vollbringen kann, häufig ein Symbol für die Möglichkeit eines persönlichen Neuanfangs.

Doch wir laufen Gefahr, ein derart großes Potenzial in unsere Neugeborenen zu projizieren, dass wir bewusst oder unbewusst meinen, sie könnten uns von Leid und Elend des Alltags befreien. Immer wieder hört man von Eltern, die ihre gesamte Zeit darauf verwenden, das musikalische, mathematische, schauspielerische oder sportliche Talent eines ungewöhnlich begabten Kindes zu fördern. Zwar bieten sie damit einem solchen »göttlichen Kind« jene ununterbrochene Aufmerksamkeit, die Bowlby von Müttern fordert, doch ist sie an die elterlichen Wünsche für das Kind gebunden und liegt normalerweise nicht im besten Interesse des Kindes. Weil das Kind den Eltern gefallen und *ihre* Träume verwirklichen soll, ist sein Bindungsverhalten in der Folge oft von Angst und Ressentiments geprägt.

Geopfert wird in diesem Prozess die Autonomie des Kindes – jene Quelle des Handelns und der Selbsterkenntnis, die uns erlaubt, zu selbstbestimmten Erwachsenen heranzureifen. Das Gefühl von Autonomie, die Überzeugung, dass unsere Gefühle und Motive tatsächlich unsere eigenen sind, ist eine kostbare menschliche Fähigkeit und entsteht, wenn man in seiner Kindheit sowohl Liebe als auch Disziplin durch eine Vielzahl von Erwachsenen kennen gelernt hat. Wie an anderer Stelle ausgeführt, ist es für Mädchen und Frauen häufig schwer, Autonomie zu entwickeln, weil man ihnen Macht in Aussicht stellt, wenn sie begehrenswert, nett, hübsch und beliebt sind, anstatt ihre Selbstbestimmung zu fördern und zu belohnen. Doch Kinder beiderlei Geschlechts können ihre Autonomie aufgeben, wenn sie mit den Wünschen und Forderungen von Eltern konfrontiert werden, die sich ein »göttliches Kind« wünschen.

Der Hass, der in jeder normalen Eltern-Kind-Beziehung entsteht, ist die Reaktion beider Seiten auf die lange Abhängigkeitsphase, durch die ein Mensch auf seine Verantwortung als Erwachsener vorbereitet wird. Während dieser Zeit – die in unserer heutigen Gesellschaft zwischen 18 und 25 Jahren dauert – entwickelt jedes Kind auf Grund seiner Machtlosigkeit und Unterlegenheit irgendwann Aggressionen und Groll. Amerikanische Jugendliche bringen die Feindseligkeit, die sie auf Grund ihrer Abhängigkeit empfinden, häufig offen zum Ausdruck. Eltern, insbesondere Vollzeitmütter, empfinden sehr wahrscheinlich die gleiche Feindseligkeit gegenüber den Bedürfnissen, Forderungen und Impulsen des Kindes, lassen diese Gefühle jedoch nicht zu.

Wie alle Eltern wissen, kommt es bei jeder neuen Entwicklungsstufe des Kindes zu zahlreichen Machtkämpfen, und gute Eltern lernen, wie sie den Prozess der Autonomieentwicklung zuerst durch Disziplin und Strafe und später durch das eigene Beispiel und durch Anleitung lenken können. Das ist eine anspruchsvolle, strategische Aufgabe – weder lustig noch wundervoll und mit vielen möglichen Pannen verbunden. Die elterliche Bezugsperson muss über genügend Selbstvertrauen und Selbstwertgefühl verfügen, um dem Druck und den Enttäuschungen des Kindes auf diesem Weg standzuhalten. Das Bild der elterlichen Ungeheuer oder gleichgültigen Tyrannen, das unweigerlich in der kindlichen Vorstellung entsteht, muss auf Anleitung und Disziplin stoßen und als integraler Bestandteil der Elternrolle erkannt und toleriert werden.

In unserer Atmosphäre der Überbemutterung ist es allerdings wahrscheinlicher, dass Mütter nur bewundert werden wollen und/oder ihre ganze Aufmerksamkeit darauf richten, den Anforderungen des idealisierten Mutterbildes zu entsprechen. Die Beziehung meiner bereits erwähnten Klientin Anne zu ihrer Tochter litt darunter, dass Anne glaubte, eine »wunderbare Mutter« sein zu müssen. Als ihre halbwüchsige Tochter scharfe Kritik am Schönheitswahn ihrer Mutter zu üben begann, war Anne nicht in der Lage, ihren Standpunkt ehrlich und offen zu vertreten. Anne wollte »Anerkennung« für das Rollenmodell, das sie ihrer Tochter sowohl als Mutter als auch als Feministin geboten hatte. Sie wollte den Neid, das Wettbewerbsdenken, die Kritik und die Angst ihrer Tochter nicht wahrhaben. Anne beschönigte vieles von dem, was sie zu ihrer Tochter sagte, und drückte sich auf eine Weise aus (»Würde es dir etwas ausmachen, wenn…« oder »Falls es dir nicht zu viel Mühe macht…«), die nahe legte, dass sie zu hohe Ansprüche stellte und sich für die garstige Hexe hielt.

Die Tochter nutzte Annes Verwundbarkeit zu ihrem Vorteil und spielte das Hexenbild gegen ihre Mutter aus. Sie forderte, dass Anne sich ihrer Kritik und ihrem Druck beugte. Anstatt ihren eigenen Standpunkt zu vertreten und die Feindseligkeit ihrer Tochter anzuerkennen, gab Anne den Forderungen ihrer Tochter häufig nach – und bestärkte dadurch bei ihrer Tochter viel zu sehr die Macht negativer Gefühle.

Anne musste lernen, den Herausforderungen ihrer Tochter standzuhalten und ihren Neid und ihr Wettbewerbsdenken zu akzeptieren. Anne setzte dem, was ihre Tochter zu ihr sagen durfte, Grenzen, billigte ihr aber auch zu, dass sie negative Gefühle gegenüber der Mutter hegte. Dabei erwies es sich zweifellos als hilfreich, dass Anne in ihrem Beruf erfolgreich war und viel Anerkennung für Aspekte ihrer Identität erhielt, die jenseits der Mutterrolle lagen.

Dieses Glück war Marjorie nicht vergönnt: Sie kam zu mir in die Therapie, weil sie drei Kinder unter sechs Jahren hatte, sich ständig deprimiert und überfordert fühlte und Angst vor ihren eigenen aggressiven Tendenzen hatte. Nach ihrem betriebswirtschaftlichen Studium hatte sie zehn Jahre lang erfolgreich in einer lukrativen Führungsposition gearbeitet. Als sie dann im Alter von 33 Jahren ihr erstes Kind erwartete, hatte sie ihren Beruf an den Nagel gehängt. Sie war ganz in der Rolle der Treibhausmutter aufgegangen und hatte ihre gesamte Intelligenz darauf verwendet, alles darüber zu lesen und genau zu studieren, wie man ein Kind am besten erzieht. Jetzt war sie 40 und hatte viel von der Selbstachtung verloren, die sie sich durch ihr Leben außerhalb der Familie erworben hatte.

Henry, Marjories erstes Kind, war ein frühreifer kleiner Knirps mit philosophischer Ader, der hartnäckig Fragen nach der Natur, Gott und dem Sinn des Lebens stellte. Marjories Schilderungen zufolge war Henry charmant und aufgeweckt und hatte seit dem Kindergarten die Herzen aller Erzieher und Lehrer im Sturm erobert. In vielerlei Hinsicht glich Henry seinem redegewandten Vater, einem charismatischen

High-School-Direktor. Marjorie fühlte sich ihrem sechsjährigen Sohn häufig unterlegen, weil sie glaubte, dass er viel intelligenter und talentierter sei als sie.

Marjorie stillte Henry, bis er 14 Monate alt war, und ließ nur widerstrebend zu, dass er getrennt von ihr schlief, nachdem er entwöhnt war. Henry widerstrebte diese Neuerung natürlich auch. Das war der Anfang eines Machtkampfes, aus dem Henry regelmäßig als Sieger hervorging. Sogar nach der Geburt von Marjories zweitem Kind Ethan, der zur Welt kam, als Henry fast drei Jahre alt war, fühlte sie sich schuldig, weil sie ihn zwang, in seinem eigenen Bett zu schlafen. Als Marjorie die Psychotherapie begann, musste sie auch noch die sechs Monate alte Melaney versorgen, hatte aber immer noch nicht voll durchgesetzt, dass Henry die Nacht allein verbrachte. Es gab noch weitere Bereiche, in denen es zu Machtkämpfen mit Henry kam.

Marjorie hatte sich auf Grund eines Vorfalls, bei dem sie die Beherrschung verloren hatte, zu einer Therapie entschlossen. Sie war mit allen drei Kindern an Bord des Familienautos unterwegs gewesen, und als Henry sich weigerte, den Vorzugsplatz am Fenster wie verabredet seinem jüngeren Bruder zu überlassen, war ihr die Hand ausgerutscht. Der Zwischenfall hatte die Befürchtung in ihr geweckt, sie litte möglicherweise unter einem fatalen Persönlichkeitsdefekt. Außerdem entwickelte sich Henry zu einem Haustyrannen, und Marjorie hatte Angst, dass ihre »aggressiven Neigungen« schuld daran seien.

Henry war verwirrt und häufig unglücklich. Marjories Idealisierung hatte es ihm unmöglich gemacht, sich in der Öffentlichkeit wirklich schlecht zu benehmen oder seine Frustrationen zumindest zu Hause offen auszudrücken, deshalb benutzte er seinen jüngeren Bruder als Ventil für seine negativen Gefühle. Unerträgliche psychische Belastungen werden auf die unterschiedlichste Weise gehandhabt, häufig jedoch kommt es zur Projektion auf eine nahe stehende Person. Henry verabscheute Ethan für dessen vermeintliche Vorteile als jüngerer Bruder und weil er ihm die Mutter geraubt hatte.

Da Henry seine Gefühle nicht erkennen oder offen ausdrücken konnte, entwickelte er sich zum Tyrannen. Zu Hause schien sich Henry von der übrigen Familie abzutrennen und erging sich in Drohungen und Forderungen, vor allem gegenüber Ethan. Es schien, als fühlte sich Henry in Ethans Gegenwart von seiner Lebensquelle abgeschnitten.

Da Marjorie so fest von Henrys außergewöhnlichen Fähigkeiten überzeugt war, konnte sie sich nicht erklären, was ihn so feindselig und aggressiv gemacht hatte, und suchte den Fehler bei sich. Marjorie und Henry waren miteinander im Archetyp des »göttlichen Kindes« gefangen. Henry sollte der außergewöhnlich begabte und kluge Mensch sein, den Marjorie in ihm sah, und Marjorie hatte seine Talente zu fördern, indem sie ihm die besten Ausgangsmöglichkeiten verschaffte und nie wirklich böse auf ihn war.

Ein Kind, das in einer solchen Atmosphäre konstanter Überbemutterung aufwächst, entwickelt sich zu einem egozentrischen Erwachsenen. Andere finden ihn zwar charmant, verübeln ihm aber auf jeden Fall sein ständiges Heischen nach Aufmerksamkeit. Dieser Erwachsene hat zudem das Gefühl, immer nur auf die Wünsche anderer, nie aber auf seine eigenen Bedürfnisse zu reagieren. Er ist keine autonome Persönlichkeit, sondern gehorcht einer inneren Stimme, die der Psychoanalytiker Neville Symington als »disharmonische Quelle« bezeichnet: Alles Handeln und Reagieren bringt unbewusste Verletzungen und Enttäuschungen zum Ausdruck. Der als Kind konstant überbemutterte Erwachsene opfert seine Autonomie für diese disharmonische Quelle und entwickelt das Gefühl, dass er keine andere Wahl hat, als seine impulsiven Anwandlungen von Zorn, Feindseligkeit oder Selbstzerstörung (wie bei Suchtkrankheiten oder riskanten Verhaltensweisen) spontan auszuagieren. Statt ein normales Maß an Vorsicht und Angst zu empfinden, hält er sich für unverwundbar: »Ich kann alles. Ich unterliege nicht den Beschränkungen normaler Sterblicher. Ich verfüge über die Kräfte eines Gottes.«

Die disharmonische Quelle

Der grausame Charakter der disharmonischen Quelle kommt in einem wohl bekannten Märchen der Gebrüder Grimm zum Ausdruck, das in einfachen und eindringlichen Worten beschreibt, wie sich Treibhausbemutterung und »Kindgott«-Projektionen auswirken. Ich erzähle das Märchen vom Rumpelstilzchen, das von den Gebrüdern Grimm gegen Ende des 18. Jahrhunderts aufgezeichnet wurde, hier mit meinen eigenen Worten nach. Den in der Geschichte auftretenden Müller habe ich zur Müllersfrau gemacht, um zu verdeutlichen, welche Rolle die Mutter des »göttlichen Kindes« spielt.

Rumpelstilzchen

Es war einmal eine Müllersfrau, die war arm, hatte aber eine wunderschöne Tochter, mit der sie häufig prahlte. Nun traf es sich, dass sie mit dem König zu sprechen kam, und um sich wichtig zu machen, erzählte sie ihm, dass ihre Tochter Stroh zu Gold spinnen könne. »Das ist eine Kunst, die mir wohl gefällt«, sagte darauf der König in der Hoffnung, weitere Reichtümer anzuhäufen. »Bring deine Tochter morgen auf mein Schloss; da will ich sie auf die Probe stellen.«

Als das Mädchen zu ihm gebracht ward, steckte der König sie in eine kleine Kammer, in der sich ein Spinnrad, eine Haspel und viele Ballen Stroh befanden. »Mach dich an die Arbeit«, befahl der König. »Wenn du dieses Stroh nicht bis morgen Früh zu Gold versponnen hast, musst du sterben.« Mit diesen Worten sperrte er die Kammer eigenhändig ab und ließ das Mädchen allein zurück. Sie wusste nicht, was sie tun sollte. Sie hatte keine Ahnung, wie man Stroh zu Gold spinnt, und sie bekam große Angst und weinte bitterlich.

Da öffnete sich plötzlich die Tür, und herein kam ein Männlein, das sprach: »Guten Abend, Jungfer Müllerin. Warum weinst du?«

»Weil der König mich hier zurückgelassen hat, damit ich Stroh zu Gold spinne, und ich weiß nicht, wie man das anstellt.«

»Was gibst du mir, wenn ich's für dich spinne?«, fragte das Männchen.

»Mein Halsband«, antwortete das Mädchen und reichte es ihm.

Das Männlein setzte sich ans Spinnrad, nahm ein Bündel Stroh und hatte im Nu eine Spule mit Gold gefüllt. So ging es weiter bis Tagesanbruch, während die Müllerstochter schlief. Bei Sonnenaufgang verschwand das Männlein. Im selben Moment trat der König durch die Tür. Als er das Gold erblickte, staunte er und freute sich, wurde aber nur noch goldgieriger.

Und so ließ er die Müllerstocher am nächsten Abend in eine noch größere Kammer bringen, in der sich noch mehr Stroh befand, und befahl ihr, es ebenfalls in einer Nacht zu Gold zu verspinnen, wenn ihr das Leben lieb sei. Abermals weinte das Mädchen bitterlich in ihrer Angst, und wieder erschien das Männlein. »Was gibst du mir, wenn ich dir das Stroh zu Gold spinne?«

»Meinen Ring von dem Finger«, antwortete das Mädchen und reichte ihm den Ring.

Das Männlein nahm den Ring und hatte bis zum Morgen alles Stroh zu glänzendem Gold gesponnen.

Der König freute sich über die Maßen bei diesem Anblick, war aber noch immer nicht zufrieden. Er ließ die Müllerstochter in eine noch größere Kammer bringen, in der sich noch mehr Stroh befand, sagte diesmal jedoch: »Wenn es dir gelingt, dieses Stroh zu Gold zu spinnen, sollst du meine Frau werden.« Sie war zwar nur eine Müllerstochter, aber er wusste, dass er in der ganzen Welt keine reichere Frau finden würde.

Als das Mädchen allein war, kam das Männlein zum dritten

Mal wieder. »Was gibst du mir, wenn ich auch dieses Stroh zu Gold spinne?«

»Ich habe nichts mehr, was ich dir geben könnte«, antwortete das Mädchen bekümmert.

»Dann musst du mir versprechen, dass du mir dein erstgeborenes Kind gibst, wenn du Königin wirst.«

Wer weiß, was aus mir wird?, dachte das Mädchen. Ich glaube nicht, dass ich je Königin werde. Sie versprach also dem Männlein, was es verlangte, und das Männlein verspann dafür noch einmal alles Stroh zu Gold.

Als am Morgen der König kam und alles vorfand, wie er es gewünscht hatte, hielt er Hochzeit mit der Müllerstochter, und sie ward Königin.

Ein Jahr später brachte sie ein wunderschönes Kind zur Welt und dachte gar nicht mehr an das Versprechen, das sie dem Männlein gegeben hatte, bis es plötzlich eines Nachts in ihrer Kammer erschien und sie aufforderte, ihr Versprechen einzulösen. Die Königin erschrak und bot dem Männlein alle Reichtümer des Königreichs, wenn es ihr das Kind lasse.

»Etwas Lebendiges ist mir lieber als alle Schätze dieser Welt«, entgegnete das Männlein. »Aber ich lasse dir drei Tage Zeit; wenn du bis dahin meinen Namen weißt, so kannst du dein Kind behalten.«

Die Königin dachte den ganzen Tag und die ganze Nacht lang über alle Namen nach, die sie kannte. Sie schickte einen Boten über Land, der sich weit und breit erkundigen sollte, was es sonst noch für Namen gäbe.

Als am anderen Tag das Männlein kam, sagte sie ihm der Reihe nach alle Namen auf, die ihr eingefallen waren, aber bei jedem sprach das Männlein: »So heiß ich nicht.« Den zweiten Tag ließ sie im ganzen Königreich nach den ungewöhnlichsten und seltsamsten Namen forschen. Doch als das Männlein wiederkam, sagte es nur jedes Mal: »So heiß ich nicht.«

Am dritten Tag kehrte der Bote zurück und erzählte: »Ich habe keinen einzigen neuen Namen finden können, aber als ich an den Waldrand beim hohen Berge kam, stieß ich auf ein kleines Häuschen. Vor dem Haus brannte ein Feuer, und um das Feuer sprang ein gar zu lächerliches Männlein, hüpfte auf einem Bein und schrie:

> »Heute back ich, morgen brau ich,
> Übermorgen hol ich der Königin ihr Kind.
> Ach, wie gut, dass niemand weiß,
> dass ich Rumpelstilzchen heiß!«

Die Königin war überglücklich. Als das Männlein zum dritten Male kam, nannte sie ihm zum Schein einige andere Namen, auf die es jedes Mal mit »Nein« antwortete, bis sie schließlich sagte: »Oder heißt du vielleicht Rumpelstilzchen?«

»Das hat dir der Teufel gesagt!«, schrie das Männlein und stieß mit dem rechten Fuß vor Zorn so tief in die Erde, dass es bis an den Leib hineinfuhr, dann packte es in seiner Wut den linken Fuß mit beiden Händen und riss sich selbst mitten entzwei.

Dieses Märchen macht den »Kindgott«-Komplex anhand zweier Bilder von der dissonanten Quelle sichtbar: durch den habgierigen König und das fordernde Rumpelstilzchen. Die Müllersfrau opfert ihre einzige Tochter, weil sie sich vor dem König wichtig machen will. Wer ist dieser König, und in welcher Beziehung steht er zu Rumpelstilzchen, der tut, was der König von der Tochter verlangt, aber von ihr fordert, dass sie ihm alles gibt, was ihr wertvoll ist? Der König repräsentiert das Bündnis der Mutter mit der patriarchalen Macht – ihren Machtkomplex, ihre eigene disharmonische Quelle. Dagegen symbolisiert Rumpelstilzchen den »Kindgott«-Komplex der Tochter und damit also *ihre* disharmonische Quelle. Der König und Rumpelstilzchen sind miteinander verbunden, weil die Tochter die Bedürfnisse der Mutter verinnerlicht und »einen kleinen Mann im Innern« entwickelt, der tut, was der König will. Dieses Männlein ersetzt die Autonomie der Tochter; er erfüllt die Wünsche des Königs, während das Ich der Tochter schläft. Die Tochter überlässt alles, was ihr wichtig ist, dem »Kindgott«-Komplex, weil es die einzige Möglichkeit für sie ist, mit dem Bündnis zwischen der Mutter und dem Patriarchat fertig zu werden.

Das Problem beim Namen nennen

Der Verrat an der Tochter wird ausführlich von Elizabeth Debold, Marie Wilson und Idelisse Malave in ihrem Buch *Die Mutter-Tochter-Revolution* untersucht. Aus ihren eigenen und den Untersuchungen anderer Wissenschaftler ziehen die Autorinnen den Schluss, dass Mütter die Macht- und Autonomiebedürfnisse ihrer Töchter vergewaltigen, indem sie darauf bestehen, dass sich die Töchter den Forderungen patriarchaler Institutionen beugen. Mütter ermutigen ihre Töchter, die traditionelle Rolle der Ehefrau und Mutter zu übernehmen und sich damit zu Objekten des Begehrens zu machen; sie helfen ihnen nicht, die verborgenen Bedeutungen und trügerischen Machtverheißungen, die mit diesen Rollen verbunden sind, zu durchschauen.

In der Atmosphäre der Treibhausbemutterung fühlen sich Töchter deshalb im Nachhinein häufig von ihren Müttern hintergangen. »Tragischerweise machen sich Mütter durch den gleichen Verrat schuldig, den sie selbst erlitten haben.« Sie richten belastende Forderungen an ihre Töchter und »schaden ihrem Selbstwertgefühl und ihrer Integrität. ... [Die Mütter] verlieren das Vertrauen ihrer Töchter und werden auf schreckliche Weise mit Verachtung gestraft. Die restriktiven individuellen Strategien lassen Angst, Isolation und Uneinigkeit fortbestehen.« Man könnte sagen, dass Rumpelstilzchen ein Symbol für die Persönlichkeit der Tochter ist und für ihre Fähigkeiten, die sie jedoch nicht für ihre eigene Entwicklung nutzen darf, weil sie an die Machtbedürfnisse der Mutter gekoppelt sind.

Als »göttliches Kind« kann das Mädchen seine normalen kreativen und aggressiven Impulse nicht für die Entwicklung seiner eigenen Autonomie nutzen. Diese Impulse werden vielmehr in die Förderung des »Kindgott«-Komplexes, in die disharmonische Quelle kanalisiert. Weil dieser Komplex die Verinnerlichung von unbewussten elterlichen Bestrebungen nach Ruhm, Anerkennung und Macht widerspiegelt, drückt er sich mit der Zeit in wachsendem Maß durch Gier, Hass, Bösartigkeit und Verachtung aus. Diese negativen Gefühle können sich in den Kindheitsjahren nur indirekt manifestieren, wie zum Beispiel in Henrys Feindseligkeit gegenüber seinem jüngeren Bruder. Aber als Erwachsener bringt das »göttliche Kind« seine hasserfüllten und boshaften Gefühle in vielfältigen feindseligen und aggressiven Verhaltensweisen zum Ausdruck, die sich häufig gegen Partner und Kinder richten.

Im Märchen sagt Rumpelstilzchen vorausschauend: »Etwas Lebendiges ist mir lieber als alle Schätze dieser Welt.« Die sich entfaltende Autonomie des Kindes ist sein kostbarster Besitz. Doch das abhängige Kind kann diesen Schatz leicht den unbewussten Bedürfnissen seiner Bezugspersonen opfern. Eine Kindheit mit einer sich aufopfernden Treibhausmutter – die bewusst oder unbewusst von ihrer Gefallsucht motiviert wird – kann ein Kind dazu veranlassen, seine Autonomie gegen eine Idealisierung seiner Person einzutauschen.

Ein Erwachsener, der sich in seiner Kindheit mit dem »Kindgott«-Komplex statt mit seinem Ich identifiziert hat, ist unter Umständen unfähig, emotionale Probleme zu erkennen und hält sich wie der König für überlegen, außergewöhnlich oder einzigartig. Gefangen in diesem Komplex glaubt die erwachsene Person, dass sie rundherum *wunderbar* ist, so wunderbar wie das idealisierte Kind. Nur wenn das heranwachsende »göttliche Kind« zu spüren beginnt, dass es von seiner authentischen Quelle abgeschnitten ist und einer dissonanten Quelle folgt, wird es einen Boten ausschicken, um den Namen des Problems zu finden.

Ein solcher Mensch ist häufig nur sehr schwer dazu zu bewegen, die Dinge so zu sehen, wie sie sind. Obwohl andere, insbesondere Familienangehörige oder enge Freunde, die Habgier, Feindseligkeit und Verachtung erkennen oder spüren, die von der disharmonischen Quelle im erwachsenen »göttlichen Kind« zum Ausdruck gebracht werden, neigt die Person selbst dazu, diese Gefühle zu rationalisieren oder zu leugnen. Ein verräterischer Hinweis auf diese Art des Leugnens sind, wie der Psychoanalytiker Neville Symington meint, die Wörtchen »doch nur«. Das erwachsene »göttliche Kind« sagt: »Ich wollte *doch nur* die Tür zumachen, als du gerade zufällig hereinkamst. Ich hatte keineswegs die Absicht, sie dir vor der Nase zuzuschlagen.« »Ich habe *doch nur* Spaß gemacht, als ich sagte, dass du dir diesen kalorienreichen Nachtisch verkneifen solltest.« Die Wörtchen »doch nur« sollen die aggressive Motivation aus dem Bewusstsein des Sprechers und des Zuhörers löschen.

Im Märchen hat die Müllerstochter einen wahren Helfer: den Boten, der sie aus ihrer Not errettet, indem er den Namen der disharmonischen Quelle findet. Der Bote symbolisiert den Teil ihrer Persönlichkeit, der ihre eigene Wahrheit aufdecken will. Die Benennung des aggressiven Motivs führt zur Zerstörung der disharmonischen Quelle und eröffnet die Möglichkeit einer Neuentwicklung (symbolisiert durch das neugeborene Kind). Von nun an kennt die Müllerstochter ihre eigenen Wünsche, ihre Macht und ihre Fähigkeiten. Einen weiteren Aspekt dieser Entwicklung benennen die Autorinnen der *Mutter-Tochter-Revolution:* Zwar sind die Anforderungen an das Leben von Frauen hoch, doch ist die Müdigkeit nach einem anstrengenden Tag eine andere, als die Erschöpfung, die vergebliches Perfektionsstreben mit sich bringt. Die Müllerstochter kann schließlich beim Namen nennen, was ihre Erschöpfung bewirkt; nie mehr wird sie versuchen, fremden Vollkommenheitsansprüchen zu genügen.

Die Wünsche einer Mutter

Wenn die Verehrung des archetypischen »göttlichen Kindes« zum Normalzustand zwischen Mutter und Kind wird, dann entwickelt sich ein schmerzlicher »Kindgott«-Komplex, der beide Beteiligten um ihre authentische Entwicklung bringt. Die vollständige Beherrschung der Beziehung durch diese Dynamik unterdrückt die Autonomie und das authentische Begehren beider.

Manchmal weist das »göttliche Kind« die Mutter auf grausame Weise zurück und stürzt sie damit in Scham und Verzweiflung. In dieser Situation kann die Treibhausbemutterung zu einem Teufelskreis werden, in dem die Mutter unbewusst versucht, ihr Bedürfnis nach Selbstachtung durch das Kind zu befriedigen, das seinerseits (bewusst oder unbewusst) darauf aus ist, den verborgenen Machtwunsch der Mutter – die disharmonische Quelle – anzugreifen. Durch diesen erbitterten Machtkampf sinkt das Selbstwertgefühl der Mutter, während die Tochter das Gefühl hat, um ihr nacktes Überleben zu ringen.

Wenn Frauen sich vom Druck der Treibhausbemutterung befreien wollen, müssen sie das Problem beim Namen nennen und »das Lebendige« in sich finden. Die Voraussetzung für die Übernahme eines breiten Spektrums von Pflichten und Verantwortungen und für ein realistisches Verständnis der Mutterrolle ist die Einforderung unseres Rechts auf die Entscheidungsgewalt über unser eigenes Leben. Durch gut funktionierende Bündnisse mit anderen Betreuungspersonen – Verwandte, Nachbarn, Freunde, Babysitter, Partner und Expartner – können wir die mütterliche Verantwortung so aufteilen, dass der Austausch mit anderen Erwachsenen gefördert wird. Kinder zu erziehen ist eine anspruchsvolle, verantwortungsvolle Aufgabe. Diese Last sollte auf viele Schultern verteilt und nicht nur einer einzigen Person aufgebürdet werden.

FÜNFTES KAPITEL

Das »material girl« und die »hungrigen Geister«

Wenn eine Frau ihren Lebensunterhalt nicht selbst bestreiten kann, hat sie nicht die Freiheit, sich für eine emotional befriedigende Beziehung zu entscheiden, denn um sich *für* eine Beziehung zu entscheiden, muss sie die Möglichkeit haben, sich *dagegen* zu entscheiden. Sogar unter dem Einfluss des Feminismus sind viele Mädchen und Frauen noch immer überzeugt, dass sie mehr eigene Macht und Freiheit durch ihr Äußeres und ihre Verführungskünste gewinnen und größere Möglichkeiten haben, wenn sie begehrenswert sind, als wenn sie selbst die Verantwortung für ihre materiellen Ziele und Interessen übernehmen. Fast immer bringt finanzielle Abhängigkeit im Erwachsenenleben die seelische Gesundheit in Gefahr.

Wenn Frauen zu Objekten des Begehrens heranwachsen, halten sie es häufig für einen vorübergehenden Zustand, dass sie sich ihren Lebensunterhalt selbst verdienen. Sie gehen davon aus, dass sie die Verantwortung für alle oder die meisten ihrer materiellen Bedürfnisse irgendwann wieder einer anderen Person überlassen werden. Diese Frauen hoffen, wünschen und erwarten manchmal sogar, dass sie materiell abgesichert werden, ohne selbst dafür zu arbeiten. Wenige erkennen den emotionalen Preis, den sie dafür zahlen müssen. Da sie nicht lernen, zwischen emotionaler und finanzieller Abhängigkeit zu unterscheiden, wissen sie nie ganz genau, ob sie ihren Partner lieben oder einfach nur finanziell auf ihn angewiesen sind.

Sogar Frauen, die finanziell auf eigenen Beinen stehen, sind sich häufig nicht über die symbolische Bedeutung einer finanziellen Abhängigkeit im Klaren, weil sie sich gezwungen fühlen, um des Geldes willen zu arbeiten, und insgeheim überzeugt sind, dass sie wesentlich zufriedener oder glücklicher wären, wenn sie eine andere Wahl hätten (zum Beispiel als Vollzeitmutter zu Hause bleiben könnten). Wir vergessen leicht oder haben nie gelernt, dass bezahlte Arbeit sehr viel zur Aufrechterhaltung des Selbstvertrauens und Selbstwertgefühls beiträgt, weil es die Überzeugung fördert, dass wir einen legitimen Platz in dieser Gesellschaft haben, die finanzielle Unabhängigkeit als Zeichen des Erwachsenseins bewertet. Damit wir uns als gleichberechtigte Partnerinnen in eine Beziehung einbringen können, die finanzielle Unterstützung mit einschließt, wie zum Beispiel eine Ehe, müssen wir wissen, dass wir wirtschaftlich auch auf eigenen Beinen stehen könnten.

Wie wir gesehen haben, profitieren Mütter und Kinder davon, wenn die Verantwortung für die Erziehung geteilt wird und die Mutter berufstätig ist. Eine bahnbrechende Studie von Grace Baruch und Rosalind Barnett befasst sich ausführlich mit dieser Thematik und zeigt, wie wichtig eine bezahlte Arbeit für die Entwicklung von Frauen mittleren Alters ist. Die Psychologinnen stellten fest, dass die von ihnen untersuchten Frauen mittleren Alters am zufriedensten und selbstsichersten waren, wenn sie eine Familie hatten *und* einer bezahlten Beschäftigung nachgingen. Nichterwerbstätige Vollzeitmütter hatten zwar Freude an ihren Beziehungen, litten aber unter einem Gefühl mangelnder Kompetenz. Bei berufstätigen Frauen ohne intime oder familiäre Beziehungen war es häufig genau umgekehrt: Sie fühlten sich kompetent, klagten jedoch über Einsamkeit. Frauen, die weder einer bezahlten Arbeit nachgingen noch Kinder hatten und als finanziell abhängige Ehefrauen den Haushalt versorgten, schnitten im Hinblick auf Freude und Kompetenz am schlechtesten ab. Dagegen fühlten sich Frauen, die *sowohl* einer bezahlten Arbeit nachgingen *als auch* Kinder versorgten, zufrieden und kompetent.

Andere Studien haben diese Ergebnisse erhärtet und bestätigt. Eine bezahlte Arbeit, vor allem wenn sie anspruchsvoll ist, erhöht die Lebenszufriedenheit von Frauen, auch wenn sie zusätzlich die Kinder und den Haushalt versorgen müssen. Um diese Zufriedenheit zu erreichen, dürfen Frauen allerdings nicht mehr danach streben, dem Ideal der perfekten Mutter und Hausfrau zu entsprechen, und müssen nach und nach lernen, selbst zum Subjekt ihrer Wünsche zu werden.

Die Übernahme von Verantwortung für den eigenen Lebensunterhalt setzt zwingend Interesse für die Welt des Geldes und entsprechendes Engagement voraus. Wenn Frauen ein besseres Verständnis für ihre finanziellen Wünsche und Bedürfnisse entwickeln, lernen sie etwas über Einschränkung und Kooperation; sie begreifen, wie schwierig es ist, eine Familie zu ernähren, und wie viel Planungsaufwand schon für eine bloße finanzielle Grundsicherung notwendig ist.

Da ich in den letzten 16 Jahren die Haupternährerin der Familie war, habe ich ein tieferes Verständnis dieser Rolle, die normalerweise von Männern übernommen wird, entwickelt. In meiner vorherigen Ehe war ich finanziell abhängig; deshalb kenne ich auch die emotionalen Anforderungen dieser Situation. Ich kann mich gut in die traditionell männliche Position des »Versorgers« hineinversetzen, weil ich weiß, dass man, wenn man das Geld für die Familie verdient, auch die Verantwortung für die Zukunft anderer trägt und von der Angst begleitet wird, dass auch diese anderen darunter zu leiden hätten, wenn man aus gesundheitlichen oder anderen Gründen die Arbeit verliert. Wenn ein Erwachsener nicht wenigstens für seinen eigenen Lebensunterhalt sorgen kann, ist er nicht in der Lage, die Macht finanzieller Entscheidungen zu erkennen.

Leider glauben viele jüngere und ältere Frauen noch immer, dass Aussehen und Charme eher zu finanzieller und emotionaler Sicherheit führen als Anstrengung und Leistung. Indem sie sich zum Objekt des Begehrens machen, locken sie einen Partner an, der ihnen finanzielle Sicherheit, wenn nicht gar eine umfassende Versorgung bieten kann. Doch viele ältere oder alte Frauen, die finanziell abhängig sind und sich von einer Karriere oder sinnvollen Arbeit hoffnungslos abgeschnitten fühlen, sind nicht mehr in der Lage, sich selbst als Objekt des Begehrens zu sehen. Da sie keinen Zugang zu irgendwelchen Quellen der Macht haben, nicht einmal zu rein fiktiven, werden sie von ihren unerfüllten Sehnsüchten in Form von Reue, Traurigkeit und einem Gefühl der Sinnlosigkeit eingeholt.

Ungleich und unfrei

In der freien Marktwirtschaft werden Geld und Freiheit gleich gesetzt. Das heißt nicht, dass erworbener oder ererbter Reichtum tatsächlich frei macht. Es heißt vielmehr, dass ein Einkommen, mit dem man die eigenen Lebenshaltungskosten decken kann, als Symbol erwachsener Verantwortlichkeit und als Zeichen dafür gilt, dass man aus freien Stücken an seinem Platz bleibt, weil man die Freiheit hat zu gehen. Frauen neigen noch immer dazu, diese zentrale Botschaft zu ignorieren, obgleich die große Mehrheit einer bezahlten Arbeit außerhalb der Familie nachgeht.

Dass Frauen den Zusammenhang von Geld und Selbstbestimmung so wenig durchschauen, hat seine Ursache möglicherweise in ihrem geringen Verdienst. In den USA liegt das durchschnittliche Einkommen von Frauen immer noch 33 Prozent unter dem Durchschnittseinkommen von Männern. Frauen haben nicht die Erwerbskraft, den Status und die Entscheidungsmacht, über die Männer in der Arbeitswelt verfügen.

Wie wir in früheren Kapiteln gesehen haben, verspricht man Frauen eine falsche Macht in ihren Rollen als begehrenswerte junge Frau, als Ehefrau eines einflussreichen Mannes und als Mutter. In Anbetracht dieser »Machtbilder«, die die Gesellschaft vom Aussehen, der Fürsorglichkeit, Unterstützung und Unterwürfigkeit der Frau erzeugt, ist es kein Wunder, dass Frauen aller Altersgruppen die weit reichende Bedeutung ihrer finanziellen Eigenständigkeit nicht klar erkennen.

Frauen sprechen häufig davon, dass sie diejenigen sind, die die gesamte »Beziehungsarbeit« leisten, und hoffen vielleicht, dass ihre emotionalen Fähigkeiten auch einen gewissen materiellen Wert besitzen. Doch in unserer und vielen anderen Gesellschaften *erwartet* man von Frauen, dass sie emotionaler sind und mehr Gefühle ausdrücken als Männer; es wird *vorausgesetzt*, dass sie für positive Gefühle sorgen, Beziehungen am Laufen halten und für das emotionale Wohlbefinden anderer sorgen. Manche Frauen machen ihre Überlegenheit in emotionaler Hinsicht geltend, um so ihren Anspruch auf Gleichwertigkeit in einer Ehe zu begründen, in denen sie weit weniger verdienen als ihre Männer oder überhaupt kein eigenes Einkommen haben.

Ironischerweise wird diese Gefühlsarbeit erst bei Scheidungen finanziell belohnt. Die Soziologin Marcia Millman, die die Rolle des Geldes in der Familie untersucht hat, beschreibt zwei derartige Fälle in ihrer Studie.

Eine Frau lässt sich von ihrem klinisch depressiven Mann scheiden und behauptet, ihr stehe ein Teil seines Erbes zu, weil sie viele Jahre lang dafür gesorgt habe, dass er gesund und arbeitsfähig geblieben sei. Eine weitere Frau, die von ihrem Mann verlassen wurde, argumentiert vor Gericht, dass sie Anspruch auf die Hälfte des ehelichen Besitzes habe, denn auch wenn sie keinen Lohn erhalten habe, sei für sie die Betreuung ihres Ehemanns ein »Vollzeitjob« gewesen.

Was aus Sicht der Frau vielleicht als Liebe in die Ehe hineinging, wird in finanzielle Begriffe übersetzt und kommt als Geld heraus.

So problematisch dies auch sein mag, doch Geld ist über

weite Strecken des Erwachsenenlebens gleich bedeutend mit Macht und Selbstbestimmung. Wenn Liebe und Vertrauen nicht mehr die Grundlage einer Partnerschaft bilden, wenden die Menschen sich den Zeichen der Macht zu, um ihren persönlichen Wert einzuschätzen und zu schützen.

Weibliche Willensbildung in der Arbeitswelt

Was geschieht mit der Mehrheit der Frauen, die eigenes Geld verdienen und einer Ganztagsbeschäftigung nachgehen? Fällt ihnen eine positive Selbstbewertung automatisch leichter? Offensichtlich nicht, denn die Arbeitswelt ist ein weiterer Bereich, in dem männliche Regeln über einen Großteil unseres Verhaltens und über die Mittel für einen Aufstieg in der Machthierarchie bestimmen. Wenn Frau in einer großen Organisation oder Institution arbeitet, ist die Wahrscheinlichkeit groß, dass Männer in den höchsten Positionen sitzen und von Anfang an dort gesessen haben. Arbeitet sie für ein von Frauen geleitetes Unternehmen, oder macht sie sich selbstständig, sieht die Situation vielleicht etwas anders aus. Doch auch dann müssen sich Frauen an bestimmte Verhaltensregeln halten, die in unserer Gesellschaft gelten. Auch eine selbstständige Tätigkeit bringt die Interaktion mit Organisationen und sozialen Systemen mit sich, die nach den alten Regeln des Patriarchats operieren.

Vor einigen Jahren hielt ich einen Vortrag über geschlechtsspezifische Unterschiede vor einer Auswahl internationaler Topmanager. Bei den meisten Frauen im Publikum handelte es sich um die Ehefrauen der Manager, aber es war auch eine Hand voll weiblicher Führungskräfte anwesend. Nach meinem Vortrag wurde ich von einigen männlichen Zuhörern heftig angegriffen. Ohne irgendeinen inhaltlichen Bezug zu meinem Vortrag zu nehmen, warfen sie mir vor, dass ich die

Absicht hätte, die Unterschiede zwischen den Geschlechtern aufzuheben und »Frauen zu Männern zu machen«. Ganz gleich, was ich antwortete – die Männer in dieser Gruppe konnten und wollten nicht verstehen, was ich über die Wichtigkeit partnerschaftlicher Beziehungen und eine künftige Gleichstellung von Beruf und Familie sagte. Sie wollten mich als Hexe oder Megäre abstempeln und die Forschungsergebnisse und Ideen, die ich vorgetragen hatte, ignorieren oder banalisieren.

Nach etwa einer Stunde verschaffte sich eine offensichtlich leidenschaftliche Frau aus Indien Gehör und berichtete von den grausamen und leidvollen Erfahrungen, die sie als Unternehmensführerin und farbige Frau in den letzten 20 Jahren gemacht hatte. Als internationale Führungskraft war sie dem Double Bind weiblicher Macht häufig ausgesetzt: Du hast keine Chance, wenn du direkte Verantwortung übernimmst, und du hast keine Chance, wenn du es nicht tust. Da sie zu dem Schluss gekommen war, dass sie nicht gleichzeitig Objekt des Begehrens *und* kompetente Führungskraft sein konnte, hatte sie sich früh dafür entschieden, ihre einflussreiche Position mit Stärke, Offenheit und Zähigkeit auszufüllen. Folglich wurde sie häufig als Drachen abgestempelt und dem Vorwurf ausgesetzt, zu hart und zu anspruchsvoll zu sein. Sie erzählte, wie sie sich im Laufe der Jahre für ihre persönlichen Ziele eingesetzt und viele davon erfolgreich verwirklicht hatte. Und doch war sie unsicher, ob sie ihre Arbeit fortsetzen konnte, weil sie sich durch die ständige Ablehnung und Kritik emotional erschöpft fühlte. Sie fürchtete, dass sie ihre Führungsposition bald aufgeben würde, um endlich zur Ruhe zu kommen.

Von Frauen am Arbeitsplatz und in der Öffentlichkeit erwarten wir, dass sie bescheiden auftreten, Konflikten am liebsten aus dem Weg gehen und um Sympathie werben. Wenn Frauen diesen Erwartungen nicht entsprechen, werden sie häufig angegriffen. Die Linguistin Deborah Tannen beschreibt das Dilemma, vor dem jede berufstätige Frau steht, ganz gleich, ob sie einer geistig anspruchsvollen, gut bezahlten Tätigkeit nachgeht oder eine körperlich anstrengende, schlecht bezahlte Arbeit hat: Sie »gerät in eine Kommunikationsfalle... Alles, was sie tut, um durchsetzungsstärker zu werden, erhöht das Risiko, als unweiblich zu gelten«. Und alles, was sie tut, um den Erwartungen, wie eine Frau zu sprechen habe, gerecht zu werden, erhöht die Gefahr, als inkompetent zu gelten.

Die Sozialisation und Gewohnheiten, die mit einem Leben als Objekt des Begehrens verbunden sind, führen zu einem bestimmten weiblichen Kommunikationsstil, der sich deutlich von männlichen Sprechweisen, insbesondere am Arbeitsplatz, unterscheidet. Vor vielen Jahren lernte ich in der Therapie eine erfolgreiche Rechtsanwältin kennen, die den Umgang ihrer männlichen Arbeitskollegen mit der Macht unter den Begriffen »Prahlen, Piesacken und Prostsagen« zusammenfasste. Männer brüsten sich mit ihren Leistungen, ziehen sich gegenseitig durch den Kakao, reißen derbe Witze und loben sich gegenseitig für ihre Kompetenz und Fantasie – während sie dieselben Eigenschaften bei Frauen häufig unerwähnt lassen oder ignorieren.

Bei der Arbeit mit dieser Klientin wurde für mich deutlich, dass für Frauen im Zusammenhang mit Macht eher »Einvernehmen, Anteil nehmen und (sich selbst) zurücknehmen« gelten. Meine Klientin war beide Varianten leid. Sie hatte eine Abneigung gegen das Machtgeprahle der Männer, aber ihr missfiel auch der weibliche Umgang mit Macht, der ihr als zu persönlich und indirekt erschien. Wir erwarten von Frauen, dass sie jede Angeberei vermeiden, und tatsächlich spielen sie ihre Begabungen und Fähigkeiten herunter und wirken durch ihre Sprechweise weniger selbstbewusst als Männer. Frauen neigen in Gesprächen zu rituellen Wendungen wie »Tut mir Leid«, die nicht wörtlich gemeint sind, sondern ein Gefühl von Nähe zwischen den Sprechenden herstellen sollen. Diese Art von Gesprächsritual ist nur sinnvoll, wenn die Gesprächspartner die Überzeugung teilen, dass dieses Ritual ein Ausdruck von Nähe und nicht von Unterlegenheit ist. Bescheidenheit, der Wunsch, bei der Arbeit über private Angelegenheiten zu reden, und das Bedürfnis, sich über Gefühle auszutauschen, ist eine Mischung, die das Verhältnis zwischen Frauen fördern kann, sich jedoch bei Männern als ineffektiver Kommunikationsstil erweist, vor allem, wenn die Frau Kompetenz und Autorität vermitteln möchte.

Die meisten Studien über den Kommunikationsstil von Frauen zeigen, dass Frauen indirekter vorgehen, wenn sie wollen, dass andere irgendwelche Tätigkeiten übernehmen. In der amerikanischen Gesellschaft hält man dieses Verhalten für manipulierend und unaufrichtig, doch in anderen Gesellschaften, zum Beispiel in der japanischen, wird dieser Stil als reifer empfunden als eine direkte Forderung.

In den USA sind Frauen besser beraten, wenn sie ohne Umschweife zur Sache kommen, ihr Wissen ruhig und gelassen und ohne Schuldzuweisungen einbringen und nicht versuchen, durch mustergültiges »weibliches« Verhalten Sympathien zu gewinnen. Auch wenn man sie anfangs als Hexen und Schreckschrauben abstempelt, wird man sie dann im Allgemeinen eher nach ihrer Leistung als nach ihrem Aussehen, ihrer Kleidung oder ihrer Nettigkeit beurteilen.

Das Problem mit der Kompetenz

Frauen meinen häufig, Kompetenz führe in der Arbeitswelt direkt zu Macht, Autorität und materieller Belohnung. Das ist ein Irrtum. Tatsächlich zur Macht führen Eigenwerbung, die richtigen Beziehungen und eine Form von Selbstvertrauen, die auf echten Fähigkeiten und Kenntnissen beruht und keine bloße Pose ist. Auch wenn wir fürchten, durch Eigenwerbung auf Ablehnung bei Kollegen zu stoßen oder prahlerisch zu klingen, wir müssen uns aus dem Double Bind weiblicher Autorität befreien, weil er all unsere Erfolgsbestrebungen untergräbt. Wie Deborah Tannen ausführt, besteht die allgemeine Erwartung, dass eine Frau in einer einflussreichen und führenden Position »unweiblich, negativ oder schlimmeres ist. … Die vorherrschenden Bilder überfallen berufstätige Frauen, die lediglich ihre Karriere fördern und ihr Privatleben bewahren möchten, gleichsam aus dem Hinterhalt«. Es ist schwierig, aber wichtig, immer wieder auf unser Wissen und unsere Tüchtigkeit zu verweisen, ohne Kollegen oder Vorgesetzten anzukreiden, dass sie diese Qualitäten nicht von allein erkennen. Wenn wir uns den Forderungen nach einem femininen, liebenswürdigen Verhalten beugen, untergraben wir unsere berufliche Macht und Autorität und verbauen uns schließlich alle Chancen auf berufliches Vorankommen. Doch wie die oben beschriebene weibliche Führungskraft laufen wir unweigerlich Gefahr, als Hexen und Schreckschrauben abgestempelt zu werden, wenn wir auf unsere eigene Autorität pochen. Deshalb ist es von entscheidender Bedeutung, dass wir laufende Unterstützung und Ermutigung bei Freunden (möglichst Arbeitskollegen) finden, die sich der Existenz des Double Bind bewusst sind: Sie bestätigen uns darin, dass wir effektiv arbeiten und Anspruch darauf haben, nach unserer Leistung und nicht nach unserem Äußeren bewertet zu werden.

Wenn Frauen den Klischeebildern einer weiblichen Zurückhaltung nicht entsprechen, lernen sie eher, selbst über ihr Leben zu bestimmen und die Verantwortung für ihre eigene Entwicklung zu übernehmen. Frauen müssen sich klar machen, dass sie in einer patriarchalen Gesellschaft arbeiten, in der Kompetenz nicht automatisch zur Macht führt und in der Kommunikationsstile bestimmte Geschlechterklischees signalisieren. Wenn wir wie Lady Ragnell selbstbewusst sagen: »Ich kenne die Antwort«, dann ist das keine Prahlerei. Es ist eine authentische und ehrliche Art, das eigene Wissen und Können darzustellen. Um in der Arbeitswelt zum Subjekt des eigenen Willens zu werden, müssen wir lernen, auf ruhige, konzentrierte und aufrichtige Weise über unsere Stärken und Schwächen zu sprechen; und wir müssen uns Strategien für den Umgang mit den Mechanismen und Varianten männlicher Macht einfallen lassen.

Wenn wir mutig für uns selbst eintreten, auf uns aufmerksam machen und echtes Selbstvertrauen entwickeln, können wir das weibliche Begehren transformieren: Statt unserer Gefallsucht das Feld zu überlassen, können wir unsere Energie darauf verwenden, für unsere Kreativität, unsere erfolgreichen Vorschläge und unsere harte Arbeit gesehen und gehört zu werden. Dass wir uns in der Arbeitswelt auf uns selbst verlassen können, bedeutet nicht, dass wir unsere Unabhängigkeit von anderen vergrößern oder weniger auf andere Menschen angewiesen sind. Wir entwickeln lediglich eine reifere Form der Abhängigkeit und treffen eigene Entscheidungen, statt uns innerlich grollend von den Bedürfnissen anderer überfordern zu lassen.

Gleichheit des Vertrauens

»Reife Abhängigkeit«, ein Begriff, den ich von dem Psychoanalytiker Ronald Fairbairn entliehen habe, bezieht sich auf eine bestimmte Form von erwachsener Abhängigkeit, die sich dadurch auszeichnet, dass man die Abhängigkeit dankbar würdigen und offen zu ihr stehen kann, weil man die Wichtigkeit des Gebens und Nehmens erkennt und auf die gegenseitige Verlässlichkeit bauen kann. Diese Form der Abhängigkeit sollte ein Ziel in allen Bereichen des Erwachsenenlebens sein, sowohl in beruflicher als auch in privater Hinsicht.

Reife Abhängigkeit unterscheidet sich deutlich sowohl von der unreifen, klammernden Abhängigkeit, die typisch für

Säuglinge oder Kleinkinder ist, als auch von der ängstlichen, defensiven Unabhängigkeit, die den adoleszenten Kampf um Abnabelung charakterisiert. Bei finanziell abhängigen Erwachsenen, ob Mann oder Frau, kommt es häufig zu einer unreifen Abhängigkeit oder zu einer defensiven Unabhängigkeit.

Ich glaube nicht, dass wir uns von abhängigen zu unabhängigen Menschen entwickeln, sondern bin der Überzeugung, dass sich unsere Fähigkeit zur Abhängigkeit ausweitet – von der Abhängigkeit des Säuglings über die Abhängigkeit in der Kindheit und der defensiven Pseudo-Unabhängigkeit der Adoleszenz bis hin zur reifen Abhängigkeit des Erwachsenen. Jeder hat das Potenzial, sich durch Abhängigkeitsbeziehungen zu entfalten, aber nur, wer die früheren Abhängigkeitsphasen erfolgreich verarbeitet hat, kann dieses Potenzial tatsächlich ausschöpfen. Es gibt keine wirkliche Unabhängigkeit für uns Menschen, weil wir letztlich immer auf andere und ihre Hilfe angewiesen sind. Unabhängigkeit ist eine Illusion.

Wenn zwei Partner ihre Ressourcen in einer Beziehung zusammenlegen, zeigen sie, dass sie bereit sind, dem anderen zu vertrauen, und haben normalerweise den Wunsch nach einer gleichberechtigten Partnerschaft, auch wenn der eine vielleicht mehr Geld verdient als der andere. Bei Paaren, die ihre finanziellen Mittel in einen Topf werfen, ist die Wahrscheinlichkeit, dass sie zusammenbleiben größer als bei Partnern, die dies nicht tun. Nur bei Partnerschaften, in denen die Frau doppelt oder dreimal so viel verdient wie der Mann, habe ich erlebt, dass eine gemeinsame Kasse zu Irritationen führt und das Einkommen verheimlicht wird. Es liegt auf der Hand, dass eine gemeinsame Kasse nur funktionieren kann, wenn offen und ehrlich mit finanziellen Fragen umgegangen wird. Nur wenn wir wissen, was der andere beiträgt, können wir seine Anstrengung und seine Situation würdigen.

Lesbische Paare können uns eine Lektion über Vertrauen und Gleichheit im Hinblick auf finanzielle Angelegenheiten erteilen. Die Soziologen Philip Blumstein und Pepper Schwartz kamen in ihrer Studie zu dem Ergebnis, dass lesbische Frauen sensibel und ehrlich mit dem unterlegenen finanziellen Status von Frauen am Arbeitsplatz umgehen und die eingeschränkten Verdienstmöglichkeiten der Partnerin besser akzeptieren. Wenn eine der beiden eine bessere Ausbildung hat, einer höheren sozialen Schicht angehört oder einfach mehr Glück bei der Suche nach einem gut bezahlten Job hatte, unterstützt sie ihre Partnerin, anstatt sie für ihr geringeres Einkommen zu kritisieren.

Frauen in heterosexuellen Beziehungen, insbesondere in Ehen, sind häufig verunsichert und frustriert, weil sie nicht wissen, wie sie finanzielle Gleichstellung und reife Abhängigkeit verbinden sollen. Viele von ihnen ziehen die Beibehaltung getrennter Giro- und Sparkonten vor, um »eigenes« Geld zu haben und niemandem Rechenschaft über ihre Einnahmen oder Ausgaben schuldig zu sein. Eine derartige Trennung der Finanzen kann jedoch die intime Beziehung durch Aufrechnung und Machtkämpfe belasten.

Ich denke, dass viele Frauen, wenn es um den Besitz und die erfolgreiche Verwaltung eigenen Geldes geht, den Wunsch haben, ihre finanziellen Gewohnheiten zu verbergen. Wie Ragnell, die sich im Wald versteckt, sind sie wahrscheinlich noch immer in Schamgefühlen gefangen. Möglich ist natürlich auch, dass sie ein berechtigtes Misstrauen gegenüber einem unsensiblen und verantwortungslosen Partner empfinden. Bei manchen Frauen spiegelt das fehlende Vertrauen in finanziellen Fragen möglicherweise fehlendes emotionales Vertrauen wider. Wenn Sie nicht bereit sind, sich in finanzieller Hinsicht offen und ehrlich mit ihrem Partner auszutauschen, müssen Sie vielleicht untersuchen, ob Sie in sexueller und emotionaler Hinsicht volles Vertrauen zu ihm haben. Wenn wir nicht von Schamgefühlen beherrscht werden, sollte sich das Vertrauen in finanziellen Angelegenheiten ganz automatisch aus dem emotionalen und sexuellen Vertrauen ergeben.

Das Subjekt (oder Objekt?) des Konsums

Die Verflechtung von emotionalem und finanziellem Vertrauen ist für heterosexuelle Partner vielleicht in keinem Bereich so schwierig wie im Bereich des Einkaufs- und Konsumverhaltens. Ich habe alle möglichen unausgegorenen Erklärungen für das gefunden, was häufig als fast ausschließlich weiblicher »Kauftrieb« betrachtet wird – so als handle es sich um eine unausweichliche biologische Folge der vermeintlichen Anpassung der Frau an die Jäger-und-Sammler-Mentalität. Zweifellos ist das Einkaufen eine wichtige materielle Domäne, die das Verhältnis von Frauen zum Geld entscheidend prägt. Ich habe allerdings festgestellt, dass die Verbindung von Frauen und Einkaufen – so wie die Verbindung von Männern und Sport – historisch gesehen dazu diente, dem Individuum das Gefühl zu vermitteln, selbst über sein Schicksal zu bestimmen und eigene Entscheidungen zu treffen.

Im Zuge der sich entwickelnden Konsumgesellschaft, die um die Jahrhundertwende ihren Anfang nahm und bereits in den Zwanzigerjahren dieses Jahrhunderts in voller Blüte stand, wurden Frauen aufgefordert, das Kaufen von Produkten für den persönlichen Gebrauch als eine Art Befreiung zu empfinden. Frauen, die bislang von jeder bedeutungsvollen wirtschaftlichen Aktivität ausgeschlossen waren, wurden plötzlich sehr wichtig für die Theorie und Praxis des modernen Verbraucherverhaltens und für die Frage, wie man Kunden dazu bringt, mehr zu kaufen, als sie brauchen.

Die älteren dunklen und unattraktiven Textilgeschäfte wurden allmählich in bezaubernde, hell erleuchtete, aufregende Kaufhäuser verwandelt. Zu Beginn des 20. Jahrhunderts hielt man diese Kaufhäuser fast schon für eine kulturelle Errungenschaft. Macy's, Wanamaker's und Altman in New York gehörten zu den Ersten, die Kunden durch die Gestaltung schöner Umgebungen anlockten. Frauen besuchten diese Geschäfte, um sich zu vergnügen, zu unterhalten und sich selbst mit einer Reihe von Waren auszustatten – vor allem um handgemachte Kleidungsstücke durch die viel beworbene Ware von der Stange zu ersetzen.

Nachdem die Konfektionskleidung sich überall durchgesetzt hatte, fingen die Kaufhäuser an, eine extravagante Nachfrage nach neuer Kleidung und schließlich auch nach anderen Gegenständen des persönlichen Gebrauchs, wie Kosmetika, zu fördern. Vor Entstehung der Kaufhäuser war Mode eine Angelegenheit ausschließlich für privilegierte Frauen. Jetzt konnte auch eine Frau aus der Mittelschicht ihr Leben grundlegend ändern, indem sie modische Kleidung erstand, auch wenn sie natürlich nie mit dem Bild Schritt halten konnte, das von Designern und Einzelhändlern ständig verändert wurde, um den Konsum anzukurbeln.

Um an dieser neuen und stimulierenden Form des Konsums teilnehmen zu können, erhöhten Mittelschichtsfrauen die Anzahl ihrer Shoppingtage, bis sie schließlich jeden dritten oder vierten Tag einkaufen gingen. Frauen und Kaufhäuser wurden also zu Partnern in einer neuen gesellschaftlichen Entwicklung, einem tief greifenden kulturellen Wandel, bei dem Frauen und Geschäfte gleichermaßen daran mitwirkten, unerfüllbare Wünsche und Sehnsüchte zu erzeugen.

Kundinnen wurden einer verführerischen Atmosphäre ausgesetzt, die ihnen die Macht der freien Wahl verhieß – die Möglichkeit, das Subjekt ihrer Willensbildung zu sein. Von männlichen Einzelhändlern speziell für die Bedürfnisse und Wünsche von Frauen geschaffen (und allgemein kritisiert von Ehemännern, Predigern und Ärzten), wurden diese neuen Einkaufsumgebungen die erste materielle Welt, die Frauen eine gewisse Form von individueller Freiheit versprach.

Die Einkaufswelt sollte den Frauen einen berauschenden Mix aus Versprechungen bieten und ihnen in Aussicht stellen, dass sie *sowohl* das Objekt *als auch* das Subjekt des Begehrens sein konnten. Indem Frauen materielle Güter, vor allem Kleidung, auswählten, konnten sie ihren eigenen Wünschen folgen und gleichzeitig dem kulturellen Bild der Sehnsucht weckenden und verführerischen jugendlichen Muse gerecht werden. Dies war vielleicht die erste weit reichende kulturelle Entwicklung, die speziell mit der Frau als Subjekt konzipiert wurde und zugleich alle kulturell geprägten weiblichen Rollenklischees und weibliche Gefallsucht aufgriff.

Unsere zeitgenössischen Einkaufszentren sind lediglich Fortentwicklungen der Warenhäuser. Die moderne Konsumgesellschaft stellt Produkte her, die schnell ersetzt werden müssen, und weckt Bedürfnisse, die nicht der Notwendigkeit entspringen. Frauen finden diese Welt besonders reizvoll, weil sie Wahlmöglichkeiten zu bieten scheint. Wenn wir wählen können, haben wir eine gewisse Kontrolle. »Shopping« bietet einen Fluchtmöglichkeit aus dem Groll, den wir empfinden, weil wir uns den Wünschen und Bedürfnissen anderer gebeugt haben, *und* es verspricht, dass wir uns selbst erfolgreich nach dem Idealbild der Muse, der perfekten Mutter oder der kompetenten Chefin formen können.

Doch da Frauen in Wahrheit *keine* Kontrolle haben, weder über die Modebranche noch über Warenhausketten oder andere große Unternehmen, hat man sie einmal mehr glauben gemacht, dass sie als Objekt des Begehrens über Macht verfügen. Der Handel gaukelt uns vor, wir könnten Freiheit kaufen, obwohl keine Freiheit im Angebot ist. An Stelle von Freiheit erzeugt das heutige Konsumverhalten immer neue Bedürfnisse und sogar Kaufzwänge.

Das Einkaufen wurde erfunden, damit es Bedürfnisse nach materiellen Gütern und Idealen erzeugt und vervielfältigt. Die meisten Konsumenten sind sich nicht oder nur halb bewusst, dass Einkaufsumwelten, vor allem wenn sie besonders schön sind und den Sinnen schmeicheln, ein Gefühl der Entbehrung wecken und Bedürfnisse überhaupt erst erzeugen.

Wer viel konsumiert, stellt bald fest, dass die neu erworbenen Artikel das Verlangen nur einen kurzen Moment lang befriedigen. Die Wirkung des Kaufes lässt unweigerlich nach und wird vom Verlangen nach etwas Neuem abgelöst. Frauen, die unter Scham- oder Neidgefühlen leiden, die ihrem Leben keinen Sinn verleihen können, weil sie sich innerlich leer fühlen, sind besonders anfällig für Konsumverhalten und sein falsches Versprechen, das schwarze Loch zu füllen.

»Hungrige Geister«

Wie ich in der Einleitung erwähnte, beschreibt der Buddhismus unterschiedliche Existenzformen, die durch einzelne Bereiche auf dem Rad des Lebens symbolisiert werden. Diese Bereiche kann man als konkrete Orte, als geistige Verfassungen oder beides auffassen. Das Reich der »hungrigen Geister« liegt dort, wo lebende Wesen von unerfüllten Wünschen getrieben werden. Es ist ein Bereich der Hölle, wenn auch nicht der schlimmste. Die »hungrigen Geister« versuchen, unerfüllte Wünsche, die mit bereits abgeschlossenen, nicht wiederholbaren Lebensabschnitten verbunden sind, zu befriedigen.

Die »hungrigen Geister« werden als menschenähnliche Wesen mit langen Hälsen beschrieben; ihre Kehlen sind so eng und rau, dass das Schlucken unerträgliche Schmerzen bereitet. Ihre riesigen, aufgeblähten Bäuche können keine Nahrung verdauen, und jeder Versuch, den Hunger zu befriedigen, macht das Verlangen nur noch schlimmer. »Hungrige Geister« können sich nicht an alltäglichen Ereignissen erfreuen, sondern sind besessen von dem Ziel, sich völlig von den Schmerzen ihrer Vergangenheit zu befreien. Sie erkennen nicht, dass ihre Wünsche unerfüllbar sind. Das leere, unersättliche Wesen der »hungrigen Geister« zeigt sich auf schmerzliche Weise bei Frauen, die in der materiellen Welt des Konsums gefangen sind.

Cassandra, eine vermögende Frau von 65 Jahren, lebte allein

mit vier Katzen und zahlreichen Depressionen, als sie das erste Mal zu mir kam. In ihrer Jugend war sie eine große Schönheit gewesen, sie hatte drei Ehen (und drei Scheidungen) mit
erfolgreichen Geschäftsmännern hinter sich, die alle unter
Alkohol- oder Drogenproblemen gelitten hatten. Ihre fünf
mittlerweile erwachsenen Kinder hatte sie ohne emotionale
Unterstützung der Väter großgezogen.

Als ihre Kinder klein waren, hatte Cassandra handgemachte
Webereien und andere Handarbeiten in einem eigenen Geschäft verkauft. Sie verdiente nicht viel Geld damit, nicht genug, um ihren Lebensunterhalt zu bestreiten, aber die Arbeit
machte ihr Freude, und von ihren Ehemännern erhielt sie immer genügend finanzielle Unterstützung und Alimente, um
sich ein behagliches Zuhause zu schaffen, eine gute Köchin zu
sein, schöne Gärten anzulegen und wunderschön auszusehen.
So etwas wie eine eigene Karriere hatte sie nie in Erwägung gezogen und war auch nicht der Ansicht, dass sie irgendetwas
verpasst hatte.

Cassandra kam zu mir, weil sie sehr unter ihrer unglückseli-
gen Neigung zu Ladendiebstählen litt. Meistens stahl sie teure
Kleidungsstücke oder extravaganten Schmuck – Stücke, die sie
sich nicht leisten konnte. Sie stahl in großen Kaufhäusern, weil
sie das Gefühl hatte, dass diese den Verlust leicht verkraften
konnten, und sie achtete darauf, dass sie ihre normalen Ein-
käufe ebenfalls in diesen Geschäften erledigte, wo sie bei den
Verkäufern gut bekannt und beliebt war. Sie war bereits mehrmals erwischt worden, obwohl die Polizei sie für gewöhnlich
recht freundlich behandelt hatte. Sie schämte sich sehr für ihr
Verhalten, gestand mir aber auch ein, dass sie es gleichzeitig
ungeheuer aufregend fand: »Es hat fast etwas Sexuelles. Ich
kriege weiche Knie und Schweißausbrüche, und wenn ich
dann heil aus dem Laden herauskomme, bin ich überglücklich. Frei! Es gibt mir irgendwie das Gefühl, dass ich es einigen
Leuten heimzahle, die mich um ein schönes Leben betrogen
haben – wie zum Beispiel meine Ehemänner. Ich weiß, dass die

Besitzer der Kaufhäuser Männer wie meine Ehemänner sind; einige kenne ich sogar persönlich von früher. Ihnen etwas wegzunehmen, gibt mir einen Kick.«

Doch schon wenige Stunden nach diesen Triumphgefühlen schämt sich Cassandra zutiefst für ihr Verhalten. Oft verschenkt sie, was sie gestohlen hat, entweder an ihre Kinder oder an Not leidende Menschen. Es war sehr schwer für Cassandra, die sich selbst als einen sehr ehrlichen, integren Menschen sah, mir von den lustvollen Gefühlen zu erzählen, die das Stehlen in ihr auslöste.

Wie ihre Namensvetterin war Cassandra in ihrer Herkunftsfamilie häufig die Person gewesen, die die Wahrheit einer Situation intuitiv erfasste, aber andere nicht von ihrer Wahrnehmung überzeugen konnte. Als Erwachsene, vor allem in ihren Ehen, sprach Cassandra häufig die Wahrheit aus, tat es jedoch so grollend und vorwurfsvoll, dass ihre Ehemänner und sogar ihre Kinder sie nicht ernst nehmen konnten. Cassandra war nicht nur weithin als schöne, sondern auch als »hysterische Frau« bekannt, die in sozialen Situationen häufig aneckte.

Im Laufe der Jahre hatte Cassandra erkannt, dass Stehlen mehr als eine Sucht für sie war. Für sie war es Ausdruck einer unerfüllten Sehnsucht in ihrem Leben. Doch anstatt dieser Sehnsucht auf den Grund zu gehen, klammerte sie sich an ihren Groll über den Verlust ihrer Beziehungen und ihrer Schönheit und beging weiterhin Ladendiebstähle.

Cassandra lebte im Reich der »hungrigen Geister«. Getrieben von ihren unerfüllten Wünschen und dem schmerzlichen Verlangen, ernst genommen zu werden, versuchte sie sich an ihren »mächtigen« Eltern/Ehemännern für ihre psychischen Komplexe zu rächen, indem sie ihnen etwas Wertvolles wegnahm. Sie fühlte sich ständig leer und einsam und verübelte anderen, sogar ihren Kindern, deren Erfolge und Freiheiten.

Zwischen einzelnen Diebstahlsepisoden empfand Cassandra ihr Leben als sinnlos. Sie hatte kaum soziale Kontakte und saß häufig allein vorm Fernseher. Als sie vor kurzem fast eine Million Dollar aus dem Nachlass ihres Vaters erbte, erfüllte sie Panik. Sie wollte weder die Verantwortung für das Geld tragen, noch hatte sie eine Vorstellung, was sie damit anfangen sollte. Sie fühlte sich beschämt und unwert, nicht nur weil sie ihren Vater offen verachtet hatte, sondern auch weil sie im Grunde überzeugt war, eine Verliererin zu sein. Sie konnte sich selbst nicht leiden und bezeichnete sich als »fette, alte Diebin«.

Pathologische Formen materiellen Begehrens bei Frauen

Es gibt drei eng verwandte pathologische Formen materiellen weiblichen Begehrens, die auch häufig gemeinsam auftreten: zwanghaftes Kaufen und Schuldenmachen, Ladendiebstahl und Fresssucht. Alle drei Störungen bringen Fantasien eines »hungrigen Geistes« zum Ausdruck – zwanghafte Bestrebungen, sich vollständig vom Leid der Vergangenheit zu befreien, ohne zu erkennen, dass sich diese Obsessionen nie durch materielle Mittel befriedigen lassen.

Ladendiebstähle kosten den amerikanischen Einzelhandel rund zehn Milliarden Dollar pro Jahr und breiten sich epidemieartig im ganzen Land aus. Die allermeisten Ladendiebstähle in Warenhäusern und Einkaufszentren werden von Frauen begangen, die zum überwiegenden Teil der Mittelschicht angehören. Sie stehlen in erster Linie wegen des Nervenkitzels und nicht aus Bedürftigkeit oder um der Gegenstände willen. Für einige »hungrige Geister« ist kein anderes Suchtverhalten mit einem derartigen Hochgefühl verbunden wie der Ladendiebstahl.

In einem kürzlich erschienenen Zeitschriftenartikel wurde eine junge Frau mit der Aussage zitiert, Ladendiebstahl sei eine Gewohnheit, von der man schwerer loskomme als vom Heroin. Sie stiehlt nicht nur Kleidung und kleinere Gegenstände, sondern auch Haushaltsgeräte wie Fernseher und Kühlschränke. »Ich kann zwei oder drei Wochen ohne Drogen auskommen, aber keinen Tag ohne einen Ladendiebstahl. Ich war bei einem Seelenklempner. Der setzte mich auf Paxil. Er dachte, es würde mir helfen. Aber ich bin nicht depressiv. Das Klauen macht mir einfach unheimlichen Spaß.« Dieser Frau ist ihr Wunsch zu stehlen bewusst und ersetzt sehr wahrscheinlich andere aufregende oder sinnvolle Aktivitäten in ihrem Leben.

Cassandra reagierte mit den Diebstählen auf ihren inneren Groll und Verlusterfahrungen, auf Enttäuschungen und Zukunftsängste. Viele Ladendiebinnen agieren nach Ansicht des klinischen Psychologen Will Cupchik einen Verlust aus; sein Buch *Why Honest People Shoplift* ist zu einem Dreh- und Angelpunkt für Selbsthilfegruppen und Websites geworden, die sich mit Ladendieben auseinander setzen. Cupchick vertritt die Ansicht, dass Frauen stehlen, weil sie unbewussten Wünschen folgen und nicht erkennen, dass diese auf Verlusterfahrungen beruhen, die sie nicht erfolgreich verarbeitet haben, oder auf Verletzungen und Wutgefühlen aus gewalttätigen oder unbefriedigenden Beziehungen. Ladendiebe, so der Psychiater Mark Epstein, »sind Wesen, die in sich eine schreckliche Leere entdeckt haben [und] nicht einsehen, dass es unmöglich ist, im Nachhinein etwas zu ändern.«

Frauen, die sich nicht mit Cassandra identifizieren können, sind mit der zweiten Pathologie des weiblichen Begehrens vielleicht umso vertrauter, mit zwanghaftem Kaufen. Dieses Zwangsverhalten gibt es schon sehr lange, mindestens so lange wie die großen Warenhäuser. In jüngerer Zeit, um nur ein Beispiel zu nennen, gab Jacqueline Kennedy Onassis zum Leidwesen ihrer beiden Ehemänner Präsident John F. Kennedy und Aristoteles Onassis enorme Summen für Kleidung und Möbel aus. Charlotte Curtis von der *New York Times* wird mit der Aussage zitiert: »In den ersten 16 Monaten nach der Wahl von Kennedy gab Jackie etwa 50000 Dollar für Kleidung aus. Das waren etwa zwei Drittel seines Einkommens aus dem Trust-fonds, den sein Vater für ihn und seine Geschwister eingerichtet hatte.«

Doch nicht nur die Reichen und Berühmten neigen zur Verschwendungssucht und zum zwanghaften Kauf von teuren oder unnötigen Dingen. Schätzungen nach sind bis zu 8,1 Prozent der amerikanischen Bevölkerung zwanghafte Käufer. Diese Gruppe besteht zu 80 bis 92 Prozent aus Frauen, die zwischen acht und 83 Jahren alt sind.

Zwanghaftes Kaufen unterscheidet sich vom normalen Kaufen und gelegentlicher Geldverschwendung durch die folgenden Merkmale: Die Person erliegt häufig einem Kaufanreiz oder spontanem Kaufimpuls, der als unwiderstehlich und sinnlos empfunden wird; sie gibt häufig mehr Geld aus, als sie sich leisten kann, und zwar für Artikel, die sie nicht braucht; und sie verwendet mehr Zeit auf das Einkaufen als geplant. Diese Kaufimpulse führen zu erheblichen Beeinträchtigungen des Privat- und Berufslebens und können zu schwerwiegenden finanziellen Schwierigkeiten führen.

Menschen, die unter einem Kaufzwang leiden, suchen Geschäfte auf, wenn sie traurig, einsam, wütend, frustriert, verletzt oder ärgerlich sind. Die überwiegende Mehrheit berichtet, dass Kaufen Glücks- oder Machtgefühle in ihnen auslöst, die jedoch in Depressionen umschlagen, wenn sie erkennen, wie viel Geld sie für nutzlose Dinge ausgegeben haben. Sie kaufen am liebsten allein ein, besitzen mehrere Kreditkarten, benutzen diese häufiger und haben mehr Kreditkartenschulden als andere. Eine Studie hat ergeben, dass der Durchschnittskäufer etwa 22 Prozent seines Einkommens für Schulden aufwendet, während es bei zwanghaften Käufern 46 Prozent sind.

Wie unsere einkaufenden Großmütter sagen Frauen, die unter einem Kaufzwang leiden, dass ihre Lust am Kaufen durch die Farben, Geräusche, Lichteinflüsse, Auslagen und Gerüche der Geschäfte ebenso wie durch die Struktur von Textilien gesteigert wird. Einige beschreiben ihre Erfahrungen als sexuell erregend, obwohl sie häufig schreckliche Reue empfinden, wenn sie ihre Pakete nach Hause tragen.

Doch man muss nicht unter einem Zwang leiden, um in die Einkaufsfalle zu tappen. Wissenschaftler untersuchten eine Gruppe von männlichen und weiblichen »Impulskäufern«, die nicht alle und nicht in allen Punkten dem typischen Zwangskäufer entsprachen. Die Forscher interessierten sich insbesondere für die Frage, ob ein bestimmtes Persönlichkeitsmerkmal, etwas Dauerhafteres als eine flüchtige Stimmung, mit dem Spontankauf verbunden ist. Sie stellten fest, dass Frauen eher zu Impulskäufen neigten als Männer. Der weibliche Impulskäufer hatte entweder größere materielle Wünsche oder/und wies eine höhere Diskrepanz zwischen dem angestrebten und dem wahrgenommenen Selbstbild auf – etwas, das die Wissenschaftler Selbstdiskrepanz nannten. Sie folgerten:

Es ist umfassend belegt, dass es mehr weibliche als männliche Impulskäufer gibt, und dieses Muster scheint sich auch bei unserer eher normalen Stichprobe von Spontankäufern abzuzeichnen. Eine mögliche Erklärung ist, dass das Einkaufen eine Strategie der Selbstvervollständigung darstellt, die für Frauen leicht verfügbar ist (entweder durch ihre Sozialisation oder durch häufige Gelegenheit), während andere Strategien der Selbstvervollständigung eher Männern zugänglich sind (z.B. Alkoholismus oder Sport).

Ich habe schon viel von Anne erzählt, und sie ist ein gutes Beispiel für eine Impulskäuferin, die keinen pathologisches Kaufwunsch hat, sondern das Einkaufen benutzt, um ihr geringes Selbstwertgefühl aufzupäppeln. Nach einem langen Arbeitstag bummelt sie gelegentlich ohne klare Kaufabsicht durch ihre Lieblingsbekleidungs- und Wäschegeschäfte. Wenn wir ausführlicher über diese Gelegenheiten sprachen, stellte sich heraus, dass diese Einkaufsbummel fast immer im Anschluss an ein frustrierendes Erlebnis bei der Arbeit, in der Familie oder mit einer Freundin stattfanden – immer dann, wenn Anne das Gefühl hatte, dass sie ihre eigenen Bedürfnisse zu Gunsten einer anderen Person zurücksteckte. Anne suchte unbewusst Trost in Einkaufsaktivitäten. Manchmal fühlte sie sich hinterher tatsächlich getröstet. Weitaus häufiger jedoch war sie frustriert, wenn sie nach Hause kam und feststellte, dass sie mehr Zeit und Geld verschwendet hatte, als sie sich leisten konnte.

Viele Frauen benutzen das Einkaufen wie Anne als Trostmittel, wenn sie das Gefühl haben, dass sie in anderen Lebensbereichen keine Kontrolle haben. Der innere Hunger, den Klientinnen häufig als »schwarzes Loch« bezeichnen, kann auch zur Fresssucht, der dritten Pathologie des materiellen weiblichen Begehrens führen.

Diese Essstörung, die ich bereits im Zusammenhang mit Prinzessin Diana erwähnte, kann bei Frauen als vorübergehendes Problem oder als schwere Sucht auftreten. Bei einer chronischen Fresssucht nimmt die Person Nahrung in so großen Mengen auf, dass es zu Gesundheitsschäden kommt. Einige Betroffene erbrechen die Nahrung hinterher wieder, andere nicht. Wie der »hungrige Geist«, der für seine schweren Verdauungsprobleme bekannt ist, verschlang Cassandra Riesenmengen an Brezeln und Eiscreme, ging dann mit schrecklichen Magenschmerzen ins Bett und weinte sich in den Schlaf. Essen scheint wie Einkaufen die innere Leere zu füllen. So gesehen kann man ständigen Heißhunger als ein materielles Verlangen auffassen; Nahrung ist ein Bestandteil der materiellen Welt.

Die drei Pathologien des weiblichen Begehrens treten häufig zu zweit oder zu dritt auf. Das heißt, Ladendiebstahl, Kaufzwang und Fresssucht finden sich häufig bei ein und derselben Frau, entweder nacheinander im Laufe der Zeit oder gleichzeitig. Auch viele andere Frauen, die nicht im pathologischen Sinn süchtig nach diesen Aktivitäten sind, stellen fest, dass sie angesichts schmerzlicher, unerfüllter Wünsche entweder dinglich nach Besitztümern oder nach Essen verlangen.

Sehnsucht nach Überfluss

Manche Frauen wenden sich materiellen Gütern zu, um sich zu trösten oder um sich für eine verlorene Liebe oder andere Verlusterfahrungen zu rächen. Andere sind verzweifelt bemüht, immer nach der neuesten Mode gekleidet zu sein oder bestimmte Schönheitsprodukte zu besitzen, die ihre Attraktivität steigern oder eine Enttäuschung kompensieren sollen. Nachdem sie in der patriarchalischen Kultur gelernt haben, ihre Macht in den weiblichen Rollen der Muse, Mutter oder Ehefrau zu suchen, müssen sie irgendwann feststellen, dass diese Rollen weder Wahlmöglichkeit noch Macht bieten. Schließlich richten sich ihre Schuldzuweisungen und ihr Groll gegen sich selbst. Statt zu erkennen, dass sie ein problematisches Bild und kein eigenes Selbst entwickeln, statt ihre Wünsche zu erforschen und Selbsterkenntnis zu erlangen, bleiben sie weiterhin bei den alten Gewohnheiten, die den Schmerz kurzfristig lindern.

Alle drei Pathologien des materiellen weiblichen Begehrens zeichnen sich durch die Erfahrung unerfüllter Sehnsüchte und einer schmerzlichen inneren Leere aus. Nach Mark Epstein ist die »Sehnsucht nach unerschöpflicher Fülle im Abendland weit verbreitet und firmiert in der Psychologie als ›geringes Selbstwertgefühl‹«. Wenn eine Frau mittleren Alters keine klare Vorstellung von ihrem Wert und ihren Wünschen besitzt, dann wird sie an Stelle eines authentischen Selbst ein »schwarzes Loch« entwickeln. Diese Leere ist der »hungrige Geist«, der immer von unerfüllten Wünschen gepeinigt wird und unfähig ist, den Augenblick zu genießen.

Wie ich aufgezeigt habe, liegt die Macht der Frau weder in ihrem Äußeren, noch ist die Verführung der Macht irgendeine Garantie für materielle Sicherheit. Materieller Erfolg kann uns auch keine innere Sicherheit, Zufriedenheit oder Gelassenheit vermitteln. All das musste Cassandra in ihrer Psychotherapie nach und nach lernen. Als Erstes betrachtete sie ihre Macht- und Kontrollbedürfnisse, die sie auf andere projizierte, genauer. Sie gestand sich ein, wie wichtig ihr Aussehen für sie gewesen war und wie sehr sie darauf vertraut hatte, dass es ihr bringen würde, was sie sich vom Leben erhoffte. Außerdem erkannte sie, dass die Kinder nicht Sinn und Inhalt ihres Lebens sein konnten. Als Cassandra aufhörte, ihre beiden erwachsenen Töchter zu kontrollieren, bedeutete dies einen entscheidenden Fortschritt in ihrer relativ schnellen Genesung durch die Therapie.

Als Nächstes untersuchten wir die Bedeutung ihres Erbes. Sie war als Tochter ihres Vaters geboren worden, und diese Geburt, nicht irgendeine besondere Anstrengung ihrerseits, war der Grund, weshalb sie das Geld erhalten hatte. Dennoch war es ein Teil ihres persönlichen Schicksals, eine Folge ihrer Geburt, die nur sie entwickeln und gestalten konnte. Nachdem Cassandra erforscht hatte, wie ihre authentischen Bedürfnisse und Wünsche aussahen, beschloss sie, etwas Land zu kaufen und ein Tierheim für Wild- und Haustiere zu eröffnen. Für Cassandra waren ihre Katzen im Laufe der Jahre ein großer Trost gewesen, und das Schicksal von ausgesetzten oder misshandelten Tieren lag ihr am Herzen. In vielerlei Hinsicht identifizierte sich Cassandra mit verletzten Tieren, weil sie meinte, dass die Tiere – wie sie – häufig zu leichtfertig oder den falschen Menschen vertrauten.

Die Planung des Tierheims wurde Cassandras wichtigstes Projekt. Die innere Leere verschwand, und sie verspürte nicht mehr den Drang zu stehlen oder sich mit Essen voll zu stopfen. Tatsächlich fing Cassandra an, ihr Erbe als ein spirituelles Angebot von ihrem Vater zu betrachten, etwas, das sie nutzen konnte, um ihr Leben in eine Existenz mit tieferen Bindungen und größerer Freude zu verwandeln.

Als die Verwirklichung des Projekts in greifbare Nähe rückte und Cassandra voll damit beschäftigt war, sich mit der konkreten Umgebung des Tierheims und mit den Tieren, die dort Schutz finden sollten, vertraut zu machen, fand eine wundervolle Verwandlung statt. Sie erlebte sich selbst als wertvollen Menschen, der so lebte, wie es für ihn bestimmt schien.

In jedem Bereich des Lebensrades gibt es eine hilfreiche Person (einen Bodhisattva oder spirituellen Helfer), der die dort lebenden Wesen drängt aufzuwachen und größere Freiheit zu erringen, um letztendlich die vollständige Erleuchtung zu erreichen – einen Zustand wacher Aufmerksamkeit und bewusster Wahrnehmung des Augenblicks. Im menschlichen Bereich ist diese hilfreiche Gestalt ein menschliches Wesen, nämlich Buddha Shakyamuni, der die buddhistische Religion vor mehr als 2500 Jahren begründete und ihre Methoden und Theorien nach seiner Erleuchtung 49 Jahre lang lehrte. Nach der Lehre des Buddhismus erschien ein Buddha (ein vollkommen erleuchtetes Wesen) im Reich der Menschen, um ihnen zu zeigen, wie sie sich selbst vom Leiden befreien konnten. Nur wir selbst können uns bewusst machen, wie wir durch unsere Begierden und verborgenen Absichten belastende und schmerzliche Situationen schaffen. Nur wir selbst können uns ändern. Der Buddha ist ein spiritueller Psychotherapeut, der uns auffordert zu lernen, wie wir uns selbst von Gier, Hass und Unwissenheit befreien können.

Wer ist die hilfreiche Gestalt im Reich der »hungrigen Geister«? Es ist der Bodhisattva des Mitgefühls, der den »hungrigen Geistern« eine Schale hinhält, die mit Symbolen spiritueller Nahrung gefüllt ist. Die »Geister« müssen erkennen, dass ihre Sehnsüchte und Fantasien nie durch materielle Dinge erfüllt werden können, sondern nur, wenn sie einen spirituellen Weg beschreiten. Indem der Bodhisattva ihnen diese spirituelle Nahrung einfach zeigt, erinnert er sie an das innere Bedürfnis, ein sinnvolles Leben auf einer höheren Ebene zu führen, sich mit anderen verbunden zu fühlen und Mitgefühl für sich selbst und andere zu entwickeln. Das schmerzliche Verlangen der »hungrigen Geister« drückt ein Bedürfnis nach geistiger Nahrung aus, nach der einzigen Nahrung, die ihre Leere wirklich füllen kann.

Spirituelle Nahrung

Worin besteht diese spirituelle Nahrung, und wie beeinflusst sie unsere materiellen Wünsche? Ist ein »material Girl« zu einem Leben als »hungriger Geist« verurteilt? Diese Fragen sind häufig die Brücke zu der Einsicht, dass ein Gefühl innerer Leere und mangelnden Selbstwerts das Tor zu einem spirituellen Weg aufstoßen und die Frage aufwerfen kann, worin der Sinn unserer menschlichen Existenz liegt und was es bedeutet, für die bewusste Gestaltung des eigenen Lebens verantwortlich zu sein.

Im Westen sind die materiellen Bedürfnisse nach unerschöpflicher Fülle allzu häufig ein Ersatz für die Erfahrung eines innersten Selbst, das mit anderen verbunden ist und durch unsere eigenen bewussten Wünsche und Absichten getragen wird. Einerseits ist es nützlich, finanzielle Verantwortung zu übernehmen, damit man die Freiheit hat, zwischen finanzieller und emotionaler Abhängigkeit zu unterscheiden (und eine reife Abhängigkeit zu entwickeln). Andererseits können uns materielle Bestrebungen, vor allem wenn sie mit dem Selbstwertgefühl verwechselt werden, dazu verleiten, dass wir ständig unerfüllbare Wünsche und Sehnsüchte entwickeln.

Mädchen und Frauen in unserer Gesellschaft müssen erkennen, worin der Unterschied zwischen finanzieller Eigenständigkeit und einer rein materiellen Denk- und Lebensweise besteht. Ersteres führt dazu, dass wir uns durch die Bewältigung von Lebensnotwendigkeiten weiterentwickeln, während Letzteres ein Trugbild ist, das uns von der Einkaufsindustrie vorgegaukelt wird. Einkaufen und Geldausgeben sind an sich nichts Schlechtes. Sie können großen Spaß machen, wenn man sie als flüchtige Vergnügungen erkennt. Solange das Einkaufen sich im Rahmen hält, ist es eine Sache der persönlichen Entscheidung, kein Zwang.

Wenn wir unseren Lebensunterhalt selbst verdienen, als gleichberechtigte Partner in einer Beziehung zusammenarbeiten und finanzielle Probleme lösen, gewinnen wir die Freiheit, als selbstbestimmte Erwachsene in einer materiellen Welt zu leben. Übertriebene Ausgaben und eine zu starke Bindung an materielle Besitztümer jedoch fesseln uns an ein Reich unerfüllbarer Wünsche, die aus einer inneren Leere erwachsen. Doch sogar wenn wir im Reich der »hungrigen Geister« gefangen sind, können wir uns die Realität unserer unerfüllten Wünsche bewusst machen, unsere Geisterhaftigkeit erkennen und unseren wahren spirituellen Sehnsüchten folgen.

Spirituelle Sehnsüchte können sich in dem Wunsch manifestieren, besser zu begreifen, wie man selbst die Konflikte und das Leiden im eigenen Leben erzeugt, damit man in größerer Harmonie mit sich selbst und anderen leben kann. Sie können in Gestalt der Sehnsucht nach einem bleibenden Zweck oder tieferen Sinn auftreten, der darüber hinausreicht, dass man seinen Lebensunterhalt verdient und Kinder großzieht. Sie können die Form annehmen, dass man anderen dabei helfen möchte, die von Materialismus, Habsucht und Machtgier geprägten Bedingungen zu verändern, die so viel Leid über die Menschen und über die Natur bringen. Ganz gleich, welche Gestalt sie annehmen – hinter den Sehnsüchten der »hungrigen Geister« stehen die verborgenen Wünsche nach einer inneren Erfüllung, die über die materielle Welt hinausreicht.

Die Bewusstmachung der eigenen psychischen Komplexe, vor allem wenn sie uns an einem selbstbestimmten materiellen

Leben hindern, ist häufig ein wichtiger erster Schritt, um zum Subjekt der eigenen spirituellen Wünsche zu werden. Der Mensch ist in der Lage, seine Absichten zu erkennen und ein von Verantwortlichkeit und Mitgefühl geprägtes Leben zu führen. Das ist ein großes Privileg. Doch viele bleiben im Reich der »hungrigen Geister« gefangen und entsagen einem Leben als intentionale Menschen.

Für Frauen in einer patriarchalen Gesellschaft bedeutet es eine besondere Herausforderung, selbst über den Sinn und die Richtung ihres Lebens zu bestimmen, ihre eigenen spirituellen Sehnsüchte zu entdecken und ihnen zu folgen. Im nächsten Kapitel befasse ich mich mit Frauen, die, geweckt von den vagen Sehnsüchten des »hungrigen Geistes«, einem spirituellen Weg oder einer Religion folgen.

SECHSTES KAPITEL

Das spirituelle Problem der Selbstaufgabe

Wir alle sehnen uns nach etwas, das größer ist als wir selbst und das über unsere Unzufriedenheit hinausreicht. Wie ich im letzten Kapitel ausgeführt habe, können wir dem Trugschluss erliegen, dass materielle Dinge das schwarze Loch der inneren Leere zu füllen vermögen. Vor allem Frauen verirren sich leicht im Reich der »hungrigen Geister«, ersehnen und erwerben immer mehr materielle Besitztümer, um ihr Äußeres und ihre Sicherheit im Alterungsprozess zu stützen.

Die großen Religionen lehren uns, dass nur spirituelle Nahrung unseren Hunger nach Sicherheit und innerem Frieden befriedigen kann. Doch Jahrhunderte lang ist diese spirituelle Nahrung insbesondere in Form von Sinngebung, Zielsetzung und Verbundenheit nur in der Verpackung von religiösen Formeln und Bildern erhältlich gewesen, in denen Frauen praktisch nie als selbstbestimmte Subjekte vorkamen. Erst seit kurzer Zeit beeinflussen Frauen wieder unsere religiösen Traditionen und Praktiken.

Als jungianische Psychoanalytikerin betrachte ich die spirituelle Entwicklung als einen notwendigen Bestandteil einer gesunden, erfolgreichen Lebensführung. Mit spiritueller Entwicklung meine ich die lebenslange Auseinandersetzung mit einer transzendenten Quelle, die das Andere ist, uns aber zugleich auch vertraut. Diese Entwicklung beginnt in der Kindheit, wo sie aus der Abhängigkeit von anderen erwächst. In unseren ersten Lebensjahren blicken wir ehrfurchtsvoll auf Eltern und andere Erwachsene, deren Macht uns grenzenlos erscheint: Wer sind diese Wesen? Sie sind unsere frühesten Begegnungen mit einem Anderssein, das uns am Leben hält und beschützt. Die

Bilder und Bedeutungen, die wir in diesen ersten Kontakten mit dem Anderen erwerben, führen uns ins Transzendente ein und bereiten uns darauf vor – oder verhindern –, dass wir ihm später mit Respekt und Interesse begegnen.

Wenn wir älter werden und an emotionaler Reife gewinnen, erkennen wir, dass wir selbst dafür verantwortlich sind, uns am Leben zu erhalten und zu beschützen. Das ist eine beängstigende Einsicht. Einige Erwachsene übernehmen diese Verantwortung nie in vollem Umfang, sondern hoffen weiterhin auf den Schutz und die Gunst eines machtvollen Anderen (Gott, Göttin, Gottheiten). Ihre spirituelle Entwicklung bleibt auf einer kindlichen Stufe stehen.

Die Übernahme von Verantwortung für das eigene und schließlich auch für das Leben anderer ist ein transformatives Ereignis, das zur nächsten Phase der spirituellen Entwicklung führen sollte: Was ist der Zweck meiner Existenz? Wie fügt sich mein Leben in das vertraute Andere von Familie, Gesellschaft, Welt? Wenn wir eine befriedigende Antwort auf diese Frage finden (was nicht immer der Fall ist, sodass die Suche ein Leben lang anhalten kann), dann wenden wir unsere Aufmerksamkeit automatisch dem letzten großen spirituellen Mysterium zu: Wer sind wir? Warum sind wir hier? Reife Spiritualität ist die allmähliche Herausbildung von Integrität, Weisheit und Transzendenz im Hinblick auf die Frage nach dem Sinn unserer menschlichen Existenz innerhalb des umfassenden Anderen unseres Universums.

Der Weg der spirituellen Entwicklung wurde von alters her von den Religionen gewiesen. Religiöse Instanzen steuerten symbolische Verbindungen durch Bilder und Verfahren, die dem heranwachsenden Kind ebenso wie dem reifen Erwachsenen automatisch zugänglich gemacht wurden. Aber in unserer Zeit nimmt die Entwicklung einen individuelleren, zufälligeren Verlauf und kann leicht entgleisen. Ehrfurcht und Staunen vor dem Unerklärlichen verbindet man heute eher mit einem Spaziergang unter einem sternenklaren Nachthimmel oder dem Panoramablick von einem Berggipfel als mit Religion und Verantwortlichkeit. Unsere einzigen weit verbreiteten symbolischen Verbindungen beruhen auf Film und Fernsehen.

Viele Menschen bezweifeln, dass wir in unserer heutigen Zeit überhaupt noch Religionen brauchen. Einige Feministinnen haben die Nützlichkeit von Religionen für Frauen in Frage gestellt, weil die Weltreligionen in vielen grundlegenden Praktiken sexistisch sind. Im Laufe der Jahrhunderte sind Frauen von den Religionen als selbstlose Mütter und als Hüterinnen familiärer Tugenden missbraucht worden, als kindische Wesen, die selbst Schutz und Anleitung brauchen, oder als rein sexuelle, lüsterne Geschöpfe, die Männer verführen und ins Verderben stürzen. Wenn also die Religionen so viel Leid über Frauen gebracht haben, warum ist Spiritualität dann wichtig für die weibliche Selbstbestimmung? Können Frauen überhaupt Zugang zu spirituellen Kontexten und Verhaltensweisen finden, die ein intentionales Handeln, Selbsterkenntnis und eine mutige Auseinandersetzung mit dem Leben fördern?

Warum Spiritualität?

Spiritualität ist von wesentlicher Bedeutung für die psychische Stabilität und Gesundheit, vor allem in der zweiten Lebenshälfte. Im Alter von 35 oder 40 Jahren werden sich die meisten von uns ihrer Sterblichkeit bewusst, wenn sie nicht schon vorher durch Krankheit, Unfall oder Verlust damit konfrontiert wurden. Für Frauen stellt die Auseinandersetzung mit dem Alter auch auf schmerzliche Weise den Wunsch in Frage, ein Leben lang dem Bild des Sehnsucht weckenden Mädchens zu entsprechen. Doch wenn wir ein spirituelles Ziel entwickelt haben, stellen wir fest, dass es ungeahnte Möglichkeiten gibt, um auch im Alter glücklich und zufrieden zu leben. Das Bewusstsein eines größeren Ganzen, das unsere persönliche Identität transzendiert (das Gefühl, nützlich zu sein und ein höheres Ziel zu verfolgen als die eigene Vervollkommnung), ist von entscheidender Bedeutung für die Selbstachtung und Selbstbestimmung, wenn wir älter werden. Eine solche Überzeugung ist ein Schutzschild gegen das Sperrfeuer aus Hexe/Megäre-Projektionen, denen wir ausgesetzt sind, wenn wir unsere weibliche Autorität geltend machen.

Ohne irgendeinen spirituellen Kontext sehen wir der Zukunft mit Verzweiflung, innerer Leere oder Ruhelosigkeit entgegen. Eine religiöse oder spirituelle Orientierung schaltet diese negativen Erfahrungen nicht aus, denn sie sind ein unauslöschlicher Teil des Lebens. Aber diese Sichtweise verleiht ihnen einen Sinn, macht sie auf eine Weise verständlich, die unsere Zuversicht und unser Interesse am Leben bestärkt. Das ist kein Trick oder Selbstbetrug. Es ist vielmehr eine wesentliche Quelle menschlicher Kreativität und Entwicklung: Eine Mythologie oder eine »große Geschichte«, durch die wir die spirituelle Bedeutung unseres individuellen Lebens entdecken.

Die »große Geschichte«

Die »große Geschichte« erklärt, was es bedeutet, lebendig und menschlich zu sein, was wahr und gut ist und warum wir so handeln sollten, wie wir es tun. Wir begreifen unser persönliches Leben nur im Kontext irgendeiner umfassenden Geschichte, die zur Grundlage unserer »Wirklichkeit« wird. Wir brauchen eine »große Geschichte«, um uns zu erklären, was in uns selbst und in der Welt geschieht, doch nicht jede »große Geschichte« bietet Möglichkeiten für eine spirituelle Entwicklung.

Heutzutage akzeptieren wir stillschweigend eine Form von wissenschaftlicher Wirklichkeitsauffassung als Teil der »großen Geschichte«. Unzählige Male am Tag glauben wir an die

»große Geschichte« der Wissenschaft, wenn wir ohne echtes Verständnis auf die Wirksamkeit der Medizin, auf die Funktionsweise von Computern oder die Erklärungen der Genetik vertrauen. Aber die »große Geschichte« der Wissenschaft bietet wenig Anleitung für unsere spirituelle Entwicklung; wir hätten große Mühen, eine symbolische Verbindung zu ihr zu finden, die uns hilft, den Sinn unseres Lebens zu erkennen.

Sowohl C. G. Jung als auch der Psychiater Robert Jay Lifton haben sich mit der Bedeutung »symbolischer Verbindungen« zwischen unserem individuellen Leben und einem spirituellen, sinnverleihenden Kontext befasst. Wenn man zum Beispiel überzeugt wäre, dass die Sonne nur dann jeden Morgen am Horizont auftaucht, weil man ein bestimmtes Ritual durchführt, dann hätte man jeden Morgen eine bedeutende Aufgabe zu erfüllen. Diese Vorstellung lässt sich mühelos auf unsere Zeit übertragen. Wenn wir zum Beispiel glauben, dass unsere persönlichen Bemühungen um Konfliktlösungen und einen respektvollen Umgang mit anderen Menschen die Aussichten auf den Weltfrieden erhöhen, dann nehmen diese Verhaltensweisen eine Bedeutung an, die über unsere persönlichen Interessen hinausreicht. Wenn uns dagegen alle eigenen Aktivitäten und Wünsche als bedeutungslos für eine größere Welt erscheinen, als rein zufällig oder losgelöst von allem anderen, dann ist unser persönliches Leben banal. Zerbricht die symbolische Verbindung zwischen uns und der Welt, fühlen wir uns abgestumpft und ziellos, oder wir suchen nach einem Ersatz, der an die Stelle dieses umfassenderen Sinns treten kann.

Ich stimme mit Jung und Lifton darin überein, dass viele Menschen in unserer Zeit die symbolische Verbindung verloren haben, weil wir keine vereinende »große Geschichte« haben, die uns die Möglichkeit gibt, unseren persönlichen Lebenszweck in einem größeren Zusammenhang zu sehen. Diesen Mangel versuchen wir zu beheben, indem wir lebensbedrohliche Freizeitaktivitäten entwickeln, uns mit außerirdischen Welten befassen oder mit Hilfe von Drogen zu veränderten Bewusstseinszuständen gelangen. Diese Aktivitäten ersetzen den spirituellen Sinn, weil sie Erfahrungen bieten, die unsere gewohnte Selbstwahrnehmung sprengen und uns mit etwas Ehrfurcht Gebietendem und Unerklärlichem verbinden. Doch keine dieser Freizeitvergnügungen kann verlässliche, entwicklungsfähige spirituelle Bedeutungen vermitteln.

Ohne irgendeine Art von transzendentem Sinn können wir kein erfülltes Leben führen, weil die Beschränkungen und das Leid der menschlichen Existenz zu schwerwiegend sind. Wir müssen einen Weg finden, um unseren Schmerz und Kummer erträglich zu machen oder vielleicht sogar in etwas Positives zu verwandeln. So wählen manche Menschen aus den zurzeit verfügbaren Geschichten das Abenteuer der Wissenschaft aus und machen es zur »großen Geschichte« des Fortschritts, der Wunder, der Prophezeiungen und der künftigen Erlösung der Menschheit von ihren Leiden. Andere entscheiden sich für das Abenteuer der persönlichen Entwicklung, bei der das Erforschen, Analysieren und Meditieren subjektiver Erfahrungen im Mittelpunkt steht. Andere wenden sich eher traditionellen spirituellen Abenteuern zu und nutzen religiöse Lehren und institutionelle Angebote von »großen Geschichten«, die mit der Wissenschaft über Kreuz sein mögen, aber größere spirituelle Anleitung bieten. Wieder andere verschreiben sich humanitären Zielen und investieren ihre geistigen Kräfte in die Gestaltung einer Zukunft, die bessere Lebensbedingungen für Not leidende und unterprivilegierte Menschen bietet und/oder unser aller Umwelt besser schützt.

Die Suche oder die »großen Fragen«

Wenn wir uns zu emotional reifen Erwachsenen entwickeln, müssen wir bestimmte Fantasien aufgeben, die uns früher Halt gaben – wie zum Beispiel: »Es gibt vollkommene Menschen auf der Welt, die ihr Leben voll im Griff haben, und eines Tages werde ich dazugehören.« Wenn unsere kindlichen Illusionen von Macht und Kontrolle zerbrochen sind, bleibt uns nichts anderes übrig, als den fundamentalen Unsicherheiten unserer Existenz ins Gesicht zu sehen: Nichts ist von Dauer; alle Menschen werden alt und sterben; jeder ist verwundbar; es gibt keine Garantien dafür, dass mir nur Gutes widerfahren wird, wenn ich mich anständig verhalte. Diese Konfrontation führt automatisch zu den »großen Fragen«, und wir müssen uns ernsthaft mit ihnen auseinander setzen, wenn wir unser menschliches Potenzial voll entfalten wollen. Warum bin ich hier? Was ist der Sinn des Lebens? Was geschieht, wenn ich sterbe? Die Suche nach den Antworten führt zur Entdeckung unserer spirituellen Wünsche.

Im vierten Kapitel habe ich von Marjorie berichtet, der Treibhausmutter, die von dem heimlichen Wunsch getrieben wurde, ihren Sohn Henry in ein »göttliches Kind« zu verwandeln, das ihr alles geben sollte, was sie entbehrte. Sein Charme, sein Erfolg und seine Genialität sollten ihre Fürsorge und Erziehung widerspiegeln. Im Laufe der Therapie setzte sich Marjorie ehrlicher mit ihrer Einstellung zur Mutterrolle auseinander. Sie deckte ihre ambivalenten Gefühle auf und stellte fest, dass sie Henry erfolgreicher erziehen konnte, wenn sie sich eingestand, dass er gut *und* schlecht war, nicht ausschließlich *wunderbar*. Sobald sie Henry erlaubte, seine ambivalenten Gefühle ihr gegenüber offener auszuleben, konnte sie sich von ihren Illusionen über die Mutterschaft befreien. Sie glaubte nicht mehr, dass sie nur auf der Welt war, um Henry eine perfekte Mutter zu sein. Stattdessen fing sie an, sich nach dem höheren Ziel ihres Lebens zu fragen.

Der 40-jährigen Marjorie wurde allmählich bewusst, wie begrenzt die Zeit war, die ihr noch zur Verfügung stand. Sie registrierte körperliche Anzeichen des Alters und sagte häufig, dass sie nicht ewig leben würde. Obwohl sie sich nach einem neuen spirituellen Sinn sehnte, fühlte sie sich verpflichtet, ihre Kinder in dieselbe, wenig anregende protestantische Glaubensgemeinschaft einzuführen, in der sie selbst aufgewachsen war. Ihr Ehemann hatte nichts dagegen einzuwenden, dass die Kinder in diesem Glauben erzogen wurden, nahm selbst aber selten an den Gottesdiensten teil. Marjorie sagte, sie sei von dieser Kirche »zu Tränen gelangweilt«, wagte aber dennoch nicht, sich einer anderen Glaubensrichtung anzuschließen.

Wie viele ihrer Freundinnen ist Marjorie esoterisch beeinflusst: Sie glaubte an Horoskope, an frühere Leben, manchmal sogar an Entführungen durch Außerirdische. Anstatt ihre Energien zu nutzen, um sich mit der spirituellen Frage nach dem Sinn ihres Lebens auseinander zu setzen, verschlang sie Bücher über frühere Leben, verfolgte mit nahezu religiösem Eifer die Fernsehserie *Akte X* und ließ sich die Zukunft prophezeien oder ihr Horoskop deuten. Obwohl Marjories Interesse an diesen Dingen Teil ihrer spirituellen Identität war, stellte die Beschäftigung mit ihnen nur einen Ersatz für die symbolische Verbindung zu einem sinnvollen Leben dar.

In der Therapie erforschten wir gewisse Gemeinsamkeiten zwischen Marjories Elternkomplexen und ihrer Vorstellung von Spiritualität. Wir stellten fest, dass sie die Schwächen und Unzulänglichkeiten in der Fürsorgefähigkeit ihrer Eltern, von denen sie sich als kleines Kind vernachlässigt gefühlt hatte, mit Illusionen über deren Stärken kompensiert hatte. Anstatt sich den emotionalen Rückzug und die Depressionen ihrer Mutter einzugestehen, machte Marjorie sie in ihrer Fantasie zu einer äußerst warmherzigen und einfühlsamen Frau. Den Jähzorn und die unberechenbaren Forderungen ihres Vaters deutete sie um, indem sie sich einredete, dass er im Grunde ein großzügiger und fröhlicher Mensch war und nur gelegentlich von seinen Pflichten überwältigt wurde. Diese Bilder waren nicht völlig falsch, aber sie waren romantisch verklärt, ausgeschmückt mit Marjories Wunschvorstellungen von wirklich guten Eltern.

Ihre erste Begegnung mit einer transzendenten Bedeutung – die Beziehung zu ihren Eltern – hatte also eine fiktive Erklärung des Geschehens erfordert, und ihre spirituelle Entwicklung im Erwachsenenalter setzte diese Fiktion fort. Marjorie besuchte den Gottesdienst ihrer Kirche, der sie innerlich nicht berührte, bemühte sich um Anpassung und suchte dann nach etwas Tröstendem oder Geheimnisvollem in ihren esoterischen Interessen, obwohl diese ihre spirituelle Sehnsucht nicht wirklich befriedigten.

Als Marjorie erkannte, wie ihre psychischen Komplexe mit ihrer spirituellen Entwicklung in Konflikt gerieten, fing sie an, ihre eigenen Wünsche genauer zu erforschen. Sie hatte eine spirituelle Orientierung gesucht, die Aufregung bot, die eher die Großartigkeit des Lebens als das Leiden hervorheben sollte. In Ermangelung einer »großen Geschichte«, die eine authentische symbolische Verbindung mit ihrem Alltagsleben bieten konnte, hatte Marjorie eine neue Heimat in der esoterischen Bewegung gesucht. Durch die Therapie war sie nun bereit, sich um wirkliche Antworten auf ihre »großen Fragen« zu bemühen: Was wollte sie aus ihrem Leben machen, und was konnte sie für sich selbst und ihre Kinder tun, um die »spirituelle Nahrung« zu finden, die ihren authentischen und wahren Bedürfnissen entsprach?

Müssen wir gut sein?

Seit Jahrhunderten haben die institutionalisierten Religionen von Frauen gefordert, dass sie unwissend, passiv, empfänglich, unterwürfig, still und selbstlos sein sollen. In Reaktion darauf haben sich viele Frauen von allen Formen organisierter Religion abgewandt. Doch um uns umfassend mit unserem spirituellen Verlangen auseinander zu setzen und um es aktiv auf eine Weise zu entwickeln, die uns im Alltag trägt, müssen wir

(Menschen im Allgemeinen) uns in der Regel irgendeiner Gruppe oder Gemeinschaft von Gleichgesinnten anschließen. Ohne eine Gemeinschaft können wir uns selbst nur schwer erkennen und bleiben immer anfällig für unsere psychischen Komplexe – auch wenn wir sie erkannt und verstanden haben. Andere Menschen mit ähnlichen spirituellen Wünschen und Überzeugungen können uns helfen, ehrlich zu bleiben, die Orientierung zu behalten und die Zeichen zu erkennen, die uns sagen, wo wir stehen. Eine Gemeinschaft bietet eine zusätzliche Ebene an Unterstützung und emotionaler Verbundenheit, die ausschlaggebend für die spirituelle Entwicklung sein kann. Doch damit eine Gemeinschaft unser geistiges Wachstum auf diese Weise fördern kann, muss sie sehr gut zu uns passen, *und* wir müssen uns aktiv in ihr engagieren.

Da Frauen ständig mit der großen Frage ringen, ob sie zu egoistisch sind, müssen sie gegen die Überzeugung ankämpfen, dass es egoistisch sei, wenn sie sich bei religiösen oder spirituellen Fragen auf sich selbst konzentrieren. Wir haben gelernt, dass wir den Männern unterlegen sind, wenn es darum geht, reinen Herzens zu sein und Weisheit zu erlangen. Man hat uns als narzisstischer, kindischer, unreiner und passiver dargestellt als Männer – auch wenn wir beiläufig für unsere fürsorglichen und mütterlichen Eigenschaften gepriesen werden. Die Rollen der Jungfrau, Muse, Mutter und Ehefrau (die in allen Religionen hervorgehoben werden) implizieren, dass wir selbstlos sein sollten oder dass wir kein Ich oder keine Seele haben – das heißt, nicht über die Fähigkeit zur spirituellen Entwicklung verfügen. Auch wenn Frauen gestattet wird, im Zölibat oder Kloster zu leben, gelten sie doch immer noch als minderwertiger als die Männer, weil unterstellt wird, dass sie allein durch ihre weibliche Natur in ihren spirituellen Fähigkeiten eingeschränkt sind.

Egoistisch oder selbstlos: die falsche Frage

Für zusätzliche Verunsicherung im Hinblick auf Fragen der Religion und weiblichen Selbstbestimmung sorgt auch die Tatsache, dass viele zeitgenössische und traditionelle religiöse und spirituelle Lehren, vor allem wenn sie Meditationstechniken umfassen, besonders hervorheben, dass man sein individuelles Ich loslassen sollte. Der Psychologe Mark Epstein, der sich mit buddhistischen Lehren befasst, schreibt dazu:

Die psychologische Vorstellung, die im Westen über das Selbst herrscht, ist fehlerhaft... Ich-Entwicklung, Selbstachtung, Selbstvertrauen, Ausdruck der eigenen Persönlichkeit, Selbstbewusstheit und Selbstbeherrschung sind die Eigenschaften, nach denen wir am intensivsten streben. Doch der Buddhismus lehrt uns, dass Glück nicht aus dem Streben nach irgendeinem zu erwerbenden Besitz, sei er materiell oder seelisch, resultiert. Glück hängt davon ab, dass wir loslassen können.

Wenn Frauen so etwas hören, glauben sie häufig, dass sie damit aufhören sollten, nach Selbstbestimmung, Selbstbewusstheit und Selbstbeherrschung zu streben, und erkennen nicht, dass es hier um eine *Haltung zum* Selbst, nicht um die *Funktionsweise* des Selbst geht.

Frauen fühlen sich oft von einer Sprache verunsichert, die unterstellt, dass wir die Kunst der persönlichen Souveränität gemeistert hätten. Viele religiöse und spirituelle Lehren gehen von der Kernannahme aus, dass der Mensch Souveränität über sein eigenes Leben hat, ohne einzuräumen, dass dies bei Frauen nur sehr eingeschränkt zutrifft. Die moralischen und ethischen Regelwerke aller großen Weltreligionen gründen in der Überzeugung, dass der Mensch einen freien Willen, die Möglichkeit der Wahl und eigene Intentionen hat. Wenn er diese Intentionen in die Tat umsetzt, hat das Auswirkungen auf ihn und andere. Alle Religionen lehren uns, dass wir unsere Absichten und Handlungen sorgfältig prüfen müssen, wenn wir ein ethisches und moralisches Leben führen wollen.

Die Intentionalität ist ein wesentlicher Bestandteil unserer Auffassung vom »Selbst«. Das bedeutet, dass Selbstentwicklung, Selbstbewusstheit und Selbstbestimmung damit assoziiert werden, dass Menschen ein intentionales Leben führen, dass sie verantwortlich für sich selbst und ihre subjektiven Reaktionen sind. Doch in allen patriarchalen Gesellschaften und Religionen sind Frauen von all jenen Ausdrucksformen des Selbst abgehalten worden, die in Epsteins Beschreibung benannt werden, und das hat zweifellos nicht zu ihrer spirituellen Erleuchtung geführt. Wenn Frauen nicht wissen, was Selbstbestimmung ist, und keine Erfahrung damit sammeln können, dann können sie nicht verstehen, was es bedeutet, einen freien Willen zu haben. Frauen hatten nicht die Freiheit, selbst über ihr Leben zu entscheiden und die Verantwortung für ihre Entscheidungen zu übernehmen. Wie wir im Laufe des Buches immer wieder gesehen haben, hat diese Situation Bedingungen erzeugt, die Frauen darin bestärken, ein Leben als Objekt des Begehrens anzustreben, weil sie den damit verbundenen falschen Versprechungen glauben.

Spiritueller Missbrauch ist eine Situation, in der eine Frau als Objekt des Begehrens benutzt wird, und zwar von einer Person, die sich angeblich auf einer höheren spirituellen Ebene befindet. Sexueller, emotionaler oder finanzieller Missbrauch durch einen spirituellen Anführer wird zum spirituellen Missbrauch, wenn die Erfahrung durch eine so genannte spirituelle Methode gerechtfertigt oder rationalisiert wird.

Nach Ansicht der feministischen Therapeutin und Theoretikerin Demaris Wehr ist ein spiritueller Missbrauch besonders zerstörerisch, weil er in einer Umgebung stattfindet, die als heilig betrachtet wird. Wer sich auf eine spirituelle Suche begibt, »neigt dazu, offener, vertrauensvoller und weniger skeptisch zu sein, als er es in einer weltlichen Umgebung möglicherweise wäre«. Spiritueller Missbrauch tritt häufig in einer Situation auf, in der eine Veränderung des Bewusstseins, eine Neubelebung der Energie oder eine Wunderheilung bewirkt oder in Aussicht gestellt werden. Der Verrat hat weit reichende Folgen, weil häufig nicht nur das Vertrauen zu einer bestimmten Situation oder Person zerstört wird, sondern oft auch das Vertrauen zu übergreifenden Werten und Überzeugungen und vielleicht sogar die Fähigkeit, in spiritueller Hinsicht je wieder Vertrauen fassen zu können.

Zur Bewältigung des Missbrauchs empfiehlt Wehr unter anderem, das Heilige neu zu definieren, indem man »Gott von einer äußeren in eine innere Autorität verwandelt. ... Gott hat den Missbrauch nicht sanktioniert, auch wenn er in seinem Namen stattgefunden hat. Was ist *wirklich* unantastbar, heilig, Gott? Was ist es, wonach Sie selbst in ihrem tiefsten Innern verlangen, was ist unabdingbar für Ihre Integrität?«

Um zu spiritueller und psychischer Reife zu gelangen, müssen wir die Verantwortung für uns selbst und damit für unsere Gedanken, Absichten und Handlungen übernehmen. Wenn wir von unseren Komplexen getrieben werden oder unsere Wünsche von uns abtrennen, indem wir sie auf andere projizieren, dann orientieren wir uns nicht bewusst an unseren Intentionen. Um unsere eigenen Absichten und Wünsche zu erkennen, müssen wir unsere Komplexe begreifen. Die Frage »Wer bin ich?« lässt sich teilweise beantworten, wenn wir verstehen, wie wir auf unsere ganz spezielle Weise Leiden in uns selbst und anderen hervorrufen. Wenn wir erkennen, wie wir dieses Leid erzeugen, können wir auch erkennen, wie wir damit aufhören können. Dann sind wir tatsächlich in der Lage zu wählen, anstatt einem Zwang zu folgen.

Das Selbst erweitern, nicht fortgeben

Und was hat es nun damit auf sich, dass wir unser Selbst loslassen sollen? Anstatt vom Loslassen zu sprechen, finde ich es nützlicher, sich vorzustellen, dass wir unser Selbst erweitern oder mit anderen teilen, damit es alles umfassen kann, was wir in unserer Verbundenheit mit anderen denken und fühlen. Wenn wir unser Selbst erweitern, dann müssen wir es nicht weggeben. Wir können vielmehr erkennen, dass diese spirituellen Lehren auf die Tatsache hinweisen, dass wir immer mit dem gesamten Universum verbunden sind. Die menschliche Grundsituation ist die einer gegenseitigen Abhängigkeit. Viele Frauen verstehen dies fast intuitiv, wenn sie sich in ihren Kindern wieder finden – was sich anfühlt, als ob ihr Selbst an vielerlei Orten zu Hause sei. Wenn wir das Bild der Erweiterung benutzen, kommen wir um die heikle Frage herum, ob wir »jemand sein« müssen, bevor wir »niemand sein« können. Für Frauen zu diesem geschichtlichen Zeitpunkt ist der Dualismus von »jemand-niemand« offensichtlich irreführend und häufig gefährlich.

Wir Frauen müssen uns ganz besonders darüber im Klaren sein, was Selbstbestimmung bedeutet, was es heißt, als Subjekt unseres eigenen Begehrens zu leben, und gleichzeitig erkennen, dass das Selbst eine Aktivität und keine Sache ist. Wir sollten auch sehr aufmerksam über unsere selbstbezogenen Emotionen wachen (Stolz, Neid, Scham, Eifersucht, Schuld, Verlegenheit, Selbstmitleid), die dazu führen, dass wir uns zwanghaft damit beschäftigen, wie wir auf andere wirken. Um das Loslassen dieser Emotionen sollten wir ringen, damit wir konkretere, drängendere Aufgaben angehen können.

Das ganze Buch hindurch habe ich empfohlen, dass Frauen nicht »gut« und nett, sondern vielmehr aufrichtig und mitfühlend sein und genau darauf achten sollten, welche Entscheidungen sie treffen. Wir müssen nicht beherrscht, zerknirscht oder zurückhaltend sein, um uns auf die spirituellen Seiten unseres Daseins einzulassen. Wir müssen nur rückhaltlos in die Aufregung und Energie unserer körperlichen und emotionalen Existenz eintauchen, vor allem durch unsere Verbindung mit der uns umgebenden Natur.

Ganz gleich, wie deine konkrete Situation, deine Ängste, deine Einsamkeit – oder auch Verwirrung – aussehen mögen, sagt die Dichterin Mary Oliver, das Leben ist ein Angebot an deine Fantasie, rau und aufregend, wie der Ruf der Wildgänse. Spirituelle Sehnsüchte und Fragen entstehen aus dieser Art von unmittelbarer und authentischer Begegnung.

Die eigene Suche

Wenn es um die Fragen geht, warum wir hier sind, was der Sinn unserer Existenz ist und warum wir sterben, müssen wir über den Bereich der Psychologie hinausgehen. Um uns mit diesen Fragen auseinander zu setzen, wenden wir uns einer »großen Geschichte« zu, die einen spirituellen Kontext für unsere Entwicklung bietet.

In meinem eigenen Leben finde ich die »große Geschichte« des Mitleids oder des Mitgefühls nützlich, um aus Selbstbefangenheit, Ruhelosigkeit und Hoffnungslosigkeit herauszukommen. Der Begriff verweist auf unsere Fähigkeit zum »Mit-Leiden«, auf die Möglichkeit der Empathie oder Einfühlung in das Leid oder die Probleme anderer. Mitgefühl weckt unseren natürlichen Altruismus, unseren Wunsch zu helfen. Jedes Mal wenn ich einem anderen Menschen oder einem Tier wirklich helfen konnte, bin ich für diese Mühe überreich belohnt worden. Die Entwicklung der Fähigkeit, wirksame Hilfe zu leisten, sich in die einzigartige Situation eines anderen hineinzuversetzen und zu erkennen, was hilfreich ist und was nicht, hat meine Selbsterkenntnis erweitert, nicht in Bezug auf mich selbst, sondern in dem Sinne, dass ich besser verstanden habe, was Menschlichkeit bedeutet.

Ich habe gelernt, dass mein Selbst durch jede mitfühlende Handlung erweitert wird und dass ich in diesen Momenten tatsächlich nicht zwischen mir und dem anderen trennen kann, weil es keinen Unterschied gibt: Es gibt *eine* Handlung, die beide Menschen – oder alle Beteiligten – umfasst. Meine buddhistische Meditationspraxis hat dazu beigetragen, dass ich mir dieser Form der Selbsterweiterung sehr bewusst bin und mich innerlich entspannen kann, ohne zu einer übertriebenen Selbstbewusstheit oder zu einem exzessiven Selbstschutz zu neigen.

Doch das ist nur eine von vielen möglichen Antworten auf die Frage, wie man das Selbst durch eine spirituelle Suche erweitern kann. Meine Klientin Marjorie, die nach einem höheren Ziel in ihrem Leben suchte, trat einer Frauengruppe in ihrer Kirche bei und fing an, Bücher über weibliche Spiritualität zu lesen, vor allem die Werke der feministischen Autorin Starhawk. Durch den Einfluss ihrer Frauengruppe, ihrer Lektüre und ihrer Therapie fing Marjorie an, sich mit Yoga und Meditation zu beschäftigen. Auf lange Sicht führten diese Interessen dazu, dass sie sich auf alternative Ansätze in der weiblichen Gesundheitsfürsorge spezialisierte und ein kleines Geschäft eröffnete, in dem sie unter anderem Yoga, Nahrungsergänzungsstoffe, Produkte der Aromatherapie und andere Gesundheits- und Kosmetikartikel anbot. Durch diese Arbeit konnte sie ihre geschäftlichen Erfahrungen, ihr Organisationstalent und ihre spirituellen Interessen miteinander verbinden.

Als Marjorie ihre Therapie beendete, hatte sie ihre Religionszugehörigkeit geändert und nahm mit ihren Kindern und ihrem Mann an den Versammlungen einer Quaker-Gemeinde teil. Außerdem war sie einer feministischen Gruppe in ihrer Gemeinde beigetreten und machte eine Ausbildung zur Yoga-Lehrerin. Ihre Spiritualität war soweit gereift, dass sie sich symbolisch mit ihrer Umwelt verbunden fühlte; sie war überzeugt von den religiösen Lehren, die sie ihren Kindern vermittelte, und blickte sogar trotz des scheinbaren Chaos unserer Zeit optimistisch in die Zukunft.

Selbstbestimmte Frauen nehmen ihre spirituellen Fragen direkt und persönlich in Angriff und entwickeln Mittel und Wege, um die Antworten mit Hilfe traditioneller Religionen, feministischer Spiritualität oder anderer zeitgenössischer spiritueller Techniken zu finden. Der Feminismus hat uns alle dazu ermutigt, Entscheidungen zu treffen und zu verstehen, warum wir auf eine bestimmte Weise handeln, damit wir erkennen, wie sich unser Handeln auf unsere Menschlichkeit auswirkt. Aus einer feministischen Perspektive können Frauen in keiner religiösen oder spirituellen Umgebung gedeihen, in der sie einfach Regeln folgen, die – zumindest teilweise – erfunden wurden, damit Männer weiterhin ein Leben als Subjekt und Frauen weiterhin ein Leben als Objekt führen. Wann immer wir uns auf spirituelle Umwelten und Praktiken einlassen, müssen wir also sehr aufmerksam darauf achten, dass wir unsere Intentionalität nicht aus den Augen verlieren, wenn wir persönliche Souveränität erreichen wollen.

Ist es das wert?

Diese Frage müssen wir uns alle stellen und beantworten, wenn wir zu Subjekten unserer eigenen spirituellen Wünsche werden wollen. Sie bedeutet, dass wir immer wieder einschätzen und neu bewerten müssen, wo wir im Verhältnis zu den Gesetzen und Regeln unserer religiösen Praktiken und Traditionen stehen. Funktioniert das für mich als Frau? Wenn nicht, kann ich etwas daran ändern?

Alle institutionalisierten Religionen – Judentum, Christentum, Islam, Hinduismus und Buddhismus – enthalten frauenfeindliche Praktiken und Regeln. Durch den Einfluss des Feminismus und durch Frauen in Führungspositionen fangen diese Institutionen allmählich an, sich zu verändern, auch wenn der Veränderungsprozess nur langsam vorangeht und die Traditionen sehr stark sind. Die Mitgliedschaft in einer patriarchalen Religion, auch wenn diese sich in einem feministischen Umbruchsprozess befindet, erfordert auf jeden Fall sehr viel Zeit und Anstrengung. Von daher ergibt sich also für jede Frau die Frage, ob sie in Anbetracht dieses Kraftaufwands ihre seelische Gesundheit, ihre Verbindungen mit anderen und den Glauben an ihre eigene Souveränität bewahren kann.

Viele Frauen sind immer noch unsicher, wie sie zum Subjekt ihrer spirituellen Bestrebungen werden können, ohne sich selbst in Machtkämpfen zu verlieren oder sich wieder einmal von anderen Frauen zu isolieren. Meine Klientin Anne sagt: »Es gibt so vieles, für das ich dankbar bin, und ich möchte etwas von dem, was ich bekommen habe, durch irgendeine Form von Spiritualität zurückgeben. Ich wünsche mir ein Betätigungsfeld oder eine Gruppe, aber ich zögere, mich auf irgendetwas Religiöses im Sinne einer *Institution* einzulassen, weil das alles so kompliziert macht.« Sie fühlt sich hin- und hergerissen, wenn sie eine konventionelle Messe in ihrer Kirche besucht. Obwohl es eine Pastorin in ihrer Kirche gibt und obwohl in einer nahe gelegenen Diözese eine Bischöfin residiert, hat Anne den Eindruck, dass ihre Kirche immer noch nach denselben männerorientierten Prinzipien arbeitet, wie sie es schon in ihrer Kindheit getan hat. Weibliche Geistliche mögen einen eher beziehungsorientierten Führungsstil haben, aber ihre Präsenz hat auch in Annes Kirche wenig an der Entscheidungsfindung auf den höheren Ebenen geändert. Anne genießt die Zeremonie, aber sie fürchtet, dass sie ihre Mitgliedschaft nur deshalb zu rechtfertigen versucht, weil sie sich nicht dazu aufraffen kann, nach Alternativen zu suchen. Sie ist unsicher, ob sie ihre Religionszugehörigkeit kritischer untersuchen sollte, weil sie nicht wirklich weiß, ob sie nach einer anderen Glaubensrichtung Ausschau halten will. Wenn sie mit der Tradition bricht, schneidet sie sich von den gemeinsamen Familienfeiern ab, aber wenn sie bleibt, muss sie bereit sein, den Status quo in Frage zu stellen, um die Tür zumindest einen Spalt weit für solche Veränderungen zu öffnen, die sie für richtig hält.

Auch ich stelle die patriarchalen Wurzeln meiner Religion in Frage. Ich bin 1970 zum Buddhismus übergetreten, bevor ich Feministin und Mutter wurde. Schon damals war mir klar, dass der Buddhismus, insbesondere der Zen-Buddhismus, meine Hauptstütze für ein erfülltes und bewusstes Leben sein würde. Aber von Anfang an empfand ich mitunter eine Furcht, für die ich keine Worte hatte, und eine wachsende Wut über Praktiken und Regeln, die mir auferlegt wurden, ohne dass ich ihren Sinn verstand. Ich wusste nicht, wie ich diesen Konflikt in Worte fassen sollte, und habe es daher nicht getan.

Nach nur vier Jahren und nachdem ich viel gelernt hatte, was ungeheuer wichtig für mich war, wurde mir klar, dass ich dieselbe Art von Scham und Demütigung, dieselben negativen Gefühle über mich selbst und meinen Wert durchlebte, die ich in der Religion meiner Kindheit empfunden hatte. Der Gedanke, dass ich erneut bei einer Religion gelandet sein könnte, die »auf Angst baut«, beunruhigte mich. Ich litt unter der Strenge der Zen-Praktiken, die mir teilweise unmenschlich erschienen, und ich sah nicht ein, warum man die Gläubigen unterdrücken und isolieren musste. Ohne lange darüber nachzudenken und fast zu meiner eigenen Überraschung verließ ich das Zen-Zentrum, dem ich mich angeschlossen hatte. Als ich meinem Lehrer mitteilte, dass ich gehen wollte, reagierte er freundlich und auf eine Weise, die mir erlaubte, mich weiterhin als Buddhistin zu fühlen.

Fast 20 Jahre lang übte ich die Religion allein aus, hielt mich manchmal an traditionelle Zen-Methoden, manchmal nicht und traf mich häufig mit verschiedenen Quaker-Gruppen, um eine Gemeinschaft von Gleichgesinnten zu haben. Ich las viel über die Geschichte des Buddhismus und erwarb Kenntnisse, die meine religiöse Praxis verständlicher machten, sie in einen größeren Zusammenhang stellten. Ich kam mir blöd vor, weil ich mich selbst als »Buddhistin« definierte, aber keine Bindung an eine Gruppe hatte. Dennoch war ich auch überzeugt, dass meine Intuition richtig war und ich tatsächlich eine Zeit lang allein sein musste. Nachdem ich an mehreren Orten nach einem neuen Lehrer gesucht hatte, kehrte ich 1993 schließlich wieder zu meinem ersten Lehrer und in das Zen-Zentrum zurück, in dem ich angefangen hatte.

In den dazwischenliegenden Jahren hatten Frauen und der Feminismus den Buddhismus und das Zentrum beeinflusst. Heute merke ich, dass ich Raum habe, um Fragen zu stellen, Zweifel und Probleme zu äußern und Themen anzuschneiden, die der Mainstream-Überzeugung zuwiderlaufen. Ich bin froh, dass ich in meine Gemeinschaft zurückgekehrt bin, dort so viele Freunde habe und wieder an meine Vergangenheit anknüpfen konnte.

Wenn Gott männlich ist

Wenn ich meine eigene spirituelle Entwicklung betrachte, kann ich mir nicht vorstellen, dass ich heute Mitglied einer zen-buddhistischen Gemeinschaft sein könnte, wenn es den Feminismus nicht gegeben hätte. Der Buddhismus ist eine nontheistische Religion. Das heißt, er leugnet nicht die Existenz übernatürlicher Wesen, hat aber kein absolutes oder höchstes Wesen, das über Erlösung oder Verdammnis bestimmen kann. Deshalb gibt es kein höchstes Wesen mit einem bestimmten Geschlecht, keinen Gott. In den Siebzigerjahren fühlte ich mich im Buddhismus gut aufgehoben und habe daher nicht viel über Gott nachgedacht, bis ich auf die Schriften feministischer Theologinnen stieß.

Eine 1979 erschienene Essaysammlung mit dem Titel *Womanspirit Rising: A Feminist Reader in Religion*, herausgegeben von Carol Christ und Judith Plaskow, führte mich in ein breites Spektrum von neuen Entwicklungen in der feministischen Theologie ein. Diese Essays machten mir bewusst, dass das Bild eines männlichen Gottes unsere gesamte Gesellschaft beeinflusst, nicht nur unsere jüdisch-christlichen Religionen, sondern auch unsere gesamte Denkweise, all unsere Werte und alle gesellschaftlichen Bereiche. Sechs Jahre zuvor hatte die Theologin Mary Daly geschrieben: »Wenn Gott männlich ist, muss das Männliche Gott sein.« Dalys klare Worte waren für viele der Anlass, um die politischen Komponenten von traditionellen Religionen genauer zu untersuchen.

Diese Perspektive zeigte mir meine Erfahrungen im Zen-Zentrum in einem anderen Licht. Ich hatte eine Sprache für meine stummen Konflikte gefunden. Sogar in dieser nontheistischen Umgebung gab es die unmissverständliche Implikation, dass »das Männliche Gott ist«, denn alle Lehrer, Anführer und Rollenmodelle waren Männer – und ihre Autorität wurde nicht in Frage gestellt.

Heute gibt es einige Frauen, die Macht- und Einflusspositionen im Buddhismus und in anderen großen Religionen unserer Gesellschaft einnehmen, aber wir stehen immer noch ganz am Anfang, wenn es darum geht, alte Traditionen zu verändern. Frauen ringen um Führungspositionen, bemühen sich um einen Wandel von Sprech- und Denkweisen und sind immer wieder aufs Neue bestrebt, ihre Religionen empfänglicher und mitfühlender für die Bedürfnisse aller Menschen zu machen. 1979 glaubten Christ und Plaskow, der Feminismus stelle »eine wachsende Bedrohung für die patriarchalen Religionen dar, nicht so sehr, weil er sie bekämpft, sondern eher, weil er sie einfach hinter sich lassen wird«. Ihre Prophezeiung hat sich nicht erfüllt. Obwohl frauenorientierte Religionen sich großer Beliebtheit erfreuen, sind viele Frauen innerhalb des Systems einer institutionalisierten Religion geblieben, auch wenn sie erkennen, dass diese als Instrument ihrer Unterdrückung missbraucht wird. Klerikerinnen, Religionslehrerinnen und Ordensfrauen aller Traditionen haben viele erstaunliche und einige fast unvorstellbare Veränderungen bewirkt, indem sie »den Marsch durch die Institution« angetreten haben.

Die Arbeit innerhalb der Traditionen

Der Feminismus hat den religiösen Status quo vieler Traditionen bedroht, weil er die Grundlagen der Rollen und Überzeugungen, die dem Machterhalt einiger weniger dienen, in Frage gestellt und ausgehöhlt hat. In ihren Bemühungen, die zerstörerischen Auswirkungen eines auf Privilegien und Unterdrückung basierenden Systems zu bekämpfen, sind feministische Theologinnen nicht nur daran interessiert, Frauen in hohe geistliche Ämter und Machtpositionen zu heben. Ihr Interesse richtet sich auch auf eine Neuformulierung des Glaubens, damit alle Menschen erkennen, dass sie ihr spirituelles Leben aktiv gestalten können und keine passiven Empfänger sind.

Feministische Einflüsse auf Religionen und spirituelle Praktiken zeigen allmählich Wirkung. Meiner Ansicht nach ist der amerikanische Feminismus der letzten 25 Jahre in der Theologie und anderen spirituellen Bereichen erfolgreicher gewesen als in anderen gesellschaftlichen Bereichen. Große Priesterseminare und religiöse Institutionen sind heute praktisch gezwungen, feministische Arbeiten in ihre Bibliographien und Kursangebote aufzunehmen; auch wer eine feministische Theologie ablehnt, muss sich im Rahmen seiner fachlichen Ausbildung damit beschäftigen. In dieser Hinsicht ist die Theologie entschieden weiter als andere Disziplinen, wie zum Beispiel Medizin oder Jura oder auch Wirtschaft und Politik.

Feministische Theologinnen und weibliche Geistliche, Rabbinerinnen, Pastorinnen und Pädagoginnen haben neue Möglichkeiten dafür geschaffen, dass alle Menschen – aber vor allem Frauen, denen dieses Recht jahrhundertelang verwehrt wurde – als Subjekte an einem spirituellen Prozess teilnehmen können.

Dennoch ist der Glaube, dass es möglich ist, weibliche Selbstbestimmung in einer traditionellen patriarchalen Religion auszuüben, in vielerlei Hinsicht noch ein im Werden begriffenes Projekt. Die Psychotherapeutin und Feministin Rachel Josefowitz Siegel, die sich selbst als »laute, stolze jüdische Mutter, Großmutter und Urgroßmutter« bezeichnet, hat zahlreiche Aufsätze zum Thema Feminismus und Judentum veröffentlicht. Über die Veränderungen, die es Frauen gestatten, als Rabbinerinnen zu praktizieren, und den heiligen Text, die Tora, zu studieren, sagt sie: »Die institutionellen Veränderungen sind alles andere als universell und haben häufig den Charakter von irreführenden Trugbildern, weil sie nur die Oberfläche betreffen, während sich an den grundlegenden Einstellungen und Verhaltensweisen so gut wie überhaupt nichts verändert hat.« Erst seit 1922 dürfen jüdische Mädchen an der Initiationszeremonie, der so genannten Bar Mizwa, teilnehmen. Mit dieser Zeremonie, die für Jungen seit 2500 Jahren abgehalten wird, wird ein junger Mensch in die Gemeinschaft der erwachsenen Gläubigen eingeführt. In orthodoxen jüdischen Gruppen sind Mädchen auch weiterhin von diesem Ritual ausgeschlossen.

Doch der Zugang zu Texten, Ritualen und Traditionen, die Frauen bisher verwehrt waren, wirft neue Fragen auf. Nachdem Rachel Josefowitz Siegel die Tora im fortgeschrittenen Lebensalter kennen gelernt hatte, war sie überrascht, mit welcher Ambivalenz das Gelernte sie erfüllte:

Je mehr ich lernte, desto bewusster wurde mir meine Abneigung gegen die sexistischen, hierarchischen und rachsüchtigen Botschaften, die in jüdischen Texten verankert sind. Ich fing an, mich zu fragen, ob dies wirklich etwas war, das ich fortsetzen wollte. Für mich stellte sich die Frage, ob es möglich ist, die positiven Elemente der jüdischen Lehren zu bewahren und die kritikwürdigen Elemente neu zu fassen oder abzulehnen.

Siegel beantwortete die Frage positiv und hat sich dafür engagiert, dass Frauen in Gebete, Institutionen und kommunale Führungsgremien aufgenommen werden, während sie gleichzeitig den Status quo der Texte in Frage stellte. Sie hat sich in ihrer eigenen Gemeinde und in nationalen Organisationen dafür eingesetzt, dass Frauen mehr Möglichkeiten erhalten, heilige Texte mit ihren Rabbis zu diskutieren und zu hinterfragen. Außerdem hat sie ihre Enkelinnen aufgefordert, mit Rabbis über ihre sich entwickelnde Identität als feministische jüdische Frauen zu sprechen. Sie hat beharrlich darauf hingewirkt, dass die traditionelle männliche Hierarchie in Frage gestellt wird und dass jüdische Frauen die Bedeutung des Wissens erkennen, das sie in ihre Gemeinschaft einbringen. Bei all ihren Bemühungen akzeptiert Siegel nichts als selbstverständlich, sondern fragt bei jedem Element ihrer Religion, welche spezielle Bedeutung es für Frauen hat.

Die katholische Theologin Mary Hunt wirft ähnliche Fragen für ihre Religion auf. Ist es möglich, die negativen Elemente des Katholizismus zu entfernen und die positiven zu bewahren und als Feministin in dieser Kirche zu bleiben? Hunt hält dies für möglich, aber nur, wenn Struktur, Dogma und Sprache grundlegend verändert und Machthierarchien abgeschafft werden. Sie ist zwar überzeugt, dass die Ordination von Frauen in der römisch-katholischen Kirche immer wahrscheinlicher wird, bezweifelt jedoch eine positive Auswirkung dieser Entwicklung. Wie viele andere katholische Feministinnen ist auch Hunt der Auffassung, dass die Ordination ein Pyrrhussieg wäre: »Wenn man Frauen innerhalb hierarchischer Strukturen zu Priesterinnen weiht und ... fordert, dass sie zölibatär leben und unter der direkten Kontrolle männlicher Bischöfe stehen ... so wird das keine große Errungenschaft sein.« In der Tat würde ein solches Arrangement die männliche Macht abstützen, die tyrannischen Züge der römisch-katholischen Kirche bestärken »und die vielen überaus problematischen Fragen von Doktrin und Dogma unberührt lassen«.

Hunt betont, dass Frauen sich nicht von oberflächlichen Veränderungen in einer patriarchalen Religion täuschen lassen sollten:

Die wichtigste Veränderung [durch feministische Einflüsse auf die Religion] betrifft nicht das Geschlecht des Göttlichen, auch wenn weibliche Bilder und Symbole ebenso wie eher abstrakte, geschlechtsübergreifende Vorstellungen sehr wichtig sind. Sie betrifft vielmehr die Idee, dass Frauen keine passiven Empfängerinnen von Religion, sondern aktive Gestalterinnen sein sollen ... Das signalisiert einen fundamentalen Wandel von einem hierarchischen Modell, bei dem Religionsexperten die Führung innehaben ... zu einem Modell, bei dem die Frauen selbst die Verantwortung für ihr religiöses Leben tragen.

Nachdem die Kirchen jahrhundertelang rein patriarchale Organisationen waren, in denen Frauen weder Mitspracherecht hatten noch Ämter bekleiden durften, wurde 1853 die erste Frau von der United Church of Christ (UCC) ordiniert. Heute sind über 20 Prozent der Geistlichen in der UCC Frauen. In der Episkopalkirche wurde erstmals 1973 eine Frau zur Priesterin geweiht; heute gibt es mehr als 1950 Priesterinnen in der Episkopalkirche, und 2,3 Prozent der Bischofsämter werden von Frauen bekleidet. Ihr Machtvolumen erreicht jedoch nur in Ausnahmefällen das ihrer männlichen Kollegen.

Im Judentum war es den Frauen von Anfang an verboten, die heilige Sprache und die Schrift zu kennen. Die Rolle der Frau bestand darin, die jüdischen Traditionen durch häusliche und fürsorgliche Verhaltensweisen und nicht durch die Kenntnis der wichtigsten Lehren zu unterstützen. Die Mischung aus verinnerlichten Minderwertigkeitsgefühlen, Unterdrückung durch die nichtjüdische Welt und erlernter Unkenntnis innerhalb des Judentums hinterlässt sogar bei Feministinnen ambivalente Gefühle, wenn es darum geht, »jüdisch zu handeln, zu sprechen oder zu sein«.

Doch trotz dieser negativen inneren und äußeren Entmutigungen verschaffen jüdische Frauen ihren Stimmen und Anliegen aktiv Gehör. Im Reformjudentum wurde 1972 die erste Frau zum Rabbi ordiniert, und innerhalb von zehn Jahren bildeten Frauen mehr als ein Drittel der Studentenschaft im Reformseminar. Feministische jüdische Studien und *Rosh-Chodesh*-Gruppen breiten sich sowohl in reformierten als auch in konservativen Gemeinden aus und führen auf internationalen, nationalen und regionalen Tagungen neue frauenspezifische Themenbereiche ein.

Der Buddhismus ist ursprünglich von der Überzeugung ausgegangen, dass eine grundlegende Gleichheit der Geschlechter besteht. Die alten Texte, in denen die Lebensgeschichte Buddhas festgehalten ist, bewahren auch die alten Geschichten über asketische Frauen, die die höchsten Ziele eines spirituellen Lebens, wie sie vom frühesten Buddhismus formuliert wurden, erreichten. Diese im sechsten Jahrhundert v. Chr. aufgezeichneten religiösen Schriften über die Erleuchtungserfahrungen von Frauen machen den Buddhismus einzigartig unter den Weltreligionen.

Doch trotz der Dokumentation solcher Ereignisse hat sich auch im Buddhismus allmählich die These von der fundamentalen spirituellen Unterlegenheit der Frau durchgesetzt und dazu beigetragen, dass Frauen auch in dieser Religion unterdrückt wurden. Während seiner ganzen 2 500 Jahre alten Geschichte und bis zum Aufkommen des westlichen Buddhismus vor etwa 40 Jahren glaubten viele Buddhisten, »dass Frauen erst als Männer wiedergeboren werden müssen, bevor sie Erleuchtung erlangen können«. Obwohl diese Überzeugung heute im Allgemeinen als falsch gilt, wird sie immer noch von einigen traditionellen Buddhisten aufrechterhalten.

Dennoch fühlen sich viele Feministinnen zu dieser Religion hingezogen, weil der Buddhismus und buddhistische Meditationspraktiken in Erfahrung gründen. Wie der Feminismus geht auch der Buddhismus davon aus, dass wir durch unsere Unkenntnis der Wirklichkeit verblendet sind und deshalb unser wahres Wesen nicht sehen. Beide Bewegungen ermutigen uns dazu, uns von den trügerischen Zwängen und Illusionen zu befreien, die die wahre Schönheit und Zufriedenheit unseres Lebens vor uns verbergen. Für Feministinnen eröffnet die buddhistische Praxis die Möglichkeit, ihre Handlungs- und Selbstfindungsprozesse zu fördern und voranzutreiben, weil sie bewährte Methoden bietet, mit denen wir uns die Fülle des Augenblicks bewusst machen können.

Doch in den buddhistischen Schriften und Lehren, in den Texten der westlichen Buddhismusforschung und auch in der Mehrzahl der Handbücher, die für einen Einstieg in die Meditation geschrieben wurden, finden wir wenig Hinweise auf die Erfahrungen von Frauen, vor allem kaum auf Erfahrungen, die sich von denen der Männer unterscheiden. Folglich gab es bis vor ganz kurzer Zeit wenig bis keine Anleitungen dafür, wie Frauen formelle Meditationsübungen nutzen können, um ihre Erfahrungen in Beziehungen, mit Schwangerschaft und Geburt oder in der Kindererziehung bewusster zu erleben oder zu erleichtern. Zeitgenössische feministische Buddhistinnen füllen diese Lücke, indem sie Alltagserfahrungen von Frauen in buddhistische Praktiken integrieren und an einem theoretischen Ansatz arbeiten, der den feministischen mit dem meditativen Blick verbindet.

Ich habe in diesem Abschnitt lediglich einen flüchtigen Blick auf den Sexismus und die Frauenfeindlichkeit von Religionen geworfen und am Beispiel einiger weniger Glaubensrichtungen aufgezeigt, was Frauen tun, um diese Situation zu verändern. Da Feministinnen weiterhin innerhalb der Beschränkungen patriarchaler Religionen praktizieren und weil diese Religionen alte und bewährte Traditionen spiritueller Entwicklung anbieten, können wir bis zu einem gewissen Grad innerhalb dieser Glaubensrichtungen zu Subjekten unserer spirituellen Wünsche werden. Feministinnen betonen immer wieder, wie ungeheuer wichtig es ist, dass wir nichts als selbstverständlich akzeptieren und keine Regeln oder Anweisungen befolgen, deren Sinn wir nicht verstehen. Wir müssen selbst entscheiden, welche Elemente wir nutzen können, um Integrität, Weisheit und Transzendenz auf eine Weise zu entwickeln, die unsere Selbstbestimmung bestärkt.

Die Arbeit außerhalb von Traditionen

Und wie steht es mit den Religionen, die sich außerhalb des Patriarchats bewegen? Als Alternativen zu traditionellen Religionen haben Frauen religiöse Gruppen gegründet, die sich am New Age, an der »Großen Göttin« oder neoheidnischen Ideen orientieren. Einige verstehen sich explizit als feministische Religionen. Sie unterstützen und fördern die weibliche Selbstbestimmung und reagieren sensibel auf die verinnerlichten Minderwertigkeitsgefühle, die viele Frauen durch traditionelle religiöse Praktiken entwickelt haben.

Seit der Veröffentlichung von Margot Adlers *Drawing Down the Moon* im Jahre 1979 gehört die neoheidnische Bewegung zu den am schnellsten wachsenden Formen der Spiritualität in den USA und zählt Schätzungen zufolge mittlerweile mehr als 200 000 Mitglieder. Diese Bewegung ist ein lockerer Zusammenschluss verschiedener spiritueller Gruppen, in deren Zentrum der Göttinnenkult steht. Es gibt kein offizielles Grundsatzwerk, das von allen Anhängerinnen geteilt wird, aber die meisten zeitgenössischen Wicca-Gemeinschaften halten sich an ein System, dem Feiertage wie Tagundnachtgleichen, Sonnenwenden und andere, mit den Jahreszeiten verbundene Tage zugrunde liegen.

Die Göttin wird häufig über drei Aspekte dargestellt, die den Phasen des Mondes und dem weiblichen Lebenszyklus entsprechen: Junges Mädchen, Mutter und weise alte Frau. Alle drei Aspekte werden auf eine Weise beschrieben und imaginiert, die patriarchalen Annahmen über sie widersprechen und die Stärken und Fähigkeiten von Frauen unterstreichen.

Bei rituellen Versammlungen und in Arbeitsgruppen machen die Anhängerinnen der neoheidnischen Bewegung die Erfahrung, dass feministische Fragen und spirituelle Bestrebungen ineinander fließen können. In einer auf Heilung ausgerichteten Atmosphäre berichten Frauen über eine Neubelebung ihres Vertrauens, über eine Genesung von psychischen, physischen, sexuellen und spirituellen Missbrauchserfahrungen. Belebt durch ihre gemeinsame Arbeit engagieren sich spirituelle Feministinnen häufig für gesellschaftliche Veränderungen. Sie teilen die Überzeugung, dass das »weibliche Prinzip« (verbunden mit der Göttin, Natur, Fürsorge und Wachstum) zu einer neuen umfassenden Heilung von umweltbezogenen, gesellschaftlichen und geschlechtsspezifischen Problemen beitragen kann.

Die meisten Angehörigen dieser Gruppen entdecken viel Positives in einer frauenzentrierten Spiritualität, auch wenn der Ausschluss von Männern durch einige neoheidnische Organisationen mitunter auf Kritik stößt oder mit dem Vorwurf des Sexismus konfrontiert wird. Wenn sich Frauen mit den Formen und Bedeutungen weiblicher Erfahrungen im Patriarchat auseinander setzen, dabei aber Männer ausschließen und sich ausschließlich auf den weiblichen Lebenszyklus konzentrieren, wird das den umfassenderen Zielen weiblicher Selbstbestimmung vielleicht nicht immer gerecht. Schließlich leben wir in einer Gesellschaft, die männliche Dominanz, patriarchale Strukturen und Männer umfasst.

Wenn wir uns in dieser Gesellschaft erfolgreich behaupten und sie gleichzeitig verändern wollen, müssen wir häufig über Bilder von Göttinnen hinausgreifen und nachahmen, was uns an Rollenmodellen beiderlei Geschlechts durchführbar, aufrichtig und nützlich erscheint. Die feministische Spiritualität aber scheint ausschließlich jenen Vorstellungen gewidmet zu sein, die der Macht der Göttin dienen sollen und sich auf den weiblichen Fortpflanzungszyklus und seine Entsprechungen in der Natur konzentrieren. Außerdem gibt es die neoheidnische Bewegung erst seit 25 Jahren. Ihr kurzes Bestehen kann die Vereinbarkeit mit anderen Erfahrungsaspekten von Frauen – Familie, Freunde, Arbeitssituation – mitunter erschweren. Und manchmal bedeutet etwas Neues auch, dass wir viel Zeit und Mühe aufwenden müssen, um die notwendigsten Grundlagen für eine funktionierende Zusammenarbeit zu schaffen.

Trotz allem hat die feministische Spiritualität eine dringend benötigte Alternative zu patriarchalen Religionen geschaffen und zudem die klare Botschaft ausgegeben, dass Selbstbestimmung, Selbstachtung und seelische Gesundheit die Grundpfeiler im spirituellen Leben von Frauen sein müssen. Der Dialog zwischen Feministinnen in patriarchalen Religionen und Feministinnen in neubegründeten Glaubensgemeinschaften hat viel dazu beigetragen, dass Frauen als Subjekte ihrer spirituellen Wünsche diejenigen Fragen stellen können, auf die sie selbst eine Antwort suchen.

Ein sinnvolles Leben

Trotz aller Gefahren, die der weiblichen Selbstbestimmung in religiösen und spirituellen Umgebungen drohen, überwiegen die Vorteile einer spirituellen Entfaltung bei weitem die Nachteile einer rein weltlich orientierten Lebensweise. Ohne irgendeinen spirituellen Kontext erscheint das Leben schließlich zu überwältigend oder zu deprimierend. Was uns dazu antreibt, nach etwas zu suchen, das über unsere persönliche Identität und materielle Besitztümer hinausreicht, ist das Leben selbst – die lange Abhängigkeit der Kindheit, die ängstliche Verantwortung des Erwachsenenalters, Alter, Verfall und Tod.

Trotz unserer wissenschaftlich-materialistischen Ära bietet sich heute allen Menschen die Möglichkeit, nach einem höheren spirituellen Sinn zu suchen und diese aktive Auseinandersetzung zu einem wesentlichen Bestandteil einer intentionalen Lebensführung zu machen. Feministinnen haben einen wesentlichen Beitrag dazu geleistet, weil sie den Zusammenhang zwischen reifer Spiritualität und emotionaler Reife, insbesondere bei Frauen, verdeutlichen konnten.

Mir gefällt, wie Nancy Mairs diese Idee aus einer christlichen Perspektive darstellt:

Wir sind keine bemitleidenswerten Geschöpfe und müssen uns nicht hilflos unter einem Blizzard von Widrigkeiten zusammenkauern, den eine launische Macht auf uns herabwehen lässt, weil sie sich auf unsere Kosten amüsieren will. Gott ist mitten unter (in) uns, und wenn wir diese innere Präsenz Gottes beim anderen erkennen und achten, können wir in der Gemeinschaft Gottes leben und sie gestalten.

Wir können heute neue Formen der Anleitung durch Traditionen und die Unterstützung durch eine Gemeinschaft finden, um einen spirituellen Sinn zu schaffen und zu bewahren. Patriarchale Religionen (wie widerstrebend auch immer) und feministische Spiritualität verbinden sich zu der Aufforderung, dass wir unsere spirituellen Sehnsüchte als Subjekte leben sollten.

SIEBTES KAPITEL

Das Paradox von Freiheit und Begehren

Dieses ganze Buch hindurch habe ich viele Aspekte der persönliche Souveränität erörtert. Ich habe aufgezeigt, dass persönliche Souveränität etwas anderes ist als Selbstbehauptung, Individualität, Unabhängigkeit oder die Durchsetzung des eigenen Willens. Persönliche Souveränität oder Autonomie bedeutet, dass wir das Gefühl haben, frei wählen und in bewusster Absicht handeln zu können. Um auf eine Weise entscheiden zu können, die sowohl verantwortungsbewusst als auch erfüllend und befriedigend ist, brauchen wir Wissen und Erfahrung. Nur durch bewusste Erkenntnis und Anstrengung können wir die Fähigkeit entwickeln, unsere eigenen Entscheidungen klar auszudrücken und durch ein verantwortliches Handeln, durch ethische Werte und eine deutliche Sprache zu untermauern.

Starke Wünsche oder Sehnsüchte, die aus dem Verlangen nach einer bloß erfreulichen oder lustvollen Erfahrung erwachsen, sind keine verlässlichen Orientierungshilfen, wenn wir Autonomie anstreben, weil sie zu impulsivem Verhalten und zur Sucht führen können. Diese Art von Verlangen ist nie zu stillen. Es beruht darauf, dass etwas, was wir uns wünschen, nicht da ist – sei es ein schlanker Körper, Sex, Geld oder auch ein idealer Lebenspartner –, und verliert seinen Reiz, sobald wir es bekommen. Tatsächlich ist das Fehlen des angestrebten Gutes das wesentliche Merkmal dieses Verlangens, das als innere Leere, Hunger, Mangel oder Entbehrung empfunden wird.

Um die Fähigkeit zur persönlichen Souveränität zu entwickeln, müssen wir unsere Wünsche *kennen*. Wenn wir sie kennen, dann können wir zwischen ihnen wählen und anfangen, zwischen den verschiedenen Wegen zu unterscheiden, auf die unsere Wünsche uns möglicherweise führen. Wenn wir den Unterschied zwischen dem Wunsch, begehrenswert zu sein, und dem Wunsch, eigene Entscheidungen zu treffen, erkannt haben, durchschauen wir auch besser, wie wir mit dem Druck umgehen können, der in uns selbst und anderen entsteht, sobald wir anfangen, uns selbst ernst zu nehmen. Wir begreifen, dass wir uns mitunter den Ruf als Hexe oder Megäre einhandeln, wenn wir auf unser eigenes Wissen pochen, und wir lernen, unsere Autorität angesichts von Herausforderungen, Angriffen und negativen Etikettierungen zu bewahren. An unserer Autorität festzuhalten, bedeutet, tief durchzuatmen und ohne Scham- oder Schuldgefühle fest hinter den eigenen Entscheidungen zu stehen.

Der Feminismus hat viel zur Entwicklung weiblicher Souveränität beigetragen, indem er Frauen neue Wege eröffnet hat. Uns stehen heute neue Möglichkeiten im Hinblick auf Ausbildung, Beziehungen, Finanzen, Beruf, Spiritualität, Religion und Lebensstil offen. Der Feminismus hat uns die Tatsache bewusst gemacht, dass ein Zusammenhang zwischen sozialem Geschlecht und Macht besteht und dass es von entscheidender Wichtigkeit ist, sich mit dem Thema Geschlecht auseinander zu setzen, weil es tief greifend beeinflusst, wie wir über Unterschiede zwischen Menschen denken. Außerdem hat der Feminismus uns gezeigt, dass das Geschlecht eher ein Produkt historischer und gesellschaftlicher Einflüsse ist als eine Frage der Biologie oder Genetik.

Was der Feminismus allerdings *nicht* geklärt hat, ist, dass bestimmte Formen der Macht nicht zu persönlicher Souveränität, sondern zu »schwarzen Löchern« der Verzweiflung, zu innerer Leere und zu den Sehnsüchten eines »hungrigen Geistes« führen.

Mädchen und Frauen werden durch heutige feministische und andere Frauengruppen ermutigt, sogar nachhaltig darin unterstützt, ihren eigenen Bedürfnissen zu folgen, ihre Macht und ihre Selbstachtung zu erweitern. Aber sie erhalten keine

Übung darin, zwischen unterschiedlichen Machtformen und ihren Auswirkungen zu unterscheiden. Folglich glauben immer noch viele Frauen, dass sie tatsächlich ihren eigenen Wünschen folgen, wenn sie dünn, schick, modisch oder sexy sein wollen und der magersüchtigen Muse unserer Ära nacheifern. Und junge Mütter sind häufig überzeugt, dass sie die Rolle der Vollzeitmutter bewusst *gewählt* haben und nicht von außen dazu bestimmt wurden. Doch wir haben wiederholt gesehen, dass es sich nicht um eine freie oder autonome Wahl handelt, wenn sie aus dem bewussten oder unbewussten Wunsch erwächst, gebraucht, bestätigt und anerkannt zu werden. Die Macht, die dem Objekt des Begehrens zugeschrieben wird, ist kurzlebig und niemals real. Jüngere Frauen mögen die Depressionen und Ängste, die mit einem Leben als Objekt des Begehrens einhergehen, noch nicht empfinden, doch diejenigen von uns, die aus dem jungen Erwachsenenalter heraus sind, wissen, wie belastend es ist, wenn eine Frau jahrzehntelang in der Schönheits- oder Selbstaufoperungsfalle gefangen ist, sich von den Bedürfnissen anderer erdrückt fühlt und glaubt, keine Kontrolle über das eigene Leben zu haben. Wenn wir uns nicht bewusst machen, wie problematisch Gefallsucht ist, und uns nicht zu Subjekten unserer eigenen Willensbildung entwickeln, dann haben wir das Gefühl, dass immer andere für uns entscheiden und dass unser Leben nicht uns gehört. Wir fühlen uns nicht verantwortlich für unser Handeln, weil wir meinen, nicht selbst über unser Leben zu bestimmen.

Ein intentionales Leben

Was bedeutet es, dass wir das Gefühl haben, unser Leben »unter Kontrolle« zu haben? Der Begriff »Kontrolle« trägt für Frauen einen negativen Unterton, weil Ehemänner, Freunde und Kinder ihnen häufig vorwerfen, sie wollten »immer alles unter Kontrolle haben«. Was *ich* mit »Kontrolle« meine, ist die Fähigkeit, eine Wahl zu treffen. Persönliche Souveränität heißt, dass wir zwischen den verfügbaren Alternativen wählen, um in bewusster Absicht zu handeln, um ein intentionales Leben zu führen. Sogar wenn wir im Gefängnis säßen, hätten wir die Wahl, wie wir diese Situation auffassen wollen. Wir könnten, durch die eigene Einstellung, eine Möglichkeit finden, die Erfahrung positiv zu nutzen. Persönliche Souveränität ist die Fähigkeit, in allen Situationen des Lebens die Möglichkeit der Selbstbestimmung zu erkennen und zu nutzen. Sie hängt davon ab, dass wir die Möglichkeiten und die Grenzen unserer Autonomie erkennen, sie immer wieder untersuchen und in positiver Weise erweitern. Wenn wir ein Gefühl von Kontrolle über unser Leben haben, wissen wir, dass wir selbst die Urheberinnen unseres Handelns sind und dass wir immer eine Wahl haben.

Wenn wir unsere Wahlmöglichkeit ausüben und intentional handeln, so führt das nicht notwendigerweise zu den angestrebten Ergebnissen. Es gibt im Leben keine Garantien dafür, dass wir bekommen, was wir wollen. Wir alle sind begrenzt durch unsere menschlichen Schwächen – durch Irrtümer, Unwissenheit, Umstände, körperliche Einschränkungen, Inkonsequenz, Krankheit und Tod. Tag für Tag geschehen unzählige Dinge, die gänzlich außerhalb unserer Kontrolle liegen. Doch wenn wir lernen, Entscheidungen im Alltagsleben zu treffen, erkennen wir allmählich unsere Stärken und Schwächen und dass wir auf die Hilfe anderer angewiesen sind.

In den ersten Jahren unserer Entwicklung kommen wir in den Besitz der Erfahrung, dass wir individuelle Wesen sind. Diese Erfahrung wird durch selbstbezogene Gefühle wie Neid, Stolz, Scham, Schuld, Verlegenheit und Selbstmitleid eingeengt. Diese Emotionen veranlassen uns zu Selbstschutzmaßnahmen gegenüber anderen und überzeugen uns, dass die Geschichte unseres Lebens unter dem Motto »Ich gegen die anderen« steht. Damit wir diese Abwehrmechanismen durchbrechen und die Geschichte umdeuten können in »Wir sind voneinander abhängig«, müssen wir lernen, ein intentionales Leben zu führen. Wenn wir das widersprüchliche Wesen unserer Autonomie erkennen – dass wir immer die Freiheit der Wahl haben, aber in unserem Wissen und unserer Macht begrenzt sind –, entwickeln wir Dankbarkeit für die Menschen und Situationen, die unser Leben vervollständigen, und setzen uns engagierter mit den vorhandenen Wahlmöglichkeiten auseinander.

Wie ich im vorangehenden Kapitel aufgezeigt habe, ist die Intentionalität oder ein freier Wille das Herzstück aller großen Religionen und spirituellen Lehren. Sie lehren, dass der Mensch die Freiheit der Wahl hat und deshalb, anders als das Tier, für sein Handeln verantwortlich ist. Buddha hat das vor mehr als 2500 Jahren so ausgedrückt:

Meine Handlungen sind mein einzig wahrer Besitz.
Ich kann den Folgen meines Handelns nicht entfliehen.
Meine Handlungen sind der Boden,
auf dem ich stehe.

Soziale und politische Souveränitätsrechte sind von wesentlicher Bedeutung, damit die Erfahrung persönlicher Souveränität wachsen kann. Wenn man Menschen grundlegende Rechte – auf Lebensressourcen, Eigentum, freie Meinungsäußerung oder Stimmrecht – vorenthält, ist es schwierig, wenn nicht unmöglich für sie, ein Gefühl persönlicher Souveränität zu entwickeln und einzuüben. Dass Frauen und Minderheiten das Recht auf politische Mitbestimmung, auf freie Meinungsäußerung, auf Führungspositionen und auf kulturelle und kreative Ausdrucksmöglichkeiten haben, ist untrennbar mit der Erfahrung persönlicher Souveränität verbunden. Frauen und Minderheiten sind relative Neulinge auf dem Gebiet der sozialen und politischen Freiheit. Wir sind immer noch, zumindest teilweise, verunsichert im Hinblick auf unsere persönliche Souveränität, weil wir in vielen kulturellen, politischen, privaten und zwischenmenschlichen Bereichen nach wie vor keine offene Unterstützung finden, wenn wir unsere Ansprüche auf Macht und Autorität zum Ausdruck bringen.

Deshalb fehlt vielen Frauen das notwendige Wissen und Können, um ihre Autonomie zu entwickeln. Wenn Frauen sich eher mit einer Existenz als Objekt denn als Subjekt identifizieren, orientieren sie sich in erster Linie an dem, was von ihnen erwartet wird, daran, was sie tun »müssten« oder tun »sollten«, weil ihr Selbstwertgefühl von den Bewertungen, Gedanken und Wünschen anderer abhängt. Sie lernen nicht, selbst über ihr Leben zu bestimmen, obwohl sie vielleicht glauben, sie hätten es gelernt. Wie wir wiederholt gesehen haben, gibt es ein verräterisches Zeichen dafür, wenn Frauen in erster Linie ein Leben als Objekt und nicht als Subjekt führen: Sie fühlen sich durch ihre Alltagsaktivitäten verbittert und überfordert – sie haben das Gefühl, ihr Leben werde von anderen gesteuert.

Der Heldenmythos und egoistische Ziele

Männer, insbesondere weiße Männer, sind von der Gesellschaft traditionell zu Subjekten ihrer eigenen Wünsche geformt und erzogen worden: Man hat ihnen beigebracht, und sie haben durch Beispiele gelernt, selbst über ihr Leben zu bestimmen, sich an der Überzeugung zu orientieren, dass sie ihre Freiheit ausüben müssen, indem sie einen Partner, einen Beruf, eine Richtung oder einen politischen Führer wählen. Das heißt natürlich nicht, dass es allen Männern gelingt, sich zu Subjekten ihrer eigenen Wünsche zu entwickeln. Das ist zweifellos nicht der Fall.

Heute fühlen sich viele Männer verunsichert, was das Wesen ihrer persönlichen Souveränität betrifft, weil die männlichen Mythen, die unser Selbstverständnis prägen, seit einiger Zeit in Frage gestellt und untergraben werden. Weiße Männer sind traditionell in der Überzeugung aufgewachsen, dass ihre Autonomie aufs Engste mit ihrer Unabhängigkeit und Individualität verbunden ist. In den USA sind unsere stärksten kulturellen Vorurteile über ein autonomes Selbst in Gestalt eines Heldenmythos zum Ausdruck gekommen. In seinem Mittelpunkt steht das einsame Genie, der Abenteurer, Sportler, Künstler, Arzt oder Wissenschaftler, der über alle Widrigkeiten triumphiert und auf Grund seiner individuellen Fähigkeiten eine einzigartige, »einsame« Spitzenposition erreicht. Er ist als der »große« oder »bedeutende Mann« bekannt, auf den wir alle angewiesen sind, damit er Wunder wirkt und unserem Leben Sinn verleiht. Auffällig ist, dass der Mythos nie alle Personen umfasst, die der »bedeutende Mann« für Ideen, Gespräche, persönliche Unterstützung und Hilfsdienste braucht.

Noch wichtiger ist, dass dieser Mythos verzerrt wiedergibt, was es bedeutet, als Subjekt zu leben. Der Mythos betont Individualität, Einsamkeit, Einzigartigkeit und Unabhängigkeit und lässt keinen Raum für Beziehungen, Gemeinschaft, geteilte Identität und reife Abhängigkeit. Er verwechselt Autonomie mit Unabhängigkeit. Männer sind um eine Vielzahl von Gefühlen und Erfahrungen betrogen worden, weil sie dem einsamen Helden nacheiferten, was zu ungesunden inneren Zwängen, einem exzessiven Narzissmus und zu Isolation, Ressentiments und Depressionen geführt hat.

Immer weniger Männer fühlen sich wohl mit dem Heldenmythos als persönlicher Lebensgeschichte. Dennoch hält sich der Mythos hartnäckig in unserer Kultur und sorgt dafür, dass viele Menschen mit Unbehagen und Verwirrung auf ihre Autonomiebedürfnisse reagieren. Sowohl Frauen als auch Männer äußern Zweifel, wenn ich sage, dass ein erfülltes Leben vor allem eine Frage der Selbstbestimmung ist. Unbewusst verstehen sie darunter so etwas wie »egoistisches Denken«. Soll ich meine Bedürfnisse *über* die Bedürfnisse anderer stellen? Ist es fair, meinem Egoismus zu frönen und nur auf das zu achten, was *ich* will? Das sind die Fragen, die am häufigsten gestellt werden.

Es sind die falschen Fragen. Sie resultieren aus der Annahme, dass unsere Bedürfnisse automatisch im Widerspruch zu den Bedürfnissen anderer stehen. Sie lassen außer Acht, dass wir die bewusste *Wahl* treffen können, die Bedürfnisse und Wünsche eines anderen zu erfüllen, wenn wir es selbst wollen und nicht von außen dazu gedrängt werden. Die Fragen verdunkeln die wahre Bedeutung der Selbstbestimmung im Sinne einer freien Wahl, weil sie den Begriff mit dem Verlangen nach Unabhängigkeit oder Individualität verbinden. Sie verdrängen auch die Erkenntnis, dass die Entscheidung, anderen zu helfen, die eigene Zufriedenheit und das eigene Wohlbefinden *steigern* kann, und zwar nicht einfach, weil wir Mitgefühl zeigen, sondern weil wir uns aus freien Stücken zum Helfen *entschieden* haben, obwohl wir auch eine andere Wahl gehabt hätten.

Die richtige Frage – Was will ich? – muss mit der Einsicht gestellt werden, dass die eigenen Wünsche, Bedürfnisse und Sehnsüchte nie völlig erfüllt werden können, dass wir aber die Freiheit haben zu wählen.

Wie bereits gesagt, bin ich überzeugt, dass wir in einer Welt der Abhängigkeit leben, in der eine reife Abhängigkeit ein wertvolles Entwicklungsziel ist. Deshalb meine ich auch, dass sich jeder Mensch nach guten, stabilen Beziehungen sehnt und einen nützlichen Beitrag zu Gesellschaft und Familie leisten möchte. Diese Überlegungen werden immer eine gewichtige Rolle spielen, wenn wir Entscheidungen treffen, wenn wir Möglichkeiten gegeneinander abwägen, bis wir eine tragfähige Lösung gefunden haben. Geben wir jedoch unsere persönliche Souveränität auf, dann sind wir nicht in der Lage, unser Leben aktiv und verantwortlich zu gestalten.

Vielleicht erinnern Sie sich noch an Marla aus Kapitel drei, die mit Jack verheiratet war. Marla glaubte, nicht mehr länger Objekt des Begehrens sein zu können, weil sie ihre Schenkel als zu schlaff empfand und sich zu viele Fältchen um ihren Mund zogen. Da sie überzeugt war, dass sie ihren Ehemann (oder irgendeinen Mann) nicht mehr sexuell erregen konnte, verzichtete sie auf ihre sexuellen Wünsche. Als Marla in die Psychotherapie kam, fühlte sie sich »befreit«, weil sie in der Lage war, Nein zu sagen, wenn Jack Sex wollte. Doch wie sich herausstellte, war ihr Nein keine wirkliche Wahl, weil sie niemals Ja sagen konnte. Zudem steckte ihr Nein voller Groll, weil sie sich, wie sie sagte, ständig schuldig deswegen fühlte.

Eine Wahl können wir nur treffen, wenn wir mindestens zwei Optionen haben, und Marla hatte nur eine. Sie war nicht frei. Marla fing an, Nein zum Sex zu sagen, weil sie wusste, dass sie ihn nicht wollte. Der Grund ihrer Ablehnung war jedoch, dass sie sich nicht länger mit dem Bild der Sehnsucht weckenden jungen Frau identifizieren konnte. Das Gefängnis der Muse hatte sich in das Gefängnis der Hexe verwandelt.

Die Hexe muss aus dem Wald der Scham heraustreten, um zum Subjekt ihres eigenen Begehrens zu werden. Zu diesem Zweck kam Marla in die Therapie. Sie musste ihre Hexenidentität zu der Überzeugung wandeln, dass sie sich zu einer aktiven sexuellen Partnerin entwickeln konnte. Für Marla bedeutete das, die zwanghafte Beschäftigung mit ihrem Äußeren aufzugeben und häufiger zu versuchen, ihre sexuelle Lust gemeinsam mit Jack zu erkunden. Zuerst massierten sie einander und verbrachten einige zwanglose Stunden im Bett. Dann fing Marla an, ihre sexuelle Lust näher zu erforschen – ließ sich streicheln und küssen –, und stellte schließlich fest, dass sie mühelos zum Orgasmus kommen konnte, wenn sie entspannt war und Jack sie manuell stimulierte. Nachdem Marla diese

Entdeckung in einer Atmosphäre des Respekts gegenüber sich selbst und Jack gemacht hatte, wollte sie ihren sexuellen Reaktionen noch genauer nachgehen.

Aber es gab Grenzen. Sie und Jack hatten eine zweijährige Tochter und einen fünfjährigen Sohn, und Marla arbeitete als Grundschullehrerin. Es gab auch körperliche Grenzen. Marla litt häufig unter einem sehr schmerzhaften prämenstruellen Syndrom und hatte deshalb mehrere Tage im Monat mit schweren Stimmungsschwankungen zu kämpfen. Sie musste Entscheidungen treffen: Wie und wie oft konnte sie eine Betreuung für die Kinder organisieren, damit sie und Jack eine Zeit lang intim und entspannt zusammen sein konnten? Wie konnte sie ihr PMS so in den Griff bekommen, dass ihre möglichen sexuellen Aktivitäten nicht auf zwei Wochen pro Monat beschränkt waren? Zunächst neigte sie dazu, in ihren Hexenkomplex zurückzufallen: Es hat alles keinen Zweck, es war mir eben nie bestimmt, sexuelle Lust zu genießen; diese Art Frau bin ich einfach nicht. Doch als sie erkannte, wie böse und verbittert sie wurde, und da sie jetzt wusste, dass sie anders sein konnte, wollte sie größere Freiheit. Sie wollte Ja *und* Nein als Optionen für ihr Sexleben haben.

Marla war schließlich in der Lage, einen Kompromiss zu finden: Sie konnte bestimmte Sonntagvormittage als Zeit »für sinnliche Genüsse« mit Jack einplanen und die Kinder während dieser Zeit bei ihrer Mutter lassen. Die Vorstellung von spontanem Sex – etwas, das sie sich immer als Teil ihres Ehelebens gewünscht hatte – musste sie dagegen aufgeben. Wenn sie sich körperlich erschöpft fühlte, konnte sie sich mit Jack darauf einigen, dass sie sich manuell zum Orgasmus brachten, anstatt miteinander zu schlafen. Manchmal massierten sie sich gegenseitig, wenn ein Orgasmus zu anstrengend schien. Und Marla verabschiedete sich von der Vorstellung, dass sie mit ihrem Körper zufrieden sein musste, um mit Jack intim zu werden.

Marla war selbst überrascht, wie leicht sie zum Orgasmus kam, wenn sie sich nicht dem Druck aussetzte, »schön und verführerisch« zu sein. Sie erklärte, dass sie sich hinsichtlich ihres Körpers »okay« fühlte, und sie wusste, dass Jack sie vorbehaltlos akzeptierte. Auch wenn ihr Sexleben nicht der absolute Inbegriff der Leidenschaft war, bereicherte es Marlas Leben doch um ein nie gekanntes Maß an Befriedigung. Das Wichtigste war, dass sie sich frei fühlte, ihre Sexualität weiterhin zu erforschen und zu entwickeln. Sie war zum Subjekt ihres eigenen sexuellen Begehrens geworden. Sie war nicht mehr verbittert und voller Groll, denn sie wusste, dass sie wählen konnte und dass nicht Jack, sondern sie selbst über ihre Sexualität bestimmte.

Keine einzig richtige Antwort

Die Entscheidung, ob Kind oder kein Kind, scheint zu den besonders schwierigen Fragen zu gehören. Alleinlebende und verheiratete Frauen – ob lesbisch, heterosexuell oder bisexuell – suchen nach den »richtigen« Antworten, ob sie sich fortpflanzen sollten oder nicht. Ich habe wochen-, monate- und sogar jahrelang in wöchentlichen Therapiesitzungen mit Frauen gesessen, die versuchten, diese Entscheidung, die den Rest ihres Lebens beeinflussen würde, zu treffen.

Sind meine Persönlichkeit und meine Situation geeignet, um Mutter zu werden? Ist dies der richtige Zeitpunkt, oder sollte ich noch warten? Ist es besser, künstliche Befruchtungsmethoden auszuprobieren oder ein Kind zu adoptieren? Brauche ich einen engagierten Partner, um Mutter zu werden, auch wenn auf ihn zu warten möglicherweise bedeutet, dass ich zu alt bin, um ohne medizinische Hilfe schwanger zu werden? Was, wenn ich ein Kind möchte und mein Partner nicht? Für Frauen, die so privilegiert sind, dass sie die vielfältigen, heute bestehenden Optionen nutzen können, wirft diese Entscheidung unzählige Fragen zum Wie, Wann und sogar Was (Mädchen oder Junge) auf.

Es ist meine Aufgabe, meinen Klientinnen zuzuhören und alle Optionen gemeinsam mit ihnen zu erforschen. Was ich im Laufe dieses Prozesses bemerke und was meine Klientinnen erkennen, ist der heimliche Wunsch nach Garantien, nach dem sicheren Wissen, dass sie die »beste« Wahl getroffen haben. Frauen sind nicht darin geübt, Subjekte ihrer eigenen Wünsche zu sein, deshalb sind sie bei persönlichen Entscheidungen übervorsichtig. Sie fürchten die Konsequenzen ihrer Entscheidung. Es ist nichts falsch daran, Informationen zu sammeln und alle Möglichkeiten zu prüfen. Wer wichtige Lebensentscheidungen treffen will, muss Fakten zusammentragen und aus den Erfahrungen anderer lernen. Doch letzten Endes ist eine Entscheidung nur eine Entscheidung. Wir werden erst erfahren, ob sie richtig oder falsch war, wenn die Konsequenzen eingetreten sind. Aber sie bietet uns die Chance, mehr darüber zu lernen, was es bedeutet, das Subjekt unserer Wünsche und ein Mensch zu sein. Durch wichtige Lebensentscheidungen und alltägliche Entscheidungen erfahren wir etwas über Risiken und Herausforderungen. Unsere Entscheidungen sind niemals fehlerfrei. Wir sind keine Götter; wir können die Zukunft nicht voraussehen und nicht im Voraus wissen, wie sich unsere Entscheidungen auf die vielfältigen, voneinander abhängigen Bedingungen unserer Welt und auf die uns unterstützenden Beziehungsnetze auswirken. Dennoch müssen wir wählen, weil wir sonst nicht frei sein können. Wenn wir keine bewusste Wahl treffen, handeln wir unbewusst auf Grund unserer Impulse und verborgenen Wünsche, projizieren unsere Machtbedürfnisse und ähnliche verdrängte Wünsche auf andere und haben das Gefühl, dass diese anderen über unser Leben bestimmen.

Wenn wir immer wieder eine bewusste Wahl treffen, erkennen wir auch unsere Fehler, unsere Schwächen und unsere Abhängigkeit von anderen. Wenn wir uns den Mängeln in unseren eigenen Entscheidungen nicht stellen, tun wir vielleicht so, als wüssten wir alles und würden uns selbst vollauf genügen.

Indem wir unsere Autonomie aktiv ausüben und uns bewusst mit unseren getroffenen Entscheidungen auseinander setzen, lernen wir, dass wir verantwortlich, aber nicht allmächtig sind, dass wir unser Versagen und unsere Fehler eingestehen müssen und dass wir vielleicht gezwungen sind, auch einen bereits eingeschlagenen Kurs zu korrigieren. Wir lernen, dass wir auf andere angewiesen sind, weil sie uns helfen, uns selbst zu verstehen und die Konsequenzen unseres Handelns zu tragen. Das ist es, was ich als intentionales Leben bezeichne.

Geschichten über das weibliche Begehren

Die Geschichten über die persönliche Souveränität von Frauen, die ich im Lauf dieses Buches erzählt habe, zeichnen sich durch bestimmte wiederkehrende Themen aus. Das erste dieser Themen ist, dass wir ans Licht bringen müssen, was verborgen war; das zweite, dass wir Wissen darüber erlangen müssen, was verborgen war. Und das dritte Thema umfasst das Paradox der Autonomie: Wenn es uns schließlich gelingt, zu Subjekten unserer eigenen Wünsche zu werden, so bedeutet das gleichzeitig, dass wir uns unserer Verletzlichkeit und unserer Grenzen bewusst werden.

In der ersten Geschichte lebt Lady Ragnell verborgen im Wald der Scham, dennoch kennt sie ihre eigenen Wünsche, lässt sich davon leiten, und tritt dann, als sich die Gelegenheit ergibt, aus dem Wald heraus und macht ihre Wünsche deutlich. Damit beginnt ihr Entwicklungsprozess.

In der zweiten Geschichte gräbt Pandora das verborgene Tongefäß aus und bringt es ans helle Tageslicht. Darin befinden sich die Übel und Widrigkeiten des Lebens, einschließlich des Todes, der die Menschen von den Göttern trennt. Pandoras Neugier veranlasst sie dazu, offen zu legen, was den Männern verborgen war: die Schwächen, die uns sterblich und fehlbar machen.

In der dritten Geschichte nimmt Psyche die Kerze, um den Liebesgott bei Licht zu betrachten. Sie macht sichtbar, dass romantisches Liebesverlangen in Wahrheit ein unerfüllbares Ideal ist, und ermöglicht damit wahre Liebe. Später, als Psyche versucht, zum Subjekt ihrer eigenen Wünsche zu werden, öffnet sie die Schönheitsschatulle, die sie aus der Unterwelt geholt hat. Wieder führt die weibliche Wissbegierde zu einer Entdeckung: Wo Schönheit sein sollte, wartet der Tod.

Die buddhistische Geschichte über die »hungrigen Geister« liefert ein weiteres Beispiel dafür, wie wichtig es ist, das Verborgene ans Licht zu holen. Unsere Bindung an verschüttete unerfüllbar Wünsche – wie zum Beispiel auch noch im Alter dem Bild des Sehnsucht weckenden jungen Mädchens zu entsprechen – fesselt uns an Pathologien materiellen Verlangens wie Kaufzwang oder Fresssucht.

In all diesen Geschichten gewinnen Frauen durch den Anblick des zuvor Verborgenen neue Erkenntnisse. Ragnell entdeckt, welche Widrigkeiten sie meistern muss, um ihre Souveränität zurückzuerobern: Sie muss damit fertig werden, dass man ihre Autorität tadelt und sie als Hexe verhöhnt. Als sie ihren Hexenkomplex ans Licht holt, erkennt sie, wie sie ihre unglückliche Identität als abstoßendes Monster in die einer freien, heiteren Frau verwandeln kann. Im Laufe dieses Prozesses lernt sie außerdem, dass sie sowohl auf das Wohlwollen anderer als auch auf ihre eigene Autorität angewiesen ist, um Veränderungen zu bewirken.

Letztendlich gewährt Gawain ihr das »Recht«, ihre Autonomie auszuüben und selbst zu wählen, in welcher Gestalt sie leben will. Ragnells Entscheidungen und Handlungen sind mit den Entscheidungen und Handlungen ihres männlichen Gegenstücks verflochten, als sie darum ringt, in der Ehe ihre persönliche Souveränität geltend zu machen. Viele Frauen haben mir gegenüber kritisiert, dass Ragnell das Recht auf persönliche Souveränität von Gawain verliehen bekommt. Ich habe geantwortet, dass wir alle auf andere Menschen angewiesen sind, um Autonomie zu erlangen. In dieser Geschichte ist Ragnell von ihrem Partner abhängig, aber sie ist keineswegs passiv in ihrer Abhängigkeit. Sie trifft immer eine Wahl, wenn sich die Möglichkeit bietet, und sie ist sich immer über ihre Autorität und ihr Wissen im Klaren.

Wir wissen nicht, wie Pandora sich weiter entwickelte, nachdem sie das irdene Gefäß öffnete. Wir können nur spekulieren, dass sie durch ihre Neugier die Notwendigkeit der Veränderung erkennt. Man kann sich vorstellen, dass Pandoras Entwicklung ähnlich verläuft wie die von Psyche. Psyche macht zwei transformative Erfahrungen, in denen sie wichtige Erkenntnisse gewinnt, weil sie Verborgenes aufdeckt: Das erste Mal, als sie die Kerze hebt, um die Identität von Amor zu enthüllen; und das zweite Mal, als sie die Schönheitsschatulle öffnet.

Beim ersten Mal bringt die Erkenntnis Kummer und Leid, weil Psyche in dem Moment, in dem sie die wahre Identität Amors als Liebesgott aufdeckt, ihren Mann verliert. Neue Erkenntnisse führen häufig zur Wahrnehmung der eigenen Grenzen, manchmal auch zu Leid und Verlust. Emotional ist Psyche an ein Fantasiebild oder Ideal gekettet, bis sie die Kerze hebt und Amors Identität enthüllt. Sie ist eine »Todesehe« eingegangen, in der sie passiv und unwissend ist, auch wenn sie ihr Leben als angenehm empfindet. Solange sie die Identität ihres Partners nicht kennt, ist sie nicht frei.

Als Psyche die Kerze über Amor hält, beleuchtet sie ihren eigenen Wunsch nach einem luxuriösen, behüteten Leben, das keine eigenen Anstrengungen erfordert. Sie ist an einem geisterhaften Ort gefangen, an dem sich ihre Fantasien zu Speis und Trank, zu Freuden und Sex materialisieren. Angesichts der Erkenntnis, dass sie als Sterbliche im Reich der Götter gelebt hat, verliert Psyche alles, was sie liebt. Das menschliche Missgeschick, das ihr widerfährt, als sie versehentlich etwas heißes Wachs auf Amors schlafende Gestalt tropfen lässt, symbolisiert, dass es für Menschen unmöglich ist, vollkommenes Glück und vollkommene Schönheit zu erlangen. Wahre Liebe ist nur möglich, wenn Wunsch und Wirklichkeit sich treffen; die Möglichkeit wahrer Liebe bleibt Psyche verschlossen, solange ihr Begehren von unrealistischen Fantasien beherrscht wird.

Auf der Suche nach Amor muss Psyche viele Bewährungsproben bestehen, die ihr von ihrer Herausforderin Venus gestellt werden. Psyche meistert die Aufgaben durch die Hilfe anderer und gewinnt Erkenntnisse über sich selbst – über ihre Instinkte, ihre Intuition, ihren scharfen Verstand. Jede Herausforderung führt sie zu größerer Selbsterkenntnis. Die letzte Bewährungsprobe, als sie Venus die Schönheitsschatulle bringen soll, ist die einzige, an der sie scheitert. Ihr sehnsüchtiger Wunsch, die schönste aller Frauen zu sein, hat sich hartnäckig gehalten, obwohl sie viel über ihre Stärken und Fähigkeiten gelernt hat. Psyches Todesschlaf könnte man als Depression deuten, als inneren Tod, der aus ihrem verborgenen Wunsch resultiert, das Objekt des Begehrens zu bleiben.

Wie sollen wir ihre Errettung durch die mächtige Venus deuten? Ich denke, dass Venus für Psyches Mutterkomplex steht, für die disharmonische Quelle, die sie dazu getrieben hat, nach vollkommener Schönheit zu streben. Da Psyche darum ringt, diesen machtvollen Komplex zu besiegen, gelingt es ihr, alle Aufgaben, bis auf die letzte, erfolgreich zu bewältigen. Doch sie kann den Bann des negativen Komplexes nicht allein durchbrechen. Sie hat eine fatale Schwäche (die Sucht nach Schönheit), die sie nicht ohne die Hilfe anderer, die über mehr Macht verfügen als sie selbst, überwinden kann. Psyche ist keine Heldin. Sie rettet sich nicht selbst, sondern wird gerettet; sie hat eine innere Einstellung erreicht, in der Befreiung möglich ist, aber sie kann sie nicht ohne Hilfe bewirken.

Als die Müllerstochter den Namen von Rumpelstilzchen erfährt, der das Wissen über die disharmonische Quelle, über die Machtwünsche der Mutter symbolisiert, ist der Bann gebrochen, und sie kann selbst über ihr Leben bestimmen. Sobald das Männlein seinen Namen aus dem Mund der Königin hört, reißt es sich selbst mitten entzwei, ein symbolischer Ausdruck für die Zerstörung des »Kindgott«-Komplexes, der die Müllerstochter zwang, die Wünsche ihrer Mutter auszuleben, statt ihre eigene Autonomie zu entwickeln. Doch sogar hier ist die Tochter auf die Hilfe anderer, nämlich auf den Boten, angewiesen, um den Namen des Männleins herauszufinden; sie schafft es nicht gänzlich aus eigener Kraft.

Das Paradox der Autonomie

Ans Licht zu bringen, was verborgen ist, und zu benennen, was uns unglücklich macht, sind die ersten Schritte auf dem Weg zu Autonomie. Durch sie erkennen und verstehen wir unsere verborgenen Wünsche und emotionalen Muster. Doch um zu Subjekten unserer eigenen Wünsche zu werden, brauchen wir die moralische Stärke oder den Mut, uns immer wieder aufs Neue mit den Konflikten in unserem inneren und äußeren Leben auseinander zu setzen, während wir versuchen, unsere Einsichten in die Tat umzusetzen. Wie Psyche, die durch ihren Wunsch, Amor bei Licht zu sehen, und durch ihre Neugier auf die Schönheitsschatulle in größere Anstrengungen und Herausforderungen verwickelt wird, werden wir als Subjekte unserer Wünsche immer wieder auf neue Konflikte stoßen.

Eine Klientin, Mitte 50, stand vor der Entscheidung, ob sie eine 30-jährige Ehe beenden sollte, als sie entdeckte, dass ihr Mann eine Affäre mit einer Arbeitskollegin hatte. Als sie genauer untersuchte, was sie selbst wollte, erkannte sie Widersprüche: Sie wollte in der Ehe bleiben und ein Gefühl von Familie und gemeinsamer Geschichte behalten, *und* sie wollte ihre Selbstachtung bewahren und sich selbst weiterentwickeln, ohne ihren Mann. Mehrere Monate lang sprachen wir über die Umstände, die dazu geführt hatten, dass ihr Mann eine andere Frau begehrte: Ihr Sexleben war eingeschlafen; seit die

Kinder das Haus verlassen hatten, sie waren nicht mehr in der Lage, sich auf lebendige Gespräche einzulassen, und sie lebten immer mehr nebeneinander her, weil ihre persönlichen Interessen auseinander liefen. Meine Klientin fühlte sich verantwortlich für einen großen Teil der Dinge, die in den letzten zehn Jahren ihrer Ehe schief gelaufen waren.

Ihr Mann wollte sich nicht trennen, konnte ihr aber auch nicht versprechen, dass er sich nie wieder auf eine außereheliche Affäre einlassen würde. Sie bat ihn, eine Paartherapie mit ihr zu machen, und er entsprach ihrem Wunsch, aber sie hatte den Verdacht, dass er sich weiterhin mit seiner Freundin traf. Sie entwickelte zunehmend das Gefühl, dass sie mit so wenig Vertrauen nicht länger mit ihm zusammenleben konnte, und beschloss, sich von ihm zu trennen. Obwohl sie sehr unter der Trennung litt, war sie doch auch zufrieden, dass sie eine Wahl getroffen hatte, die ihren Wertvorstellungen entsprach und zum Ausdruck brachte, dass Ehrlichkeit und Vertrauen für sie die Grundlage einer Ehe bildeten. Sie beendete die Ehe als Subjekt ihrer eigenen Wünsche, deshalb fühlte sie sich durch die Untreue ihres Mannes nicht beschämt oder am Boden zerstört, obwohl sie wusste, dass ihr künftiges Leben nicht leicht sein würde.

Wenn wir ein intentionales Leben führen und unsere eigenen Entscheidungen treffen, erkennen wir das Paradox der persönlichen Souveränität. Wenn wir unseren eigenen Bedürfnissen blind folgen, werden wir zu Gefangenen eines beharrlichen Verlangens, dem wir nicht entfliehen können. Durch die Unterdrückung der eigenen Wünsche entsteht eine andere Art von Gefängnis, in dem wir uns beschämt, schuldig, verbittert oder sogar innerlich tot fühlen. Die aktive Auseinandersetzung mit unseren Wünschen und die Einsicht, dass sie uns etwas über unsere Grenzen, über unsere Verwundbarkeit und unsere Konflikte ebenso wie über unsere Stärken lehren, führt dazu, dass wir unser eigenes Wesen entdecken, dass wir erkennen, wer wir sind.

Aus eigener Erfahrung und durch meine klinische Arbeit weiß ich, dass wir nur durch die Lehren der persönlichen Souveränität zu einer wahrhaft ethischen Lebensweise befähigt werden. Wer sich bewusst mit seinen eigenen Entscheidungen auseinander setzt und dann erkennt, was falsch oder fehlerhaft daran war, entwickelt aufrichtige Toleranz für seine eigenen und die Fehler anderer und eine großzügige Hilfsbereitschaft. Wenn wir darum ringen, unsere bewussten Absichten zur Grundlage unseres Handelns zu machen, und erkennen, wie schwer es ist, sich nicht von Komplexen und niederen Bedürfnissen beherrschen zu lassen, entwickeln wir Mitgefühl für uns selbst und andere. Mit der Zeit ziehen wir unsere Lehren aus diesen Erfahrungen. C. G. Jung hat das so ausgedrückt:

Der scheinbar unerträgliche Konflikt beweist die Richtigkeit Ihres Lebens. Denn ein Leben ohne inneren Widerspruch ist entweder erst ein halbes Leben oder ein Leben im Jenseits, das aber nur für Engel bestimmt ist. Gott liebt aber die Menschen mehr als die Engel.

Wenn wir zu Subjekten unserer Wünsche werden, lernen wir also nicht, wie Götter zu sein oder unseren Willen durchzusetzen. Wir werden nicht egoistischer oder eigennütziger, sondern gelangen vielmehr zu einem tieferen Verständnis unserer Menschlichkeit.

Wahr und authentisch

Persönliche Souveränität führt zur Erkenntnis von Freiheit und Begrenzung. Einerseits betrachten wir unsere Wünsche und Bedürfnisse nun offener und nehmen sie genauso ernst wie die Wünsche unserer Freunde, Kinder, Partner. Wir lernen, über Unterschiede und Konflikte zwischen unseren zahlreichen Bindungen an Gemeinschaft, Familie, Selbst zu verhandeln, ebenso wie über Unterschiede und Konflikte zwischen unseren eigenen Wünschen und den Wünschen anderer. Andererseits erkennen wir unsere Fehler, unsere Blindheit, unsere Schwächen und andere Begrenzungen, die außerhalb unserer Kontrolle liegen. Wir lernen, dass wir weiterhin in einer männerdominierten Gesellschaft leben, in der die Bilder der Sehnsucht weckenden jungen Frau eine fast transzendente Vitalität symbolisieren. Wir stellen fest, dass wir, wenn wir eigene Autorität und eigene Wünsche beanspruchen, die wir ruhig und ohne Schuldzuweisungen äußern, häufig auf unfaire Weise als Hexe oder Megäre abgestempelt werden, deren negative Gefühle zutiefst bedrohlich wirken.

Der Dialog, der sich zwischen der Freiheit und der Begrenzung des weiblichen Begehrens entspinnt, gibt uns die Möglichkeit, Gespräche zu führen, die wir früher für unmöglich hielten. Diese Gespräche zeigen uns unweigerlich, dass ein authentisches Selbst von Beziehungen und Kontexten abhängt, die wir niemals vollständig steuern oder kontrollieren können. Der Philosoph Charles Taylor bringt dies klar zum Ausdruck: »Meine Identität hängt entscheidend von meinen Dialogbeziehungen zu anderen ab.«

Aus meinem Verständnis des weiblichen Begehrens stimme ich völlig mit Taylors Auffassung überein, dass Beziehungen die Quelle der Authentizität darstellen und dass wir zu einigen der am meisten geschätzten Bereiche unseres Selbst nur durch die Menschen, die wir lieben, Zugang erhalten. Deshalb werden diese anderen zu einem inneren Bestandteil unserer Identität. Autonomie – unsere Fähigkeit, eine Wahl zu treffen und Verantwortung für uns selbst zu übernehmen – ist untrennbar mit unseren Beziehungen zu anderen verbunden; dieses Verständnis von Autonomie führt letztlich zu Dankbarkeit, zu Toleranz und zum Mitgefühl für andere.

Wenn wir unserem »wahren« oder »authentischen« Selbst gemäß handeln, machen wir unsere Schwächen auf eine Weise sichtbar, die Mitgefühl weckt. Um unsere eigene Verwundbarkeit zu erkennen und nicht beschämt zu sein, um unsere Schwächen zu akzeptieren und um zu verstehen, dass sie uns liebenswert für andere machen, müssen wir uns immer wieder mit unseren eigenen Entscheidungen konfrontieren. Wenn wir unseren Intentionen folgen, gelangen wir zu unserem authentischen Sein und müssen uns nicht länger aus Scham verbergen oder aus Schuldgefühlen nach Ausflüchten suchen.

Als Subjekt unserer eigenen Wünsche entfalten wir unser Potenzial und entwickeln in wachsendem Maße die Fähigkeit, ein Leben gemäß ethischer Grundsätze zu führen. Haben wir früher die Gebote einer äußeren Autorität akzeptiert, so folgen wir jetzt inneren Geboten und fühlen uns verpflichtet, eine Identität zu entwickeln, die uns selbst konsequent und direkt ins Zentrum unserer eigenen widersprüchlichen Gefühle und Motive stellt.

Unter diesen Bedingungen sind wir nicht frei in dem Sinne, dass wir größere Unabhängigkeit oder Individualität erlangen. Aber wir sind frei in unserem Verständnis menschlicher Absichten und Handlungen und können sie – bei uns selbst und anderen – auf eine Weise wahrnehmen, die uns erlaubt, auf unser Herz zu hören. Denn wenn es bei dem Wunsch, begehrt zu werden, um ein Bild geht, geht es bei dem Wunsch, geliebt zu werden, um das Herz. Die Wahrheit des Herzens ist, dass wir geliebt werden wollen, und es ist diese Wahrheit, die wir entdecken, wenn wir ein Leben führen, das auf Ehrlichkeit, Offenheit und Transparenz beruht. Wenn wir als Subjekt unseres eigenen Begehrens leben, entdecken wir das Paradox, dass wir, wenn wir bei jedem Schritt des Weges unsere eigenen Entscheidungen treffen, von anderen gehalten und getragen werden.

Dank

Mein größter Dank gilt den Frauen, die ich in der Psychoanalyse und Psychotherapie kennen gelernt habe. Die Gespräche mit ihnen sind die Grundlage meiner Studien zum weiblichen Begehren. Ich empfinde meine Tätigkeit als seltenes und großes Privileg. In welchem anderen Beruf würde man mir Zugang zu den persönlichsten, intimsten und verletzlichsten Bereichen eines Menschen gewähren?

Die Personen, die in diesem Buch vorkommen, habe ich aus den tatsächlichen Biographien und persönlichen Kämpfen verschiedener Menschen, die bei mir in therapeutischer Behandlung waren, zusammengesetzt, um ihre Identität zu schützen. Eine erfolgreiche Psychotherapie setzt Vertrauen zwingend voraus. Folglich darf ich die Identität der Menschen, die ich auf diese einzigartige Weise kennen gelernt habe, nicht enthüllen. Aber die Geschichten, die Sie in diesem Buch lesen, sind trotzdem »wahr«, denn die Emotionen und psychischen Problemstellungen stammen aus dem Leben echter Menschen.

Meine zweitgrößte Quelle für dieses und all meine anderen Bücher ist mein Ehemann und Lebenspartner Ed Epstein. Er hat jede wichtige Idee mit mir durchgesprochen, meine Formulierungen kritisch begutachtet, nach Druckfehlern gesucht, Botengänge erledigt, Fotokopien gemacht, das Essen zubereitet und mir während der Entstehung dieses Buches in jeder erdenklichen Form den Rücken freigehalten. Ohne seine Hilfe hätte ich dieses Buch nicht schreiben können.

Viele andere Menschen haben mit mir über die in diesem Buch vorgestellten Ideen diskutiert. Demaris Wehr, Amber Rickert und Heidi Yockey waren immer zu einem Gedankenaustausch bereit und haben mir mit ihren klugen Einsichten geholfen, die komplexen Zusammenhänge in den Lebensgeschichten von Frauen zu erforschen – außerdem sind sie ganz wundervolle Freundinnen. Meine Forschungsassistentin Katherine Masís war mir eine ungeheure Hilfe beim Aufspüren wissenschaftlicher Quellen und bei der Suche nach empirischen Studien, die meine Thesen untermauern. Sie hat die meisten Anmerkungen verfasst und einen Großteil des Beispielmaterials zusammengestellt, mit dem ich die Probleme und Kämpfe, die das weibliche Streben nach Selbstbestimmung in unserer Gesellschaft kennzeichnen, veranschaulicht habe. Ich bin sehr dankbar, dass mir diese Frauen als Kolleginnen und Gefährtinnen bei der Arbeit an diesem Buch zur Seite standen.

Meine Redakteurin Sharon Broll ist eine weitere außergewöhnliche Kollegin. Mit ihrer Scharfsichtigkeit, Intelligenz und ihrem kritischen Blick half sie mir, meine Gedanken zu bändigen und in eine logische Reihenfolge zu bringen.

Meine Lektorin bei Harmony Books, Shaye Areheart, war vom ersten Tag an begeistert von diesem Projekt und hat mich immer wieder zu diesem Buch ermutigt. Ihre Energie und Überredungskunst haben mich davon überzeugt, dass Interesse für ein Buch besteht, in dem allgemein verbreitete Vorstellungen von weiblicher Macht in Frage gestellt werden.

Meine Literaturagentin Beth Vesel hat monatelang mit mir am Konzept für dieses Buch gearbeitet. Anfangs dachte ich, es würde ein Buch »über das Begehren im Allgemeinen« werden, aber Beth war anderer Meinung und beharrte darauf, dass ich mehr über weibliches Begehren wisse. Sie hatte Recht. Ihre Einsichten und ihr Ansporn sind beim Planungsprozess eines Buches immer wieder eine unschätzbare Hilfe für mich. Ich bin sehr dankbar für die vielen Jahre, die Beth und ich nun schon als »eingeschworenes Team« zusammenarbeiten.

Viele der in diesem Buch vorgestellten Ideen stammen aus

unterschiedlichen buddhistischen, jungianischen, psychoanalytischen und feministischen Quellen. Ohne diese wichtigen
Grundpfeiler meines Lebens wäre es mir unmöglich gewesen,
die Ebenen und Schichten des Begehrens und der Subjektivität zu erforschen, wie ich es in diesem Buch tun konnte.

Anmerkungen

Die Anmerkungen sind den Seitenzahlen zugeordnet.

1. Der Wunsch, begehrt zu werden

11 *Lacan*: Laut dem Lacan-Forscher Stuart Schneiderman »hat Lacan«
– in dem Seminar von 1972-73 mit dem Titel »Encore« – »erklärt,
dass, was immer es sein mag, das Frauen wollen – Liebe ist es nicht.
…Frauen schenken ihre Liebe nicht Männern, von denen sie geliebt werden, sondern Männern, von denen sie begehrt werden.«
Stuart Schneiderman, *Jacques Lacan: The Death of an Intellectual Hero.*
Cambridge, Mass.: Harvard University Press, 1983, S. 30.

14 *Double Bind weiblicher Autorität*: Siehe Polly Young-Eisendraht und
Florence Wiedemann, *Female Authority: Empowering Women Through
Psychotherapy.* New York: Guilford Press, 1987.

18 *Sigmund Freud*: Diese Frage, die Freud an Marie Bonaparte richtete,
war weniger eine frauenfeindliche Äußerung als vielmehr ein Ausdruck echten Interesses an der unglücklichen Situation von Frauen
im viktorianischen England: »Die große Frage, die nie beantwortet
worden ist und die ich trotz 30 Jahre langem Forschen in der weiblichen Seele nicht habe beantworten können, ist die: ›Was will das
Weib?‹«, zitiert nach Lucy Freeman und Herbert S. Strean, *Freud
and Women.* New York: Frederick Ungar, 1981, S. 200.

18 *Mittelalterliche Volkssage*: Siehe Donald Sands, »The Marriage of Sir
Gawain and the Lady Ragnell«, in: *Middle English Verse Romances.*
New York: Holt, Rinehart, and Winston, 1966.

18 *Moderne Nacherzählung*: Siehe Ethel Johnston Phelps (Hrsg.), *The
Maid of the North: Feminist Folk Tales from Around the World.* New York:
Holt, Rinehart, and Winston, 1981; und Polly Young-Eisendraht, *Der
Kuß der Froschkönigin: Therapie mit Paaren.* München: dtv, 1998.

25 *Mythische Hexe*: Siehe Polly Young-Eisendraht, *Der Kuß der Froschkönigin*, S. 80-84.

29 *Magersüchtige Kindfrau*: Heutige Models wirken wie die Personifizie-
rung der magersüchtigen Kindfrau. Für Zahlen über Gewicht und

Größe von Models im Gegensatz zur amerikanischen Durchschnitts-frau siehe die Anmerkung zu S. 49, *etwa 25 bis 30 Pfund leichter…*

29 *Subjekt*: Lacan zufolge sind unsere frühesten Kindheitserfahrungen mit uns als Subjekt chaotisch und schwer zu ertragen. Deshalb ver-suchen wir, uns zu spiegeln, und neigen zur Identifikation mit Bil-dern, die sich besser in das Gesamtbild einfügen als unsere Erfah-rung mit uns als Subjekt. Obwohl wir alle nach der Folgerichtigkeit eines gespiegelten Selbst streben, um das Chaos des subjektiven Selbst zu bewältigen, werden Frauen im besonderen Maße dazu er-mutigt, ihre Subjektivität als Objekte außerhalb ihrer selbst zu erle-ben, indem sie sich selbst in ihrer Wirkung auf andere finden und dadurch ihre eigene Subjektivität aus dem Blick verlieren. Siehe Jo-seph H. Smith und William Kerrigan (Hrsg.), *Interpeting Lacan: Psy-chiatry and the Humanities.* New Haven, Conn.: Yale University Press, 1983, Band 6.

30 *Diana, Prinzessin von Wales*: Für eine jüngere Darstellung des letzten Lebensjahres von Prinzessin Diana siehe Donald Spoto, *Diana. Ihr letztes Jahr.* Hamburg: Kabel, 1997. Siehe auch Andrew Morton, *Diana – ihr neues Leben.* Rastatt: Hestia, 1994.

32 *»Als Diana … die Mauern des Schweigens durchbrach«*: siehe Carol Gil-ligan, »For Many Women, Gazing at Diana Was Gazing Within«, *New York Times*, 9. Sept. 1997.

32 *Scham*: Für eine aufschlussreiche Erörterung der Bedeutung von Schamgefühlen in der menschlichen Entwicklung siehe Michael Lewis, *Scham.* Hamburg: Kabel, 1993.

35 *»Ich brauche einfach mehr Raum«*: Siehe u.a. John Gray, *Männer sind anders, Frauen auch.* München: Goldmann, 1992.

35 *Populärpsychologie*: Ebenda. Siehe auch Robert Bly, *Eisenhans: Ein Buch über Männer.* München: Kindler, 1991.

37 *Psychische Komplexe*: Für eine Darstellung von Jungs Theorie der psy-chischen Komplexe siehe C.G. Jung, »Allgemeines zur Komplex-theorie«, *Gesammelte Werke, Band 8: Die Dynamik des Unbewußten.* Olten: Walter Verlag, 1987[15].

39 *Emotionale Bedeutungen*: Siehe James Le Doux, *The Emotional Brain: The Mysterious Underpinnings of Emotional Life.* New York: Simon & Schuster, 1996; und Daniel Goleman, *Emotionale Intelligenz.* Mün-chen: Hanser, 1996.

39 *»Hungrige Geister«*: Siehe Anmerkung zu S. 165, *»Hungrige Geister«*.

44 *Paracelsus*: Ich zitiere diese Äußerung aus dem Gedächtnis. Für eine

Erörterung des Verhältnisses zwischen Erkenntnis und Liebe siehe Hans G. Furth, *Wissen als Leidenschaft. Eine Untersuchung über Freud und Piaget*. Frankfurt a.M.: Suhrkamp, 1990.

2. Weibliche Schönheit als Bedrohung

45 *Schönheit ist Macht*: Zwei hervorragende Darstellungen des heutigen Schönheitsideals und seiner zerstörerischen Wirkung bieten Naomi Wolf, *Der Mythos der Schönheit*. Reinbek: Rowohlt, 1991, und Susan Bordo, *Unerträgliches Gewicht*. Frankfurt a.M.: Fischer, 1995.

46 *Probleme mit dem Äußeren*: Siehe Joan Jacobs Brumberg, *The Body Project: An Intimate History of American Girls*. New York: Random House, 1997, S. 195.

47 *Zwischen 13 und 18*: Die Egozentrik und Selbstbefangenheit, die sich in der Adoleszenz einstellen, sind eine natürliche Folge der vorher nicht vorhandenen Fähigkeit zur Selbstreflexion. Siehe Jean Piaget, *Sprechen und Denken des Kindes*. Düsseldorf: Pädagogischer Verl. Schwann, 1979; David Elkind, »Egocentrism in Adolescence«, *Child Development*, 1967, 38, S. 1025-1034; David Elkind, *Child Development and Education: A Piagetian Perspective*. New York: Oxford University Press, 1976; und David Elkind, *The Child and Society: Essays in Applied Child Development*. New York: Oxford University Press, 1979.

47 *Zwei Drittel aller amerikanischen Frauen*: Laura Fraser, *Losing It: America's Obsession with Weight and the Diet Industry That Feeds on It*. New York: E.P. Dutton, 1997, S. 46.

47 *Fünf bis sieben Milliarden Dollar*: Ebenda, S. 82.

47 *53 Prozent der 13-Jährigen*: Brumberg, *Body Project*, S. XXIV. Zwei jüngere Studien zeigen, dass sich bereits Viertklässlerinnen um ihr Gewicht sorgen. Siehe Ann M. Gustafson-Larson u. Rhonda Dale Terry, »Weight-Related Behaviors and Concerns of Fourth-Grade Children«, *Journal of the American Dietetic Association*, 1992, 92, S. 818-822; und Mark H. Thelen, Anne H. Powell, Christine Lawrence u. Mark E. Kuhnert, »Eating and Body Image Concerns Among Children«, *Journal of Clinical Child Psychology*, 1992, 21, Nr. 1, S. 60-69. Siehe auch Judith Newman, »Little Girls Who Won't Eat: The Alarming Epidemic of Eating Disorders«, *Redbook*, Okt. 1997, S. 120-157.

47 *Fastenkuren, dem Missbrauch von Abführmitteln ...*: Siehe Joan P. Cesari,

»Fad Bulimia: A Serious and Separate Counseling Issue«, *Journal of College Student Personnel*, 1986, 27, Nr. 3, S. 255-259; Helen P. Klemchuk, Cheryl B. Hutchinson u. Rochelle I. Frank, »Body Dissatisfaction and Eating-Related Problems on the College Campus: Usefulness of the Eating Disorder Inventory with a Nonclinical Population«, *Journal of Counseling Psychology*, 1990, 37, Nr. 3, S. 297-305; und Paul Rozin u. April E. Fallon, »Body Images, Attitudes to Weight, and Misperceptions of Figure Preferences of the Opposite Sex: A Comparison of Men and Women in Two Generations«, *Journal of Abnormal Psychology*, 1988, 97, Nr. 3, S. 342-345.

47 *61 Prozent der Frauen mit College-Abschluss*: Siehe Laurie B. Mintz u. Nancy E. Betz, »Prevalence and Correlates of Eating Disordered Behaviors Among Undergraduate Women«, *Journal of Counseling Psychology*, 1988, 35, Nr. 4, S. 463-471.

48 *Etwa 25 bis 30 Pfund leichter...*: Laura Fraser legt dar, dass ein Durchschnittsmodel heute »1,77 m groß ist, 123 Pfund wiegt, Kleidergröße 34 oder 36 trägt und häufig keine Monatsblutung hat, weil sie über zu wenig Körperfett verfügt. ... Die amerikanische Durchschnittsfrau ist dagegen 1,63 m groß, wiegt 144 Pfund und trägt Konfektionsgröße 42«. Fraser, *Losing It*, S. 8-9. Das Fort Military Information Command Center führt die folgenden maximalen Gewichtsnormen für ein 1,63 m großes, weibliches Mitglied der U.S. Army an: 17- bis 20-Jährige: 133 Pfund; 21- bis 27-Jährige: 137 Pfund; 28- bis 39-Jährige: 141 Pfund; 49 Jahre und älter: 145 Pfund. Siehe Fort Military Information Command Center Website: Http://www.fortmic.com/pages/FMAR108.htm.

48 *50 Modefotos*: Siehe Bill Thornton u. Jason Maurice, »Physique Contrast Effect: Adverse Impact of Idealized Body Images for Women«, *Sex Roles*, Sept. 1997, 37, Nr. 6-7, S. 433-439. Siehe auch Sarah Grogan, Zoe Williams u. Mark Conner, »The Effects of Viewing Same-Gender Photographic Models on Body Esteem«, *Psychology of Women Quarterly*, 1996, 20, Nr. 4, S. 569-575.

48 *Nach einer halben Stunde Fernsehen*: Siehe Philip N. Myers, Jr., »The Elastic Body Image: The Effect of Television Advertising and Programming on Body Image Distortions in Young Women«, *Journal of Communication*, Sommer 1992, 42, Nr. 3, S. 108-133.

48 *Frauen über 60*: Siehe Sara Wilcox, »Age and Gender in Relation to Body Attitudes: Is There a Double Standard of Aging?« *Psychology of Women Quarterly*, 1997, 21, Nr. 4, S. 549-565.

50 »*Die dünne Frau*«: Fraser, *Losing It*, S. 7.

50 *Entstehung des Schlankheitswahns*: Ebenda, S. 16-49. Siehe auch Brumberg, *Body Project*.

51 *Supermodels*: Für eine umfassende Darstellung des Lebens von Topmodels siehe Michael Gross, *Model. Das häßliche Geschäft der schönen Frauen*. München: Europa-Verlag, 1996.

52 *Umfrage bei Drittklässlerinnen*: Von dieser Umfrage hörte ich auf einer Tagung über Essstörungen, auf der Mitarbeiter einer Klinik für Essstörungen in Cambridge, Massachusetts, im Rahmen eines Vortrages darüber berichteten.

52 »*Dritter Job*«: Siehe Fraser, *Losing It*.

53 *Gürtel und Korsetts*: Zur Geschichte des Übergangs von äußeren zu inneren Korsetts siehe ebenda, S. 16-49; und Brumberg, *Body Project*.

53 *Studien belegen*: Nach Laura Fraser deuten Studien, die von Steven Blair vom Cooper Institute for Aerobics Research in Dallas, Texas, geleitet wurden, darauf hin, dass »für Menschen, die 20, 30 oder sogar 75 Pfund Übergewicht haben, kein Gesundheitsrisiko besteht, solange sie gut in Form sind«. Fraser, *Losing It*, S. 250. Zu weiteren Informationen über U.S. Army Gewichtsstandards siehe die Anmerkung zu S. 49, *Etwa 25 bis 30 Pfund leichter*.

54 »*Nun aber hat der Mann das Bestreben*«: Simone de Beauvoir, *Das andere Geschlecht*. Reinbek b. Hamburg: Rowohlt, 1968, S. 86.

56 *Hesiod:* Siehe *Werke in einem Band. Hesiod*. Berlin: Aufbau Verlag, 1994.

60 *Ein selbstbestimmter Umgang mit unserem Körper*: Wenn adoleszente Mädchen der Mittelschicht sich bei der Auswahl ihrer Kleidung an ihrem Wohlbefinden orientieren, statt darauf zu achten, ob es den Jungen gefällt, hat das leider nicht nur zur Folge, dass sie bei Jungen auf Ablehnung stoßen, sondern führt auch zum Abbruch der Beziehungen zu gleichaltrigen Freundinnen, die sich den herrschenden Modetrends anpassen. Siehe Lyn Mikel Brown, *Raising Their Voices: The Politics of Girls' Anger*. Cambridge, Mass.: Harvard University Press, 1998.

61 *Untergraben weibliche Solidarität*: Nach Ansicht von Elizabeth Debold, Marie C. Wilson u. Idelisse Malave wird das häufig grausame Konkurrenzdenken zwischen Frauen durch eine in der frühen Adoleszenz erfolgende, schädliche Trennung der Töchter von ihren Müttern verursacht; diese Trennung wird in Entwicklungsmodellen empfohlen, die größtenteils von Männern und für Männer geschrieben wurden. Wenn Mädchen die Verbundenheit mit ihren

Müttern verlieren, verlieren sie auch die Möglichkeit eines intimen Wissens um ihre eigenen Wünsche und wenden sich Beziehungen zu, die von der patriarchalen Kultur gebilligt werden: »Sie fühlen sich dazu gedrängt, das aufzugeben, was sie wissen und fühlen« (d.h. die Ungerechtigkeit einer Welt, in der Männer begünstigt und Frauen benachteiligt werden), »um nicht von ihren Müttern oder anderen vertrauten Frauen verlassen oder ausgeschlossen zu werden. Gequält versuchen sie, sich als ›perfekte Mädchen‹ zu sehen, die sie natürlich nicht sind. …Die Spiele des ›In‹- und ›Out‹-Seins werden grausamer, weil sich in ihnen eine verdeckte Wut Luft schafft.« Debold, Wilson u. Malave: *Die Mutter-Tochter-Revolution.* Reinbek b. Hamburg: Rowohlt, 1996, S. 81. Ausgehend von dem Begriff der »horizontalen Gewalt«, der von dem brasilianischen Pädagogen Paulo Freire geprägt wurde, kommt Lyn Mikel Brown zu dem Schluss, dass der Mangel an gegenseitiger Unterstützung und Solidarität unter Frauen auf die verinnerlichten Werte der trennenden, dominanten Kultur des Patriarchats zurückzuführen ist. Siehe Brown, *Raising Their Voices.*

61 *Feministische Kommentatorinnen:* In der Flut von Kommentaren, die während der zweiten Hälfte des Jahres 1998 die Massenmedien überschwemmten, hörte ich mehrere feministische Journalistinnen und Wissenschaftlerinnen, die sich im Zusammenhang mit Monica Lewinsky zum Thema »die andere Frau« äußerten. Im Allgemeinen lagen die Sympathien dieser Feministinnen nicht bei Monica Lewinsky.

3. Die Sexualität hinter dem Spiegel

70 *Die Grenzen unseres Selbst überschreiten:* Siehe Otto Kernberg, *Liebesbeziehungen. Normalität und Pathologie.* Stuttgart: Klett-Cotta, 1998.

70 *Die meisten landesweiten Erhebungen*: Siehe Shere Hite, *Hite-Report.* München: Goldmann, 1990; Dianne Grosskopf, *Sex and the Married Woman.* New York: Simon and Schuster, 1983; und »Who, What, Where, and How Do You Love?« *Redbook*, Okt. 1989, S. 134. Zu weiteren, jüngeren und umfassenderen Daten über das sexuelle Verhalten in der amerikanischen Gesellschaft siehe June M. Reinisch, *Der neue Kinsey-Report: Sexualität heute; die neuesten Erkenntnisse über*

das Sexualverhalten von Mann und Frau. München: Heyne, 1991; und Robert T. Michael, John H. Gagnon, Edward O. Laumann u. Gina Kolata, *Sex in America: A Definitive Survey.* Boston u. New York: Little, Brown, 1994.

71 *Lesbische Beziehungen:* Siehe David Farley Hurlbert u. Carol Apt, »Female Sexuality: A Comparative Study Between Women in Homosexual and Heterosexual Relationships«, *Journal of Sex and Marital Therapy,* 1993, 19, Nr. 4, S. 315-327.

71 *Du bist ganz anders, als ich dachte:* Siehe Polly Young-Eisendraht, *Du bist ganz anders, als ich dachte: Den Partner wirklich lieben lernen.* München: Droemer Knaur, 1993.

72 *Mangel an weiblicher sexueller Lust:* Siehe die zu Anmerkung S. 74, *Die meisten landesweiten Erhebungen,* zitierten Studien. Siehe auch David Farley Hurlbert, Carol Apt u. Sarah Meyers Rabehl, »Key Variables to Understanding Female Sexual Satisfaction: An Examination of Women in Nondistressed Marriages«, *Journal of Sex and Marital Therapy,* 1993, 19, Nr. 2, S. 154-165; Raymond C. Rosen, Jennifer B. Taylor, Sandra R. Leiblum u. Gloria A. Bachmann, »Prevalence of Sexual Dysfunction in Women: Results of a Survey Study of 329 Women in an Outpatient Gynecological Clinic«, *Journal of Sex and Marital Therapy,* 1993, 19, Nr. 3, S. 171–188; und David Farley Hurlbert u. Carol Apt, »Female Sexual Desire, Response, and Behavior«, *Behavior Modification,* 1994, 18, Nr. 4, S. 488–504.

73 *Naomi Wolf: Vom Ende der Unschuld oder Das sexuelle Drama, eine Frau zu werden.* Reinbek: Rowohlt, 1999.

73 *Renaldus Columbus:* Ebenda, S. 244.

74 »*Mütterlicher Instinkt*«: Ebenda, S. 249.

74 »*Aus unterschiedlichen Gründen*«: Hurlbert u. Apt, »Female Sexual Desire«, S. 494.

75 *Gewalttätige Beziehungen:* Ebenda, S. 495.

75 »*Das Verhältnis...*«: Ebenda, S. 496.

79 *Beunruhigende sexuelle Fantasien:* Wendy Maltz u. Suzie Boss, *Die geheimsten Wünsche der Frauen. Oder das kreative Spiel mit erotischen Wünschen.* Reinbek: Rowohlt, 1998.

80 *Zeitgenössische Übersetzung:* Siehe Michael Grant, *Myths of the Greeks and the Romans.* New York: New American Library, Mentor, 1962, S. 357–362. Für eine deutsche Übersetzung des Textes von Apuleius siehe z.B.: Erich Neumann, *Amor und Psyche.* Walter: Olten, 1984[4], S. 9–60.

81 *Carol Gilligan*: Siehe Carol Gilligan, »The Riddle of Femininity and the Psychology of Love«, in: Willard Gaylin u. Ethel Person (Hrsg.), *Passionate Attachments: Thinking About Love*. New York: Free Press, 1988, S. 101–114.

81 *Florence Wiedemann und mir selbst*: Siehe Polly Young-Eisendraht u. Florence Wiedemann, *Female Authority: Empowering Women Through Psychotherapy*. New York: Guilford Press, 1987.

87 *Psyches eigener Komplex*: Für eine jungianische Interpretation des Mythos siehe ebenda.

94 *Octavio Paz*: Siehe Kernberg, *Liebesbeziehungen*.

94 *Durch und durch kennen*: Siehe Anmerkung zu S. 44, *Paracelsus*.

4. Treibhausbemutterung und das »göttliche Kind«

97 *Die Idealisierung der Mutter*: Für eine aktuelle Diskussion der übertriebenen Schuldzuweisungen, die Müttern heute aufgebürdet werden, siehe Diane Eyer, *Motherguilt: How Our Culture Blames Mothers for What's Wrong with Society*. New York: Times Books, 1996. Für eine kritische Analyse der nach dem Zweiten Weltkrieg einsetzenden Glorifizierung der Vollzeitmutter und Hausfrau, siehe Betty Friedans bahnbrechende Arbeit: *Der Weiblichkeitswahn*. Reinbek: Rowohlt, 1970.

97 *Einzigartige, unersetzliche Bedeutung der Mutter*: Im Zusammenhang mit Ausführungen über männliche Klienten argumentiert der jungianische Psychoanalytiker Guy Corneau, dass gerade die Abwesenheit der Väter im Familienleben ihre wichtige Rolle offenbare. Die psychoanalytische Literatur habe zwar den Einfluss der Mütter auf ihre Söhne umfassend behandelt, dabei jedoch häufig vergessen zu erwähnen, dass die Mütter eben deshalb allmächtig und allgegenwärtig waren, weil die Väter abwesend waren – so vollständig abwesend, dass ihre Abwesenheit als selbstverständlich galt. Wenn er heute höre, so Corneau weiter, wie sich seine Patienten über ihre Mütter beklagten, höre er auch (obwohl es nicht offen ausgesprochen werde), dass ihre Väter nicht da waren. Guy Corneau, *Abwesende Väter – verlorene Söhne: die Suche nach der männlichen Identität*. Solothurn u.a.: Walter, 1993. Nach Ansicht von Elizabeth Debold, Marie C. Wilson u. Idelisse Malave ist die Mutterschelte ein Phänomen, das sich in unserer Gesellschaft in den letzten hundert Jahren

in der Mittel- oder Oberschicht herausgebildet hat: »In der traditionellen Therapie bemüht man sich herzlich wenig darum, die Komplexitäten im Verhalten von Müttern zu erforschen, den sozioökonomischen oder politischen Kontext zu berücksichtigen oder überhaupt nach der Rolle ihres Partners (oder nicht vorhandenen Partners) zu fragen.« Debold, Wilson u. Malave, *Die Mutter-Tochter-Revolution*, S. 52. In einem kürzlich erschienenen Buch, das auf umfangreichen empirischen und statistischen Analysen beruht, wird die Ansicht vertreten, dass Gleichaltrige eine wichtigere Rolle in der Entwicklung der kindlichen Persönlichkeit spielen als die Eltern; siehe Judith Rich Harris, *The Nurture Assumption: Why Children Turn Out the Way They Do.* New York: Free Press, 1998.

99 *Kollektives Unvermögen:* In Anbetracht des Untergangs der Großfamilie und des Gemeinschaftslebens ist es kein Wunder, dass die Mutterschaft »in unserer Gesellschaft anstrengend [ist] ... Mutterschaft heißt nicht, dass eine leibliche Mutter oder Adoptivmutter vereinzelt, in der Isolation ihrer Kleinfamilie die ganze Verantwortung tragen muss.« Debold, Wilson u. Malave, *Die Mutter-Tochter-Revolution*, S. 340. Für eine Erörterung von weniger individualisierten, sondern eher gemeinschaftlichen Formen der Kinderbetreuung, zum Beispiel in Schweden, siehe Eyer, *Motherguilt.*

101 *»Diese ruhige, sichere...«:* Adrienne Rich, *Von Frauen geboren. Mutterschaft als Erfahrung und Institution.* München: Frauenoffensive, 1978.

104 *Zwischen Muttersein und »Bemutterung«:* Siehe ebenda.

105 *Ann Dally:* Siehe Ann Dally, *Inventing Motherhood: The Consequences of an Ideal.* New York: Schocken Books, 1982.

105 *Obwohl es bis Mitte des 20. Jahrhunderts:* Ebenda, S. 10.

106 *Die Ära der ununterbrochenen ...:* Ebenda.

106 *Glashausartige Isolation:* Zu einer Kritik an der Vereinzelung von Müttern und Mutterschaft in isolierten Kleinfamilieneinheiten und zu der vorgeschlagenen Alternative einer gemeinsamen, unterstützenden Kindererziehung durch Kreise von »Mitmüttern« siehe Debold Wilson und Malave: *Die Mutter-Tochter-Revolution*, S. 340-356.

110 *Relativ neue Erfindungen:* Einen Überblick über die historische Entwicklung der Kindheit im Sinne eines sozialen Phänomens bietet Philippe Ariès, *Geschichte der Kindheit.* München: dtv, 1998. Eine kurze Zusammenfassung von Ariès Hauptthesen findet sich in Shulamith Firestone, *Frauenbefreiung und sexuelle Revolution.* Frankfurt a.M.: Fischer, 1975, S. 82-116.

110 » *Wahre Mütterlichkeit*«: Dally, *Inventing Motherhood*, S. 17.

113 *So genannte Experten*: Für eine Kritik an »Expertenratschlägen« und ihren Auswirkungen auf Mädchen siehe Carol Gilligan, *Die andere Stimme: Lebenskonflikte und die Moral der Frau*. München: Piper, 1988[3]. Siehe auch Barbara Ehrenreich u. Deirdre English, *For Her Own Good: 150 Years of the Experts' Advice to Women*. New York: Doubleday, Anchor Press, 1978.

114 *Zwei Drittel aller amerikanischen Mütter*: Arlie P. Hochschild, *Der 48-Stunden-Tag. Wege aus dem Dilemma berufstätiger Eltern*. Darmstadt: Zsolnay, 1990, S. 25.

114 *35 Stunden oder mehr pro Woche*: Ebenda.

114 » *Zweite Schicht*«: Siehe Anmerkung zu S. 149, *Ideal der perfekten Mutter und Hausfrau*.

115 *Bindungstheorie*: Für einen jüngeren kritischen Überblick über die klassische Bindungstheorie siehe Tiffany Field, »Attachment and Separation in Young Children«, *Annual Review of Psychology*, 1996, 47, S. 541-561.

115 *René Spitz und John Bowlby*: Siehe René A. Spitz, *The First Years of Life. A Psychoanalytic Study of Normal and Deviant Development of Objectrelations*. New York: International Universities Press, 1965; und John Bowlby, *Eine Analyse der Mutter-Kind-Beziehung*. München: Kindler, 1980; Bowlby, *Child Care and the Growth of Love*. Baltimore: Penguin, 1965[2]; Bowlby, *A Secure Base: Parent-Child Attachment and Healthy Human Development*. New York: Basic Books, 1988.

115 *Mary Main*: Siehe Mary Main, »Exploration, Play, and Cognitive Functioning Related to Infant-Mother Attachment«, *Infant Behavior and Development*, 1983, 6, Nr. 2, S. 167-174; »Recent Studies in Attachment: Overview, with Selected Implications for Clinical Work«, in: Susan Goldberg, Roy Muir u. John Kerr (Hrsg.), *Attachment Theory: Social, Developmental, and Clinical Perspectives*. Hillsdale, N.J.: Analytic Press, 1995; »Discourse, Prediction, and Recent Studies in Attachment: Implications for Psychoanalysis«, in: Theodore Shapiro u. Robert N. Emde (Hrsg.), *Research in Psychoanalysis: Process, Development, Outcome*. Madison, Conn.: International Universities Press, 1995. Siehe auch Mary D. S. Ainsworth, M. C. Blehar, E. Waters u. S. Wall, *Patterns of Attachment: A Psycholigical Study of the Strange Situation*. Hillsdale, N.J.: Lawrence Earlbaum, 1978.

116 *Es ist jedoch irreführend*: Nach einer neueren Studie des National Institute of Child Health and Human Development (NICHD) beein-

flusst die bloße Tatsache, dass der Säugling von anderen Personen als der Mutter betreut wird, die Bindungen zwischen Mutter und Kind im Hinblick auf bestimmte Trennungserlebnisse weder positiv noch negativ.

116 *Da noch vor 200 Jahren:* Dally, *Inventing Motherhood*, S. 26-27.

117 *»Er ist der Ansicht«:* Ebenda, S. 28.

117 *Joan Peters:* Siehe Joan Peters, *When Mothers Work: Loving Our Children Without Sacrificing Our Selves.* Reading, Mass.: Addison-Wesley, 1997.

118 *»Kindgott«:* Beispiele für diesen Archetypus sind etwa das Jesuskind und das Kind, das auf Grund bestimmter Merkmale zum Nachfolger des Dalai Lama auserkoren wird. Auch ein erstgeborenes oder lang ersehntes Kind kann den Archetypus des »Kindgottes« wachrufen, wenn die Eltern das Gefühl haben, dass ihr Kind etwas Außergewöhnliches ist. Für eine psychologische Analyse dieses Archetypus siehe Erich Neumann, *Das Kind. Struktur und Dynamik der werdenden Persönlichkeit.* Frankfurt a.M.: Fischer, 1999; und Carl G. Jung, *Gesammelte Werke, Bd. 9/I: Die Archetypen und das kollektive Unbewußte.* Olten: Walter Verlag, 1985[6].

118 *Archetypus:* Siehe Carl G. Jung. Für eine umfassende Analyse der Entwicklung von Jungs Archetypenbegriff siehe Polly Young-Eisendraht u. James A. Hall, *Jung's Self Psychology: A Constructivist Perspective.* New York: Guilford Press, 1991.

119 *Psychischer Komplex:* Siehe Anmerkung zu S. 37, *Psychische Komplexe.*

120 *Machtlosigkeit und Unterlegenheit:* Shulamith Firestone argumentiert, dass Kinder, rein praktisch gesehen, eine untergeordnete Klasse bilden. Für eine Erörterung der umfassenden wirtschaftlichen und körperlichen Abhängigkeit von Kindern und ihrer Unterdrückung in sexueller, familiärer und pädagogischer Hinsicht siehe Firestone, *Frauenbefreiung und sexuelle Revolution*, S. 105-118.

125 *»Disharmonische Quelle«:* Neville Symington, *Narzissmus.* Gießen: Psychosozial-Verlag, 1999, S. 147-148.

125 *Gebrüder Grimm:* Siehe *Märchen der Gebrüder Grimm.* Beltz & Gelberg, 1995.

129 *Elizabeth Debold, Marie Wilson und Idelisse Malave:* Siehe Elizabeth Debold, Marie Wilson und Idelisse Malave, *Die Mutter-Tochter-Revolution.*

129 *»Tragischerweise...«:* Ebenda, S. 97.

129 *»Schaden ihrem Selbstwertgefühl...«:* Ebenda, S. 105.

131 *Die Wörtchen »doch nur«*: Siehe Symington, *Narzissmus*, S. 148.

131 *Zwar sind die Anforderungen*: Debold, Wilson u. Malave, *Die Mutter-Tochter-Revolution*, S. 180.

5. Das »material Girl« und die »hungrigen Geister«

135 *Grace Baruch und Rosalind Barnett*: Siehe Grace K. Baruch, Rosalind Barnett u. Caryl Rivers, *Life Prints: New Patterns of Life and Work for Today's Woman.* New York: McGraw-Hill, 1983.

136 *Erhöht die Lebenszufriedenheit von Frauen*: Ebenda. Nach einer neueren Studie berichten Mütter in akademischen Berufen/Führungspositionen von einem höheren Grad an psychischem Wohlbefinden als arbeitslose Mütter und Mütter aus der Arbeiterschicht. Siehe Mary Secret und Robert G. Green, »Occupational Status Differences Among Three Groups of Married Mothers«, *Affilia*, 1998, 13, Nr. 1, S. 47-68. Statistische Trends in den letzten zwei bis drei Jahrzehnten im Hinblick auf Mütter am Arbeitsplatz sprechen dafür, dass die Arbeitszufriedenheit der beste Indikator für das psychische Wohlbefinden ist. Siehe Phyllis Moen, *Women's Two Roles: A Contemporary Dilemma.* Westport, Conn.: Auburn House, 1992.

136 *Ideal der perfekten Mutter und Hausfrau*: Da viele berufstätige Amerikanerinnen glauben, dies sei eher ein persönliches Defizit als ein gesellschaftliches Problem, fühlen sie sich schuldig und unzulänglich, wenn sie nicht in der Lage sind, den unrealistischen Standards der Kinderbetreuung und Haushaltsführung zu entsprechen. Dieses Gefühl wird zum Teil durch die Medien hervorgerufen, die die Botschaft vermitteln, dass die Supermutter alles im Griff hat, weil sie auf Grund ihrer ausgeglichenen Persönlichkeit zu einem perfekten Balanceakt zwischen Familie und Beruf fähig ist, auch wenn die Gesellschaft diese Verbindung missbilligt. Siehe Arlie P. Hochschild, *Der 48-Stunden-Tag. Wege aus dem Dilemma berufstätiger Eltern.* Darmstadt: Zsolnay, 1990. In ihrer Studie über Ehen von Doppelverdienern in der Unternehmenswelt bezeichnet die Soziologin Rosanna Hertz die Arbeitgeber als »stille Partner«, die nichts tun, um die Ehe zu erleichtern, sondern sie im Gegenteil häufig sabotieren. Siehe Hertz, *More Equal Than Others: Women and Men in Dual-Career Marriages.* Berkeley und Los Angeles: University of California Press, 1986.

137 *33 Prozent unter dem Durchschnittseinkommen von Männern:* Ginia Bellafante, »Feminism: It's All About Me!«, *Time,* 29. Juni 1998, S. 58.

138 *Eine Frau lässt sich … scheiden:* Marcia Millman, *Warm Hearts and Cold
Cash: The Intimate Dynamics of Families and Money.* New York: Free
Press, 1991, S. 135.

141 *» Gerät in eine Kommunikationsfalle…«:* Deborah Tannen, *Job-Talk: Wie
Frauen und Männer am Arbeitsplatz miteinander reden.* Hamburg, Kabel, 1995, S. 216.

141 *Rituelle Wendungen in Gesprächen:* Siehe ebenda.

142 *Indirekteres Vorgehen:* Deborah Tannen argumentiert, dass sich sowohl Männer als auch Frauen auf eine indirekte Kommunikation
einlassen: »Die meisten Studien, die zu dem Ergebnis kommen, dass
Frauen indirekter vorgehen, untersuchen den Aspekt, wie man andere zum Handeln bewegt. Aber die Situationen, in denen Männer
am häufigsten indirekt sind, haben mit dem Ausdruck von Schwächen, Problemen, Irrtümern und allen Emotionen außer Wut zu
tun.« Ebenda, S. 92.

143 *unweiblich oder schlimmeres«:* Ebenda, S. 179.

144 *»Reife Abhängigkeit«:* W. Ronald Fairbairn, *Psychoanalytic Studies of the
Personality.* Boston: Routledge and Kegan Paul, 1952, S. 41.

145 *Gemeinsame Kasse:* Siehe Philip Blumstein u. Pepper Schwartz: *American Couples.* New York: William Morrow, 1983.

145 *Lesbische Paare:* Ebenda.

147 *Die sich entwickelnde Konsumgesellschaft:* Für einen faszinierenden his-
torischen Abriss der Einkaufsgewohnheiten von Frauen im 19. Jahrhundert siehe Elaine S. Abelson, *When Ladies Go A-Thieving: Middle-
Class Shoplifters in the Victorian Department Store.* New York: Oxford
University Press, 1989.

147 *Kaufhäuser:* Ebenda.

163 *»Vor allem Kleidung«:* Wenn so viele Frauen der Ansicht sind, dass ihr
Körper weit hinter der von den Medien propagierten Idealnorm zurückbleibt, ist es nicht überraschend, dass kaufsüchtige Frauen in
dem Versuch, ihren Depressionen, ihrer inneren Leere und geringen Selbstachtung entgegenzuwirken, normalerweise Artikel erwerben, die mit dem Körperbild verbunden sind, wie Kleider, Schmuck
und Kosmetika. Siehe Helga Dittmar, Jane Beattie u. Susanne
Friesse, »Objects, Decision Considerations, and Self-Image in Men's
and Women's Impulse Purchases«, *Acta Psychologica,* 1996, 93, Nr. 13,
S. 187-206; Gary A. Christenson u.a., »Compulsive Buying: Descrip-

tive Charateristics and Psychiatric Comorbidity«, *Journal of Clinical Psychiatry*, Jan. 1994, 55, Nr. 1, S. 5-11; und Michel Lejoyeux, Jean Adès, Valérie Tassain u. Jacquelyn Solomon, »Phenomenology and Psychopathology of Uncontrolled Buying«, *American Journal of Psychiatry*, Dez. 1996, 153, Nr. 12, S. 1524-1529.

149 *Wahlmöglichkeiten zu bieten scheint*: Ebenda. Siehe auch Abelson, *When Ladies Go A-Thieving.*

150 *Rad des Lebens*: Siehe L. Austine Waddell, *Tibetan Buddhism: With Its Mystic Cults, Symbolism and Mythology.* New York: Dover, 1972. Was das Lebensrad aus psychologischer Sicht bedeutet, erörtert Mark Epstein, *Gedanken ohne den Denker.* Frankfurt a.M.: Fischer, 2000².

150 *»Hungrige Geister«*: Für eine Erörterung des Reichs der »hungrigen Geister« aus psychologischer Sicht siehe Epstein, *Gedanken ohne den Denker*, S. 40-42.

153 *Zehn Milliarden Dollar pro Jahr*: Jeanie Russell, »Klepto Nation«, *Allure*, Febr. 1998, S. 129.

154 *»Ich kann … ohne Drogen auskommen«*: Ebenda, S. 131.

154 *Will Cupchik*: Siehe William Cupchik, *Why Honest People Shoplift or Commit Other Acts of Theft: Assessment of Atypical Offenders.* Toronto: Tagami Communications, 1997.

154 *»Eine schreckliche Leere«*: Epstein, *Gedanken ohne den Denker*, S. 40.

154 *»In den ersten 16 Monaten…«*: Donald W. Black, »Compulsive Buying: A Review«, *Journal of Clinical Psychiatry*, 1996, 57, Supp. 8, S. 50.

155 *8,1 Prozent der amerikanischen Bevölkerung*: Ebenda, S. 51.

155 *Zwanghaftes Kaufen unterscheidet sich*: Ebenda.

155 *Etwa 22 Prozent seines Einkommens*: Ebenda, S. 53.

156 *»Es ist umfassend belegt…«*: Dittmar, Beattie u. Friesse, »Objects, Decision Considerations, and Self-Image«, S. 204.

161 *»Sehnsucht nach unerschöpflicher Fülle«*: Epstein, *Gedanken ohne den Denker*, S. 42.

6. Das spirituelle Problem der Selbstaufgabe

166 *Film und Fernsehen*: Die Tatsache, dass wir unsere allgemeinen Informationen in wachsendem Maße aus Film und Fernsehen beziehen, hat zweifellos zu dem Verlust dessen beigetragen, was die Ökofeministin Charlene Spretnak als »religiöse Bildung« bezeichnet: »Der

allgemein anerkannte ›Verdummungstrend‹ der letzten 20 Jahre, das stetig sinkende Niveau der amerikanischen Schulbücher und der Unterrichtsqualität im Allgemeinen, scheint auch die religiöse Bildung erfasst zu haben.« Charlene Spretnak, *States of Grace: The Recovery of Meaning in the Postmodern Age.* San Francisco: HarperCollins, 1991, S. 3.

168 *C. G. Jung:* Siehe Carl G. Jung: »Psychologie und Religion«, in: *Gesammelte Werke,* Bd. 11. Olten: Walter, 1988[5].

168 *Robert Jay Lifton:* Siehe Robert Jay Lifton, *The Broken Connection. On Death and the Continuity of Life.* New York: Basic Books, 1979.

174 »*Die psychologische Vorstellung...*«: Mark Epstein, *Going to Pieces Without Falling Apart: A Buddhist Perspective on Wholeness.* New York: Broadway Books, 1998), S. xv-xvi.

175 »*Neigt dazu, offener, vertrauensvoller...*«: Demaris S. Wehr, »When Good People Do Bad Things: Spiritual Abuse«, in: Polly Young-Eisendraht und Mel Miller (Hrsg.), *Integrity, Wisdom, and Transcendence.* London: Routledge, 2000.

176 »*Gott von einer äußeren...*«: Ebenda.

178 *Mary Oliver:* Mary Oliver, *New and Selected Poems.* Boston: Beacon Press, 1992, S. 110.

184 *Carol Christ und Judith Plaskow:* Carol Christ und Judith Plaskow (Hrsg.), *Womanspirit Rising: A Feminist Reader in Religion.* San Francisco: Harper & Row, 1979.

184 »*Wenn Gott...*«: Mary Daly, *Jenseits von Gottvater, Sohn & Co.* München: Frauenoffensive, 1988[5], S. 33.

184 »*Eine wachsende Bedrohung*«: Christ und Plaskow, *Womanspirit Rising,* S. 57.

186 »*Die institutionellen Veränderungen*«: Rachel Josefowitz Siegel, »›I Don't Know Enough‹: Jewish Women's Learned Ignorance«, in: *Celebrating the Lives of Jewish Women,* hrsg. v. Siegel und Ellen Cole. New York: Haworth Press, 1997, S. 208. Website Version auf Http://www.utoronto.ca/wjudasim/journal/v1n1sieg.htm.

186 »*Je mehr ich lernte...*«: Siegel, »›I Don't Know Enough‹...«, S. 207.

187 »*Wenn man Frauen innerhalb hierarchischer Strukturen...*«: Mary E. Hunt, »Psychological Implications of Women's Spiritual Health«, *Women and Therapy,* 1995, 16, Nr. 2-3, S. 27.

188 »*Die wichtigste Veränderung...*«: Ebenda.

188 *United Church of Christ:* Als erste Frau in der UCC wurde 1853 Antoinette Brown ordiniert. In den USA gibt es derzeit 2346 voll ordi-

nierte Frauen und 7962 voll ordinierte Männer in der UCC. Informationen erteilt das Research Department, United Church of Christ Board for Homeland Ministry, 770 Prospect Avenue, Cleveland, Ohio 44115, Tel. 001/216/736-3813.

188 *Episkopalkirche*: Siehe Louie Crew, »Female Priests in the Episcopal Church« unter: Http://newark.rutgers.edu/%7elcrew/womenpr.html.

189 *»Ambivalente Gefühle…«*: Siegel, »›I Don't Know Enough‹…«, S. 208.

189 Im Reformjudentum…: Siehe Joseph Telushkin, »Women Rabbis«, in: Telushkin, *Jewish Literacy: The Most Important Things to Know About the Jewish Religion, Its People, and History*. New York: William Morrow, 1991, S. 428-429.

189 *Feministische jüdische Studien und* Rosh-Chodesh-*Gruppen*: Siehe Siegel, »›I Don't Know Enough‹…«.

189 »Dass Frauen erst als Männer…«: Rita M. Gross, *Buddhism After Patriarchy*. New York: State University of New York Press, 1993, S. 18.

190 *Zeitgenössische feministische Buddhistinnen*: Für eine feministische Anwendung buddhistischer Prinzipien im Alltagsleben siehe zum Beispiel Anne Carolyn Klein, *Meeting the Great Bliss Queen: Buddhists, Feminists, and the Art of Self*. Boston: Beacon Press, 1995; Joanna Macy, *World as Lover, World as Self*. Berkeley: Parallax Press, 1991; und Charlotte Joko Beck, *Zen im Alltag*. München: Droemer, 1998.

191 *Margot Adler*: Siehe Margot Adler, *Drawing Down the Moon: Witches, Pagans, Druids, Goddess-Worshippers, and Other Pagans in America Today*. Boston: Beacon Press, 1979.

194 *»Wir sind keine bemitleidenswerten Geschöpfe…«*: Mairs, *Ordinary Time*, S. 186.

7. Das Paradox von Freiheit und Begehren

199 *»Meine Handlungen…«*: Zitiert nach Joan Halifax, »The Great Matter of Life and Death«, *Tricycle: The Buddhist Review*, 1997, 7, Nr. 1, S. 20.

213 *»Der scheinbar unerträgliche Konflikt…«*: C. G. Jung, *Briefe I. 1906-1945*. Olten: Walter, 1972, S. 463.

214 *»Meine Identität…«*: Charles Taylor, *The Ethics of Authenticity*. Cambridge, Mass.: Harvard University Press, 1991, S. 48.

Bibliographie

Abelson, Elaine. *When Ladies Go A-Thieving: Middle-Class Shoplifters in the Victorian Department Store.* New York: Oxford University Press, 1989.

Adler, Margot. *Drawing Down the Moon: Witches, Pagans, Druids, Goddess-Worshippers, and Other Pagans in America Today.* Boston: Beacon Press, 1979.

Ainsworth, Mary D. S., M. C. Blehar, E. Waters u. S. Wall. *Patterns of Attachment: A Psychological Study of the Strange Situation.* Hillsdale, N.J.: Lawrence Earlbaum, 1978.

American Association of University Women. *Shortchanging Girls, Shortchanging America.* Washington, D.C.: Greenberg-Lake, 1991.

Ariès, Philippe. *Geschichte der Kindheit.* München: dtv, 1998.

Baruch, Grace K, u. Rosalind C. Barnett. »Role Quality, Multiple Role Involvement, u. Psychological Well-Being in Midlife Women.« *Journal of Personality and Social Psychology,* 1986, 51, S. 578-585.

Baruch, Grace K., Rosalind C. Barnett u. Caryl Rivers. *Life Prints: New Patterns of Life and Work for Today's Woman.* New York: McGraw-Hill, 1983.

Beauvoir, Simone de. *Das andere Geschlecht.* Reinbek b. Hamburg: Rowohlt, 1968.

Beck, Charlotte Joko. *Zen im Alltag.* München: Droemer, 1998.

Bellafante, Ginia. »Feminism: It's All About Me!« *Time,* 29. Juni 1998.

Benvenuto, Bice. *The Works of Jacques Lacan: An Introduction.* New York: St. Martin's Press, 1986.

Blumstein, Philip, u. Pepper Schwartz. *American Couples.* New York: William Morrow, 1983.

Bly, Robert. *Eisenhans: Ein Buch über Männer.* München: Kindler, 1991.

Bordo, Susan. *Unerträgliches Gewicht.* Frankfurt a.M.: Fischer, 1995.

Bowlby, John. *Eine Analyse der Mutter-Kind-Beziehung.* München: Kindler, 1980.

— *Child Care and the Growth of Love.* Baltimore: Penguin, 1965[2].

— *A Secure Base: Parent-Child Attachment and Healthy Human Development.* New York: Basic Books, 1988.

Brown, Lyn Mikel. *Raising Their Voices: The Politics of Girls' Anger.* Cambridge, Mass.: Harvard University Press, 1998.

Brown, Lyn Mikel, u. Carol Gilligan. *Die verlorene Stimme. Wendepunkte in der Entwicklung von Mädchen und Frauen.* München: dtv, 1997.

Brumberg, Joan Jacobs. *The Body Project: An Intimate History of American Girls.* New York: Random House, 1997.

Cesari, Joan P. »Fad Bulimia: A Serious and Separate Counseling Issue.« *Journal of College Student Personnel,* 1986, 27, Nr. 3, S. 255-259.

Christ, Carol P. *Rebirth of the Great Goddess: Finding Meaning in Feminist Spirituality.* Reading, Mass.: Addison-Wesely, 1997.

— *Return of the Great Goddess.* Boston: Shambhala, 1994.

Christ, Carol, u. Judith Plaskow (Hrsg.). *Womanspirit Rising: A Feminist Reader in Religion.* San Francisco: Harper & Row, 1979.

Christenson, Gary A., u.a. »Compulsive Buying: Descriptive Characteristics and Psychiatric Comorbidity.« *Journal of Clinical Psychiatry,* Jan. 1994, 55, Nr. 1, S. 5-11.

Corneau, Guy. *Abwesende Väter – verlorene Söhne: die Suche nach der männlichen Identität.* Solothurn u.a.: Walter, 1993.

Crew, Louie. »Female Priests in the Episcopal Church.« Website: Http:// newark.rutgers.edu/%7elcrew/womenpr.html.

Cupchik, Will. *Why Honest People Shoplift or Commit Other Acts of Theft: Assessment of Atypical Offenders.* Toronto: Tagami Communications, 1997.

Dally, Ann. *Inventing Motherhood: The Consequences of an Ideal.* New York: Schocken Books, 1982.

Daly, Mary. *Jenseits von Gottvater, Sohn & Co.* München: Frauenoffensive, 1988[5].

Daniels-Beirness, T. »Measuring Peer Status in Boys and Girls: A Problem of Apples and Oranges.« In: B.H. Schneider, G. Attili, J. Nadel u. R.P. Weisberg (Hrsg.), *Social Competence in Developmental Perspective.* Boston: Kluwer, 1989[2].

Dawkins, Richard. *Das egoistische Gen.* Reinbek b. Hamburg: Rowohlt, 1996.

Debold, Elizabeth, Marie C. Wilson u. Idelisse Malave. *Die Mutter-Tochter-Revolution.* Reinbek b. Hamburg: Rowohlt, 1996.

Dittmar, Helga, Jane Beattie u. Susanne Friesse. »Objects, Decision Considerations, and Self-Image in Men's and Women's Impulse Purchases.« *Acta Psychologica,* 1996, 93, Nr. 1-3, S. 187-206.

Dogen. »Instructions for the Tenzo.« In: Kazuaki Tanahashi (Hrsg.), *Moon in a Dewdrop: Writings of Zen Master Dogen.* San Francisco: North Point Press, 1985, S. 53-66.

Ehrenreich, Barbara. »The Week Feminists Got Laryngitis.« *Time,* 9. Febr. 1998, S. 68.

Ehrenreich, Barbara, u. Deirdre English. *For Her Own Good: 150 Years of the Experts' Advice to Women.* New York: Doubleday, Anchor Press, 1978.

Eisler, Riane. *Von der Herrschaft zur Partnerschaft.* München: Bertelsmann, 1989.

Elkind, David. *The Child and Society: Essays in Applied Child Development.* New York: Oxford University Press, 1979.

— *Child Development and Education: A Piagetian Perspective.* New York: Oxford University Press, 1976.

— »Egocentrism in Adolescence.« *Child Development,* 1967, 38, S. 1025-34.

Epstein, Mark. *Going to Pieces Without Falling Apart: A Buddhist Perspective on Wholeness.* New York: Broadway Books, 1998.

— *Gedanken ohne den Denker. Das Wechselspiel von Buddhismus und Psychoanalyse.* Frankfurt a.M.: Fischer, 2000².

Erikson, Erik. *Kindheit und Gesellschaft.* Stuttgart: Klett-Cotta, 1999.

— *Jugend und Krise.* Stuttgart: Klett-Cotta, 1980³.

Fagot, B. I. u. R. Hagan. »Observations of Parent Reactions to Sex-Stereotyped Behaviors: Age and Sex Effects.« *Child Development,* 1991, 62, Nr. 3, S. 617-628.

Fairbairn, Ronald W. *Psychoanalytic Studies of the Personality.* Boston: Routledge and Kegan, 1952.

Faludi, Susan. *Die Männer schlagen zurück.* Reinbek: Rowohlt, 1995.

Field, Tiffany. »Attachment and Separation in Young Children.« *Annual Review of Psychology,* 1996, 47, S. 541-561.

Firestone, Shulamith. *Frauenbefreiung und sexuelle Revolution.* Frankfurt a.M.: Fischer, 1975.

Fort Military Information Command Center. Website: Http://www.fortmic.com/pages/FMAR108.htm.

Fraser, Laura. *Losing It: American's Obsession with Weight and the Diet Industry That Feeds on It.* New York: E.P. Dutton, 1997.

Freeman, Lucy, u. Herbert S. Strean. *Freud and Women.* New York: Frederick Ungar, 1981.

Freud, Sigmund. *Einige psychische Folgen des anatomischen Geschlechtsunterschieds. Gesammelte Werke IX.* London: Imago, 1948.

Friedan, Betty. *Der Weiblichkeitswahn.* Reinbek: Rowohlt, 1970.

Frymer-Kensky, Tikva. *In the Wake of the Goddesses: Women, Culture, and the Biblical Transformation of Pagan Myth.* New York: Free Press, 1992.

Furth, Hans G. *Wissen als Leidenschaft. Eine Untersuchung über Freud und Piaget.* Frankfurt a.M.: Suhrkamp, 1990.

Gilligan, Carol. »For Many Women, Gazing at Diana Was Gazing Within.« *New York Times,* 9. Sept. 1997.

— *Die andere Stimme: Lebenskonflikte und die Moral der Frau.* München: Piper, 1988³.

— »The Riddle of Femininity and the Psychology of Love«, in: Willard Gaylin u. Ethel Person (Hrsg.), *Passionate Attachments: Thinking About Love.* New York: Free Press, 1988.

Gimbutas, Marija. *The Civilization of the Goddess: The World of Old Europe.* San Francisco: HarperSanFrancisco, 1987.

— *The Goddesses and Gods of Old Europe: 6500-3500 B.C.: Myths and Cult Images.* Berkeley and Los Angeles: University of California Press, 1982.

— *The Language of the Goddess: Unearthing the Hidden Symbols of Western Civilization.* San Francisco: Harper & Row, 1989.

Goldin, Barbara Diamond. »Coming of Age in Judaism«. *New Moon: the Magazine for Girls and Their Dreams,* 1998, 5, Nr. 5, S. 20-21.

Goleman, Daniel. *Emotionale Intelligenz.* München: Hanser: 1996.

Granrose, Cherlyn Skromme, u. Eileen E. Kaplan. *Work-Family Role Choices for Women in Their Twenties and Thirties: From College Plans to Life Experiences.* Westport, Conn.: Greenwood, Praeger, 1996.

Grant, Michael. *Myths of the Greeks and the Romans.* New York: New American Library, Mentor, 1962.

Gray, John. *Männer sind anders, Frauen auch.* München: Goldmann, 1992.

Grogan, Sarah, Zoe Williams, u. Mark Connet. »The Effects of Viewing Same-Gender Photographic Models on Body-Esteem.« *Psychology of Women Quarterly,* 1996, 20, Nr. 4, S. 569-575.

Gross, Michael. *Model. Das häßliche Geschäft der schönen Frauen.* München: Europa-Verlag, 1996.

Grosz, E. A. *Jacques Lacan: A Feminist Introduction.* London: Routledge, 1990.

Gustafson-Larson, Ann M. u. Rhonda Dale Terry. »Weight-Related Behaviors and Concerns of Fourth-Grade Children.« *Journal of the American Dietetic Association,* 1992, 92, S. 818-822.

Halifax, Joan. »The Great Matter of Life and Death.« *Tricycle: The Buddhist Review,* 1997, 7, Nr. 1, S. 20.

Harris, Judith Rich. *The Nurture Assumption: Why Children Tun Out the Way They Do.* New York: Free Press, 1998.

Heights, Roslyn. »The Influence of Fashion Magazines on the Body

Image Satisfaction of College Women: An Exploratory Analysis.« *Adolescence*, 1997, 32, Nr. 127, S. 603-614.

Hertz, Rosanna. *More Equal Than Others: Women and Men in Dual-Career Marriages*. Berkeley und Los Angeles: University of California Press, 1986.

Hesiod. *Werke in einem Band. Hesiod*. Berlin: Aufbau Verlag, 1994.

Heyn, Dalma. *The Erotic Silence of the American Wife*. New York: Random House, 1992.

Hite, Shere. *Hite-Report*. München: Goldmann, 1990.

Hochschild, Arlie P. *Der 48-Stunden-Tag. Wege aus dem Dilemma berufstätiger Eltern*. Darmstadt: Zsolnay, 1990.

Hunt, Mary E. »It's Inevitable: Women Will Be Ordained.« *National Catholic Reporter*, 22. Febr. 1997.

— »Psychological Implications of Women's Spiritual Health.« *Women and Therapy*, 1995, 16, Nr. 2-3, S. 21-32.

Hurlbert, David Farley u. Carol Apt. »Female Sexual Desire, Response, and Behavior.« *Behavior Modification*, 1994, 18, Nr. 4, S. 488-504.

— »Female Sexuality: A Comparative Study Between Women in Homosexual and Heterosexual Relationships.« *Journal of Sex and Marital Therapy*, 1993, 19, Nr. 4, S. 315-327.

Hurlbert, David Farley, Carol Apt u. Sarah Meyers Rabehl. »Key Variables to Understanding Female Sexual Satisfaction: An Examination of Women in Nondistressed Marriages.« *Journal of Sex and Marital Therapy*, 1993, 19, Nr. 2, S. 154-165.

Hurlbert, David Farley, u. Karen Elizabeth Whittaker. »The Role of Masturbation in Marital and Sexual Satisfaction: A Comparative Study of Female Masturbators and Nonmasturbators.« *Journal of Sex Education and Therapy*, 1991, 17, Nr. 4, S. 272-282.

Jung, Carl Gustav. *Gesammelte Werke, Bd. 1-20*. Olten: Walter Verlag, 1971-1990.

Kernberg, Otto. *Liebesbeziehungen. Normalität und Pathologie*. Stuttgart: Klett-Cotta, 1998.

Klein, Ann Carolyn. *Meeting the Great Bliss Queen: Buddhists, Feminists, and the Art of Self*. Boston: Beacon Press, 1995.

Klemchuk, Helen P., Cheryl B. Hutchinson u. Rochelle I. Frank. »Body Dissatisfaction and Eating-Related Problems on the College Campus: Usefulness of the Eating Disorder Inventory with a Nonclinical Population.« *Journal of Counseling Psychology*, 1990, 37, Nr. 3, S. 297 bis 305.

Klemke, Lloyd. *The Sociology of Shoplifting: Boosters and Snitchers Today.* New York: Praeger, 1992.

Kowalski, R. M. »Inferring Sexual Interest from Behavioral Clues: Effects, Gender, and sexually Relevant Attitudes.« *Sex Roles,* 1993, 29, S. 13 bis 36.

Le Blanc, A. N. »Harrassment in the Hall.« *Seventeen,* Sept. 1992, S. 163 bis 165.

Le Doux, James. *The Emotional Brain: The Mysterious Underpinnings of Emotional Life.* New York: Simon & Schuster, 1996.

Lejoyeux, Michel, Jean Adès, Valérie Tassain u. Jacquelyn Solomon. »Phenomenology and Psychopathology of Uncontrolled Buying.« *American Journal of Psychiatry,* Dez. 1996, 153, Nr. 12, S. 1524-1529.

Lewis, Michael. »Self-Conscious Emotions and the Development of Self.« *Journal of the American Psychoanalytic Association,* 1991, 39, Supp., S. 45-73.
— *Scham.* Hamburg: Kabel, 1993.

Lifton, Robert Jay. *The Broken Connection. On Death and the Continuity of Life.* New York: Basic Books, 1979.

Louis Harris and Associates. *Hostile Hallways: The AAUW Survey on Sexual Harrassment in America's Schools.* Washington, D.C.: American Association of University Women, 1993.

Macy, Joanna. *Die Wiederentdeckung der sinnlichen Erde. Wege zum ökologischen Selbst.* Berlin: Theseus, 1994.

Mahler, Margaret S., Fred Pine u. Anni Bergmann. *Die psychische Geburt des Menschen. Symbiose und Individuation.* Frankfurt a.M.: Fischer, 1999.

Main, Mary. »Discourse, Prediction, and Recent Studies in Attachment: Implications for Psychoanalysis.« In: Theodore Shapiro u. Robert N. Emde (Hrsg.), *Research in Psychoanalysis: Process, Development, Outcome.* Madison, Conn.: International Universities Press, 1995.
— »Exploration, Play, and Cognitive Functioning Related to Infant-Mother Attachment.« *Infant Behavior and Development,* 1983, 6, Nr. 2, S. 167-174.
— »Recent Studies in Attachment: Overview, with Selected Implications for Clinical Work.« In: Susan Goldberg, Roy Muir u. John Kerr (Hrsg.), *Attachment Theory: Social, Developmental, and Clinical Perspectives.* Hillsdale, N.J.: Analytic Press, 1995.

Mairs, Nancy. *Ordinary Time: Cycles in Marriage, Faith, and Renewal.* Boston: Beacon Press, 1993.

Maltz, Wendy, u. Suzie Boss. *Die geheimsten Wünsche der Frauen. Oder das kreative Spiel mit erotischen Wünschen.* Reinbek b. Hamburg: Rowohlt, 1998.

Michael, Robert T., John H. Gagnon, Edward O. Laumann u. Gina Kolata. *Sex in America: A Definitive Survey.* Boston u. New York: Little, Brown, 1994.

Millman, Marcia. *Warm Hearts and Cold Cash: The Intimate Dynamics of Families and Money.* New York: Free Press, 1991.

Mintz, Laurie B., u. Nancy E. Betz. »Prevalence and Correlates of Eating Disordered Behaviors Among Undergraduate Women.« *Journal of Counseling Psychology*, 1988, 35, Nr. 4, S. 463-471.

Mitchell, Juliet., u. Jacqueline Rose (Hrsg.). *Feminine Sexuality: Jacques Lacan and the Ecole Freudienne.* New York: W.W. Norton, 1982.

Moen, Phyllis. *Women's Two Roles: A Contemporary Dilemma.* Westport, Conn.: Auburn House, 1992.

Morton, Andrew. *Diana – ihr neues Leben.* Rastatt: Hestia, 1994.

Myers, Philip N. Jr. »The Elastic Body Image: The Effect of Television Advertising and Programming on Body Image Distortions in Young Women.« *Journal of Communication*, Sommer 92, 42, Nr. 3, S. 108-133.

Nathanson, Daniel L. (Hrsg.). *The Many Faces of Shame.* New York: Guilford Press, 1987.

National Institute of Child Health and Human Development, Early Child Care Research Network. »The Effects of Infant Child Care on Infant-Mother Attachment Security: Results of the NICHD Study of Early Child Care.« *Child Development*, 1997, 68, Nr. 5, S. 860-879.

Neumann, Erich. *Das Kind. Struktur und Dynamik der werdenden Persönlichkeit.* Frankfurt a.M.: Fischer, 1999.

Newman, Judith. »Little Girls Who Won't Eat: The Alarming Epidemic of Eating Disorders.« *Redbook*, Okt. 1997, S. 120-154.

Oliver, Mary. *New and Selected Poems.* Boston: Beacon Press, 1992.

Overton, W.F. *Reasoning, Necessity, and Logic: Devlopmental Perspectives.* Hillsdale, N.J.: Lawrence Erlbaum, 1990.

Peters, Joan. *When Mothers Work: Loving Our Children Without Sacrificing Our Selves.* Reading, Mass.: Addison-Wesley, 1997.

Phelps, Ethel Johnston (Hrsg.). *The Maid of the North: Feminist Folk Tales from Around the World.* New York: Holt, Rinehart, and Winston, 1981.

Piaget, Jean. *Sprechen und Denken des Kindes.* Düsseldorf: Pädagogischer Verlag Schwann, 1979.

Pipher, Mary. *Pubertätskrisen junger Mädchen. Und wie Eltern helfen können.* Frankfurt a.M.: Fischer, 1999.

Plaskow, Judith, und Carol P. Christ (Hrsg.). *Weaving the Visions: New Patterns in Feminist Spirituality.* Reading, Mass.: Addison-Wesley, 1997.

Polivy, Janet, D.M. Garner u. P. E. Garfinkel. »Causes and Consequences of the Current Preference for Thin Female Physiques.« In: C. P. Herman, M.P. Zanna u. E. T. Higgins (Hrsg.), *Physical Appearance, Stigma, and Social Behavior: The Ontario Symposium.* Bd. 3. Hillsdale, N.J.: Lawrence Erlbaum, 1986.

Reinisch, June M. *Der neue Kinsey-Report: Sexualität heute; die neuesten Erkenntnsise über das Sexualverhalten von Mann und Frau.* München: Heyne, 1991.

Rich, Adrienne. *Von Frauen geboren. Mutterschaft als Erfahrung und Institution.* München: Frauenoffensive, 1978.

Rosen, Raymond C., Jennifer B. Taylor, Sandra R. Leiblum u. Gloria A. Bachmann. »Prevalence of Sexual Dysfunction in Women: Results of a Survey Study of 329 Women in an Outpatient Gynecological Clinic.« *Journal of Sex and Marital Therapy,* 1993, 19, Nr. 3, S. 171-188.

Rozin, Paul, u. April E. Fallon. »Body Images, Attitudes to Weight, and Misperceptions of Figure Preferences of the Opposite Sex: A Comparison of Men and Women in Two Generations.« *Journal of Abnormal Psychology,* 1988, 97, Nr. 3, S. 342-345.

Russell, Jeanie. »Klepto Nation.« *Allure,* Febr. 1998, S. 129-131, 151.

Sadker, Myra u. David Sadker. *Failing at Fairness: How America's Schools Cheat Girls.* New York: Macmillan, 1994.

Sands, Donald. »The Marriage of Sir Gawain and the Lady Ragnell.« In: *Middle English Verse Romances.* New York: Holt, Rinehart, and Winston, 1966.

Schlosser, Steven, Donald W. Black, Susan Repertinger u. Daniel Freet. »Compulsive Buying: Demography, Phenomenology, and Comorbidity in Forty-six Subjects.« *General Hospital Psychiatry,* 1994, 16, S. 205 bis 212.

Schneiderman, Stuart. *Jacques Lacan: The Death of an Intellectual Hero.* Cambridge, Mass.: Harvard University Press, 1983.

Secret, Mary, und Robert G. Green. »Occupational Status Differences Among Three Groups of Married Mothers.« *Affilia,* 1998, 13, Nr. 1, S. 47-68.

Siegel, Rachel Josefowitz. »›I Don't Know Enough‹: Jewish Women's Learned Ignorance.« In: Rachel Josefowitz Siegel, u. Ellen Cole (Hrsg.), *Celebrating the Lives of Jewish Women.* New York: Haworth Press, 1997.

Smith, Joseph H, u. William Kerrigan (Hrsg.). *Interpreting Lacan: Psychiatry and the Humanities. Bd. 6.* New Haven, Conn.: Yale University Press, 1983.

Spitz, René. *The First Years of Life. A Psychoanalytic Study of Normal and Deviant Development of Objectrelations.* New York: International Universities Press, 1965.

Spoto, Donald. *Diana. Ihr letztes Jahr.* Hamburg: Kabel, 1997.

Spretnak, Charlene. *States of Grace: The Recovery of Meaning in the Postmodern Age.* San Francisco: HarperCollins, 1991.

— (Hrsg.). *The Politics of Women's Spirituality: Essays by Founding Mothers of the Movement.* New York: Anchor Books, 1994.

Starhawk. *Dreaming the Dark: Magic, Sex, and Politics.* Boston: Beacon Press, 1982.

— *Der Hexenkult als Urreligion der Großen Göttin.* Freiburg i. Br.: Bauer, 1988[4].

Stern, Daniel. *Die Lebenserfahrung des Säuglings.* Stuttgart: Klett-Cotta, 1998.

Stice, E., u. H.E. Shaw. »Adverse Effects of the Media-Portrayed Thin-Ideal on Women and Linkages to Bulimic Symptomatology: An examination of Mediating Mechanisms.« *Journal of Abnormal Psychology,* 1994, 103, S. 836-840.

Suzuki, Daisetz Teitaro. *The Training of the Zen Buddhist Monk.* New York: University of Books, 1959.

Symington, Neville. *Narzissmus.* Gießen: Psychosozial-Verlag, 1999.

Tannen, Deborah. *Job-Talk: Wie Frauen und Männer am Arbeitsplatz miteinander reden.* Hamburg, Kabel, 1995.

Tavris, Carol. *The Mismeasure of Woman.* New York: Simon & Schuster, 1992.

Taylor, Charles. *The Ethics of Authenticity.* Cambridge, Mass.: Harvard University Press, 1991.

Telushkin, Joseph. »Women Rabbis.« In: *Jewish Literacy: The Most Important Things to Know About the Jewish Religion, Its People, and History.* New York: William Morrow, 1991.

Thelen, Mark H., Anne H. Powell, Christine Lawrence u. Mark E. Kuhnert. »Eating and Body Image Concerns Among Children.« *Journal of Clinical Child Psychology,* 1992, 21, Nr. 1, S. 60-69.

Thompson, J. Kevin (Hrsg.). *Body Image, Eating Disorders, and Obesity.* Washington, D.C.: American Psychological Association, 1996.

Thornton, Bill, u. Jason Maurice. »Physique Contrast Effect: Adverse Impact of Idealized Body Images for Women.« *Sex Roles,* Sept. 1997, 37, Nr. 6-7, S. 433-439.

Tibbets, Stephen G, u. Denise C. Hertz. »Gender Differences in Factors of Social Control and Rational Choice.« *Deviant Behavior: An Interdisciplinary Journal*, 1996, 17, S. 183-208.

Torjesen, Karen Jo. *Als Frauen noch Priesterinnen waren*. Frankfurt a.M.: Zweitausendeins, 1995.

Waddell, L. Austine. *Tibetan Buddhism: With Its Mystic Cults, Symbolism and Mythology*. New York: Dover, 1972.

Wehr, Demaris S. »When Good People Do Bad Things: Spiritual Abuse.« In: Polly Young-Eisendraht und Mel Miller (Hrsg.), *Integrity, Wisdom, and Transcendence*. London: Routledge, 2000.

»Who, What, Where, and How Do You Love?« *Redbook*, Okt. 1989, S. 134.

Wilcox, Sara. »Age and Gender in Relation to Body Attitudes: Is There a Double Standard of Aging?« *Psychology of Women Quarterly*, 1997, 21, Nr. 4, S. 549-565.

Wilson, Edward O. *Sociobiology: The New Synthesis*. Cambridge, Mass.: Harvard University Press, 1975.

Winnicott, Donald W. *Familie und individuelle Entwicklung*. Frankfurt a.M.: Fischer, 1984.

— *Das Baby und seine Mutter*. Stuttgart: Klett-Cotta, 1990.

Wolf, Naomi. *Der Mythos der Schönheit*. Reinbek b. Hamburg: Rowohlt, 1991.

— *Vom Ende der Unschuld oder Das sexuelle Drama, eine Frau zu werden*. Reinbek b. Hamburg: Rowohlt, 1999.

Young-Eisendrath, Polly. *Gender and Desire: Uncursing Pandora*. College Station: Texas A & M University Press, 1997.

— »Gender and Individuation: Relating to Self and Other.« In: D.E. Brien (Hrsg.), *Mirrors of Transformation: The Self in Relationships*. Berwyn, Penn.: Round Table Press, 1995, S. 21-39.

— *Der Kuß der Froschkönigin: Therapie mit Paaren*. München: dtv, 1998.

— *Du bist ganz anders, als ich dachte: Den Partner wirklich lieben lernen*. München: Droemer Knaur, 1993.

Young-Eisendrath, Polly, u. James A. Hall. *Jung's Self Pschology: A Constructivist Perspective*. New York: Guilford Press, 1991.

Young-Eisendrath, Polly, und Florence Wiedemann. *Female Authority: Empowering Women Through Psychotherapy*. New York: Guilford Press, 1987.

Zikmund, Barbara Brown, Adair T. Lumnis u. Patricia M. Y. Chang. »Women, Men, and Styles of Leadership.« *Chistian Century*, 6. Mai 1998, S. 478-486.

Sachregister

Namenregister

GOLDMANN

Abenteuer Alltag

John Gray: Mars sucht Venus.
Venus sucht Mars.   15082

Eva Julia Fischkurt
Wenn Frauen nicht mehr lieben 15048

Julia Onken: Die Kirschen
in Nachbars Garten   15026

Susan Forward/Donna Frazier
Emotionale Erpressung   15089

Goldmann • Der Taschenbuch-Verlag

LIEBE, LUST UND LEIDENSCHAFT

Maja Storch,
Die Sehnsucht der starken Frau nach
dem starken Mann   15119

Oscar, So hätt' ich die Frauen
verführt   15182

Natalie Angier,
Frau   15181

Julia Onken,
Herrin im eigenen Haus   15133

OFFEN GESAGT

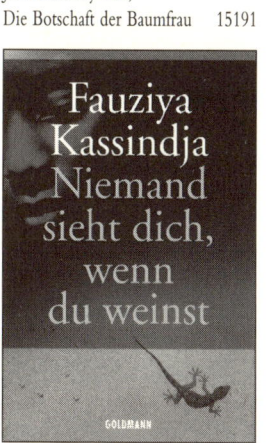

GOLDMANN

*Das Gesamtverzeichnis aller lieferbaren Titel erhalten Sie
im Buchhandel oder direkt beim Verlag.
Nähere Informationen über unser Programm erhalten Sie auch im Internet unter:*
www.goldmann-verlag.de

★

Taschenbuch-Bestseller zu Taschenbuchpreisen
– Monat für Monat interessante und fesselnde Titel –

★

Literatur deutschsprachiger und internationaler Autoren

★

Unterhaltung, Kriminalromane, Thriller
und Historische Romane

★

Aktuelle Sachbücher, Ratgeber, Handbücher und
Nachschlagewerke

★

Bücher zu Politik, Gesellschaft, Naturwissenschaft und Umwelt

★

Das Neueste aus den Bereichen
Esoterik, Persönliches Wachstum und Ganzheitliches Heilen

★

Klassiker mit Anmerkungen, Anthologien und Lesebücher

★

Kalender und Popbiographien

★

Die ganze Welt des Taschenbuchs

★

Goldmann Verlag • Neumarkter Str. 28 • 81673 München

Bitte senden Sie mir das neue kostenlose Gesamtverzeichnis

Name: _____

Straße: _____

PLZ / Ort: _____